Die Unlauterkeit in § 299 StGB

Schriften zum Strafrecht und Strafprozeßrecht

Herausgegeben von Manfred Maiwald
und Carsten Momsen

Band 110

PETER LANG
Frankfurt am Main · Berlin · Bern · Bruxelles · New York · Oxford · Wien

Johannes Altenburg

Die Unlauterkeit in § 299 StGB

Ein Beitrag zur Harmonisierung von Strafrecht und Wettbewerbsrecht

PETER LANG
Internationaler Verlag der Wissenschaften

Bibliografische Information der Deutschen Nationalbibliothek
Die Deutsche Nationalbibliothek verzeichnet diese Publikation in der Deutschen Nationalbibliografie; detaillierte bibliografische Daten sind im Internet über http://dnb.d-nb.de abrufbar.

Zugl.: Hamburg, Bucerius Law School, Diss., 2012

H 360
ISSN 0938-6181
ISBN 978-3-631-63185-0

www.peterlang.de

Meinen Eltern

Vorwort

Diese Arbeit wurde im Jahre 2011 als Dissertation an der Bucerius Law School - Hochschule für Rechtswissenschaft – angenommen. Das Erstgutachten wurde von Herrn Prof. Dr. Erich Samson erstellt. Das Zweitgutachten erstellte Herr Prof. Dr. Thomas Rönnau. Die mündliche Promotionsprüfung fand am 18.01.2012 statt.

Mein besonderer Dank gilt meinem Doktorvater, Herrn Prof. Dr. Erich Samson, der mein Interesse am Wirtschaftsstrafrecht weckte. Zudem möchte ich Herrn Prof. Dr. Thomas Rönnau danken, nicht nur für die schnelle Erstellung des Zweitgutachtens, sondern auch für die vielen interessanten und anregenden Diskussionen weit über das Thema dieser Arbeit hinaus.

Zusätzlich bedanke ich mich ganz herzlich bei Herrn Dr. Oliver Sahan für seine Unterstützung während der Erstellung dieser Arbeit.

Inhaltsübersicht

Inhaltsverzeichnis

Einleitung

Das Thema Korruption ist aus den Medien dieser Tage nicht mehr wegzudenken. Es vergeht kaum eine Woche, in der nicht über neue Korruptionsskandale berichtet und spekuliert wird. Spätestens seit dem Siemensskandal und dessen medialer Aufbereitung ist die Aufdeckung von Korruptionstaten in den Fokus der breiten Öffentlichkeit gerückt. Während noch vor ein paar Jahren die Meinung vorherrschte, dass Korruption vor allem ein Problem der Entwicklungsländer sei, hat die in den letzten Jahren voranschreitende Aufhellung des Dunkelfeldes von Korruptionstaten in Deutschland gezeigt, dass diese Annahme blauäugig gewesen ist. Heute bestreitet keiner mehr, dass Bestechung und Bestechlichkeit auch in Deutschland ein gravierendes Problem darstellt.

Aufgrund der voranschreitenden Privatisierung weitgehender ehemals staatlicher Wirtschaftsbereiche sowie der zunehmenden Spezialisierung der Strafverfolgungsbehörden rückt neben der „klassischen" Bestechung von Amtsträgern auch eine weitere Strafnorm zunehmend in den Blickpunkt: § 299 StGB. Diese Strafnorm gegen die Bestechung und Bestechlichkeit von Angestellten und Beauftragten geschäftlicher Betriebe fristete lange Zeit ein Schattendasein. Seit der Überführung der Norm aus dem Wettbewerbsrecht in das Kernstrafrecht im Jahre 1997 sowie einer erheblichen Strafbarkeitsausweitung in den Jahren danach wuchs die Bedeutung dieser Strafnorm jedoch stetig an.[1] Die Verlagerung führte zu einer zunehmenden Auseinandersetzung der wissenschaftlichen, insbesondere der strafrechtlichen Literatur mit dieser Regelung.[2] So existieren zahlreiche Monographien, die sich mit der Wirtschaftskorruption allgemein oder mit der Strafnorm des § 299 StGB im Besonderen auseinandersetzen. Auch die Strafverfolgungsbehörden nehmen die Wirtschaftskorruption vermehrt in ihren Fokus. Die Anzahl der Verfahren wegen Verdachts auf korruptes Verhalten in der Wirtschaft steigt rasant an.[3] Die erhöhte Sensibilität der mittlerweile hoch spezialisierten Ermittlungsbehörden sowie Ausweitungen gesetzlicher Ermittlungs- und Informationsmöglichkeiten führen zu einer deutlichen Aufhellung des (trotz allem noch immer großen) Dunkelfeldes.[4]

---

1 So auch *Rönnau* in A/R, Kap. III 2 Rn. 1.

2 Gercke/Wollschläger, wistra 2008, 5; *Rönnau* in A/R, Kap. III 2 Rn. 2 f.

3 So wurden in den Jahren 2006 und 2007 jeweils mehr als 1.000 Korruptionsstraftaten in der Privatwirtschaft verzeichnet, vgl. *BKA*, BLK 2007, S. 8.

4 Zu den Methoden der Dunkelfeldforschung vgl. *Eisenberg*, Kriminologie, S. 219 ff.; zum hohen Dunkelfeld im Bereich der Korruption siehe *Bannenberg/Rössner*, Kriminalität, S. 37; *Dölling* in Korruptionsprävention, 1.Kapitel Rn. 7; *Altenburg*, BLJ 2008, 3.

Diese wachsende Aufmerksamkeit für korrupte Verhaltensweisen im Wirtschaftsverkehr sowie der damit einhergehende verstärkte Ermittlungsdruck der Strafverfolgungsbehörden haben in weiten Teilen der Wirtschaft zu einem Umdenken geführt. Die Folgekosten der Aufdeckung von Korruptionshandlungen sind in das Bewusstsein der Wirtschaftsakteure eingegangen. Große Konzerne versuchen daher das Risiko der strafrechtlichen Verfolgung aufgrund von Vorteilannahmen dadurch zu minimieren, dass sie detaillierte Compliance-Regelungen einführen, die im Einzelnen darlegen, welche Vorteile von Angestellten ihres Unternehmens noch angenommen werden dürfen und welche nicht.[5] Allerdings fehlt es an eindeutigen Maßstäben der Zulässigkeit von Vorteilsversprechen, was häufig dazu führt, dass die Verhaltenskodizes allzu restriktive Vorgaben enthalten. Das Aussprechen von Essenseinladungen, Geschenke zu bestimmten Anlässen sowie bestimmte Spielarten der Verkaufsförderung werden zu Risikounternehmungen, weil nie ganz ausgeschlossen werden kann, dass Ermittlungsbehörden darin später eine Vorteilsgewährung im Sinne des § 299 StGB erkennen könnten. Die Unsicherheit der Wirtschaftsakteure in Bezug auf die Bewertung von Vorteilsgewährungen rührt daher, dass die Norm des § 299 StGB auf den ersten Blick keine klare Antwort darauf gibt, welche Art von Zuwendungen strafrechtlich sanktioniert werden. Im Wirtschaftsverkehr, welcher gerade auf dem Austausch von Waren oder Dienstleistungen, mithin Vorteilen, beruht, bedeutet das in § 299 StGB enthaltene Verbot eine Beschränkung der Handlungsmöglichkeiten. Als solche muss diese Norm eine Grenze ziehen, welche den Wirtschaftsakteuren deutlich macht, welche Zuwendungen sie tätigen bzw. annehmen dürfen und welche nicht. Diese Grenzziehung ist deshalb so schwierig, weil eine starre Grenze der Zulässigkeit von Zuwendungen im Wirtschaftsverkehr nicht gezogen werden kann. Eine solche starre Grenze würde der Wandelbarkeit der wirtschaftlichen und wirtschaftsrechtlichen Rahmenbedingungen nicht gerecht. Es ist daher geradezu zwingend, dass die Norm des § 299 StGB in gewissem Umfang unbestimmt ist, soll sie nicht der Notwendigkeit einer ständigen Anpassung an die wirtschaft(srecht)lichen Rahmenbedingungen unterliegen. Diesem Flexibilitätserfordernis steht das berechtigte Verlangen nach Rechtssicherheit der Wirtschaftsakteure gegenüber. Diese müssen im konkreten Einzelfall erkennen können, ob ihr Handeln strafrechtliche Konsequenzen nach sich ziehen kann oder als zulässige Ausübung der wirtschaftlichen Betätigungsfreiheit anzusehen ist.

Durch diese Arbeit soll ein Beitrag dazu geleistet werden, die Bestimmtheit der Norm des § 299 StGB in den Grenzen des Möglichen zu erhöhen, ohne die notwendige Flexibilität der Norm zur Anpassung an veränderte wirtschaft(s-

5 *BKA*, BLK 2007, S. 16; siehe dazu auch *Altenburg*, BLJ 2008, 3, 5.

recht)liche Rahmenbedingungen zu beseitigen. Dabei muss es darum gehen auf der einen Seite die Unsicherheiten der Marktteilnehmer durch ein eindeutiges und widerspruchsfreies Normverständnis zu beseitigen und gleichzeitig die Anpassungsfähigkeit der mittlerweile seit mehr als 100 Jahren bestehenden Norm des § 299 StGB beizubehalten.

Für die Entwicklung einer solchen Methode zur Konkretisierung des durch § 299 StGB erfassten Verhaltens muss zunächst der Tatbestand in seiner herkömmlichen Interpretation vorgestellt und analysiert werden. Dazu wird eine kurze Darstellung der herrschenden Interpretation der Tatbestandsmerkmale des § 299 StGB vorgenommen, bevor die für die Unsicherheiten in Bezug auf die Reichweite des Tatbestands ursächlichen Wertungswidersprüche der herkömmlichen Auslegung aufgezeigt werden. Im Anschluss erfolgt eine Diskussion der bereits in der Literatur existierenden Lösungsansätze zur Aufhebung dieser Defizite. Es wird sich jedoch zeigen, dass alle bisherigen Vorschläge keine befriedigende Grenze zwischen wirtschaftlich gewollten oder zumindest zulässigen Zuwendungen und strafrechtlich sanktionierten Vorteilsgewährungen zu ziehen vermögen.

Daher wird im Anschluss an die kritische Prüfung der bereits existierenden Lösungsansätze ein eigener Lösungsvorschlag entwickelt, mit dem Anspruch die bestehende Norm des § 299 StGB durch eine Neubestimmung der Bedeutung und der Funktion des Merkmals der Unlauterkeit widerspruchsfrei und für die Praxis handhabbar auszulegen. Der Entwicklung dieses neuen Ansatzes liegt der Grundgedanke zugrunde, dass zunächst mittels Auslegung des existierenden Rechts eine widerspruchsfreie, inhaltlich angemessene Lösung bestimmter praktischer Probleme zu erreichen versucht werden sollte, bevor gegebenenfalls Überlegungen de lege ferenda angestrengt werden. Erst nachdem die Neubestimmung der Reichweite des Tatbestandes de lege lata vorgenommen wurde, soll in einem letzten, rechtspolitischen Teil untersucht werden, ob Gesetzesänderungen notwendig sind.

A. Tatbestand des § 299 StGB und Darstellung der Wertungswidersprüche nach herkömmlicher Ansicht

I. Darstellung der herkömmlichen Interpretation des § 299 StGB

Im Folgenden wird aufgezeigt, wie der § 299 StGB nach der herkömmlichen Interpretation verstanden wird. Dabei wird sich diese Darstellung auf die herrschende Meinung zu den jeweiligen Tatbestandsmerkmalen beschränken. Aus Gründen der Übersichtlichkeit soll dabei zunächst von der Bestechlichkeit nach § 299 Abs. 1 StGB ausgegangen und erst im Anschluss die Besonderheiten in Bezug auf die Bestechung nach § 299 Abs. 2 StGB dargestellt werden, der spiegelbildlich zu dem § 299 Abs. 1 StGB ausgestaltet ist.[6] In einem letzten Punkt wird das Merkmal der Unlauterkeit näher beleuchtet und untersucht, welche Bedeutung diesem Merkmal nach der herkömmlichen Auffassung zukommt. Bevor jedoch auf die einzelnen Tatbestandsmerkmale eingegangen wird, soll ein kurzer Überblick über das durch § 299 StGB geschützte Rechtsgut erfolgen.

1. Das Rechtsgut des § 299 StGB

Welches Rechtsgut durch § 299 StGB geschützt wird, ist seit langem umstritten, auch wenn sich diesbezüglich inzwischen eine herrschende Meinung herausgebildet hat.

a) Schutz des Wettbewerbs

Die ganz herrschende Meinung geht davon aus, dass § 299 StGB vor allem und erstrangig den (lauteren) Wettbewerb als solchen schützt.[7] Dabei handelt es sich um ein überindividuelles, institutionelles Rechtsgut der Allgemeinheit.[8] Diese Schutzrichtung des § 299 StGB wird insbesondere mit der Entstehungsgeschichte des Straftatbestandes im Gesetz gegen den unlauteren Wettbewerb (UWG) begründet. Diese Schutzrichtung wird zudem dadurch bestätigt, dass die Straf-

---

6 Vgl. Maurach/Schröder/Maiwald, BT, § 68 III Rn. 12.

7 Vgl. BT-Drs 13/5584, S 9; BGHSt 31, 207, 209 ff.; *Tiedemann* in LK, § 299 Rn. 1; *Diemer/Krick* in MüKo, § 299 Rn. 2; *Dannecker* in NK, § 299 Rn. 4; *Rudolphi* in SK, § 299 Rn. 1; *Heine* in Schönke/Schröder, § 299 Rn. 2; *Fischer*, StGB, § 299 Rn. 2.

8 *Tiedemann* in LK, § 299 Rn. 1; *Diemer/Krick* in MüKo, § 299 Rn. 2.

norm der Angestelltenbestechung nunmehr im 26. Abschnitt des StGB geregelt ist, welcher laut amtlicher Überschrift „Straftaten gegen den Wettbewerb" enthält.

b) Schutz der Mitbewerber und Kunden bzw. Verbraucher

Die Literatur[9] und die Rechtsprechung[10] gehen fast einhellig davon aus, dass neben dem Wettbewerb als solchem auch diejenigen Personen als durch § 299 StGB geschützte Personengruppen anzusehen sind, die auf diesen (lauteren) Wettbewerb vertrauen (dürfen) und von diesem profitieren. Dazu gehören unstreitig zum Einen die Wettbewerber des jeweils betroffenen Unternehmens. Zum Anderen sind jedoch auch die Verbraucher bzw. Kunden in den Schutzbereich einbezogen, die davor geschützt werden sollen, dass aufgrund von erkauften Entscheidungen im Wirtschaftsleben die reguläre Preisfindung nicht mehr stattfindet.

Der Schutz der Wettbewerber und der Verbraucher wird zum Teil gegenüber dem Schutz des Wettbewerbs als gleichrangig[11], nachrangig bzw. mittelbar[12] oder auch nur als Schutzreflex[13] des Wettbewerbsschutzes angesehen. Darin liegt jedoch im Ergebnis kein wesentlicher Unterschied. Vielmehr gehen die Autoren trotz der unterschiedlichen Terminologie stets davon aus, dass die Wettbewerber und die Verbraucher potentielle Verletzte einer Tat nach § 299 StGB, mithin strafantragsberechtigt nach § 301 Abs. 2 StGB sind.[14]

c) Schutz des Geschäftsherrn

Während über die Einbeziehung der Wettbewerber und der Verbraucher in den Schutzbereich des § 299 StGB weitgehende Einigkeit herrscht, so besteht über die Rolle des Geschäftsherrn Streit.

---

9 *Rudolphi* in SK, § 299 Rn. 1; *Diemer/Krick* in MüKo, § 299 Rn. 2; *Dannecker* in NK, § 299 Rn. 5; *Fischer*, StGB, § 299 Rn. 2.

10 BGH, NJW 1983, 1919; RGSt 63, 107

11 So ausdrücklich *Dannecker* in NK, § 299 Rn. 5; ebenfalls *Heine* in Schönke/Schröder, § 299 Rn. 2; *Diemer/Krick* in MüKo, § 299 Rn. 2.

12 *Fischer*, StGB, § 299 Rn. 2.

13 So *Sahan* in G/J/W, § 299 Rn. 4; *Koepsel*, Bestechlichkeit, S. 81; *Rönnau* in A/R, Kap. III 2 Rn. 7.

14 Vgl. etwa *Rudolphi* in SK, § 299 Rn. 1; *Tiedemann* in LK, § 299 Rn. 1, 4 sowie § 301 Rn. 2.

Vereinzelt wird heute noch vertreten, der Geschäftsherr sei der eigentlich und einzig vom § 299 StGB Geschützte.[15] Die Vertreter dieser Ansicht sehen in § 299 StGB eine untreueähnliche Tat. Dieser Ansicht steht der durch die Schaffung des 26. Abschnittes des StGB zum Ausdruck gebrachte Wille des Gesetzgebers entgegen, nach welchem der § 299 StGB eine Straftat gegen den Wettbewerb darstellen soll. Zudem hat der Gesetzgeber durch die Planung der Einführung des Geschäftsherrenmodells[16] als zusätzliche Straftat in § 299 StGB n.F. zum Ausdruck gebracht, dass der § 299 StGB in seiner jetzigen Fassung gerade nicht auf diesem Geschäftsherrenmodell beruht.[17] Insofern sind Auffassungen, die ausschließlich den Geschäftsherrn des Angestellten oder Beauftragten als Rechtsgutsträger des § 299 StGB ansehen wollen, abzulehnen. Es kann daher nicht verwundern, dass solche Ansätze vereinzelt geblieben sind. Vielmehr sind auch Kritiker des Rechtsguts „Wettbewerb" dazu übergegangen de lege ferenda ein anderes Rechtsgut als den Wettbewerb zu fordern.[18] De lege lata kann an diesem primären Rechtsgut nicht mehr gezweifelt werden.

Allerdings wird von der herrschenden Meinung anerkannt, dass der Geschäftsherr durch § 299 StGB mit geschützt wird.[19] Sowenig er der ausschließliche Träger des Rechtsguts des § 299 StGB ist, so sehr kann auch er ein Interesse daran haben, dass seine Angestellten und Beauftragten ihre Entscheidungen nach wirtschaftlichen Maßstäben ausrichten. Insofern wird der Geschäftsherr von § 299 StGB zumindest reflexartig[20] oder nachrangig bzw. mittelbar[21] geschützt und ist demnach im Regelfall auch Verletzter (und somit strafantragsbefugt) im Sinne des § 301 Abs. 2 StGB.[22]

d) Ergebnis

Die herrschende Ansicht in der Literatur sowie die Rechtsprechung[23] geht davon aus, dass der § 299 StGB in erster Linie den Wettbewerb als Institution schützt

15 So z.B. *Szebrowski*, Kick-Back, 2005 (allerdings nur für die Bestechlichkeit nach § 299 Abs. 1 StGB); ebenfalls *Jaques*, Bestechungstatbestände S. 98 ff.

16 Zum Geschäftsherrenmodell und dessen geplanten Einführung siehe auch unter B.I.

17 Ähnlich auch *Tiedemann* in LK, § 299 Rn. 2, 3; *Koepsel*, Bestechlichkeit, S. 78 f.

18 So *Achenbach*, KritV 2009, 296, 300.

19 Für viele siehe *Diemer/Krick* in MüKo, § 299 Rn. 2 m.w.N.

20 So die Formulierung bei *Koepsel*, Bestechlichkeit, S. 79; ebenfalls *Rönnau* in A/R, Kap. III 2 Rn. 7.

21 So *Dannecker* in NK, § 299 Rn. 6.

22 Zur Strafantragsberechtigung des Geschäftsherrn siehe *Tiedemann* in LK, § 299 Rn. 2; *Dannecker* in NK, § 299 Rn. 6; zum Zusammenhang zwischen der Strafantragsberechtigung und dem Rechtsgutsträger bei § 299 StGB siehe *Rönnau* in A/R, Kap. III 2 Rn. 7.

23 BGH, NJW 1983, 1919.

und daneben dem Schutz der Interessen der Mitbewerber, des Geschäftsherrn und der Verbraucher als potentielle Kunden dient.

Es kann also festgehalten werden, dass das Rechtsgut des § 299 StGB nach heute ganz herrschender Auffassung der (lautere) Wettbewerb ist und neben diesem (reflexartig, nachrangig oder gleichrangig) die Mitbewerber, die Verbraucher und der Geschäftsherr des Angestellten oder Beauftragten geschützt werden.

2. Die Tatbestandsmerkmale des § 299 Abs. 1 StGB nach herkömmlicher Interpretation

a) Angestellter oder Beauftragter

Täter einer Bestechlichkeit nach § 299 Abs. 1 StGB kann nur sein, wer Angestellter oder Beauftragter eines geschäftlichen Betriebes ist.

Der **Begriff des Angestellten** erfasst jeden, der in einem Dienst-, Werk- oder Auftragsverhältnis zum Geschäftsherrn steht und den Weisungen des Geschäftsherrn unterworfen ist.[24] Umfasst ist somit die gesamte Arbeitnehmerschaft, also Angestellte, Arbeiter oder Auszubildende. Die Beschäftigung muss weder dauerhaft noch entgeltlich sein. Dieser Begriff des Angestellten im Sinne des § 299 StGB ist somit weiter als der arbeitsrechtliche und der steuerrechtliche Angestelltenbegriff. Insbesondere muss das Dienstverhältnis nicht zivilrechtlich wirksam sein, vielmehr kommt es allein auf das faktische weisungsabhängige Tätigwerden an.[25]

Der **Begriff des Beauftragten** erfasst jeden, der - ohne Angestellter zu sein – befugtermaßen für den Geschäftsherrn tätig wird und unmittelbar oder mittelbar auf die im Rahmen des Geschäftsbetriebs zu treffenden Entscheidungen Einfluss nehmen kann.[26] Insoweit ist der Beauftragtenbegriff des StGB wiederum weiter als der des Zivilrechts; maßgeblich sind allein die tatsächlichen Verhältnisse. Eine Selbstständigkeit des Beauftragten ist keine Voraussetzung, sodass z.B. auch Aufsichtsratsmitglieder, beauftragte Unternehmensberater oder Archi-

---

24 So die allgemeine Auffassung, vgl. nur *Ulbricht*, Bestechung, S. 39; *Dannecker* in NK, § 299 Rn. 19; *Heine* in Schönke/Schröder, § 299 Rn. 7; *Fischer*, StGB, § 299 Rn. 9.

25 BGHSt 2, 396, 401; *Tiedemann* in LK, § 299 Rn. 11; *Diemer/Krick* in MüKo, § 299 Rn. 4; diese weite Interpretation verstößt auch nicht gegen Art. 103 Abs. 2 GG, wie *Ulbricht* überzeugend ausführt, vgl. *Ulbricht*, Bestechung, S. 40 ff.

26 Ausführlich zum Beauftragtenbegriff siehe *Sahan* in G/J/W, § 299 Rn. 12 ff.; siehe auch *Ulbricht*, Bestechung, S. 47; *Diemer/Krick* in MüKo, § 299 Rn. 5; *Dannecker* in NK, § 299 Rn. 22.

tekten Beauftragte im Sinne des § 299 StGB sein können.[27] Da es im Rahmen des § 299 StGB stets um den Bezug von Waren oder gewerblichen Leistungen geht, muss die Befugnis zum Tätigwerden im Zusammenhang mit diesem Bezug stehen. Auch der Begriff des Beauftragten wird allgemein weit interpretiert und fungiert als Auffangbegriff gegenüber dem Begriff des Angestellten.[28]

Die Formulierung „**als** Angestellter oder Beauftragter“ macht deutlich, dass diese gerade in ihrer Funktion als Angestellter oder Beauftragter handeln müssen. Diese Formulierung schließt folglich rein persönliche Verhaltensweisen aus.[29]

b) Geschäftlicher Betrieb

Der Angestellte bzw. Beauftragte muss für einen geschäftlichen Betrieb handeln. Als **geschäftlicher Betrieb** gilt jede auf Dauer bestimmte, regelmäßige Teilnahme am Wirtschaftleben mittels Leistungsaustausch.[30] Das Merkmal dient insbesondere zur Abgrenzung von privatem zu hoheitlichem Handeln.[31] Es geht nicht darum, den Anwendungsbereich auf rein wirtschaftliche Unternehmungen zu beschränken. Vielmehr werden auch gemeinnützige, soziale oder kulturelle Vereinigungen erfasst. Eine Gewinnerzielung oder eine darauf gerichtete Absicht wird allgemein nicht gefordert. Entscheidend ist vielmehr, dass der Betrieb seine ihm wesensgemäßen Aufgaben im Wirtschaftsleben, mithin mittels Austausch von Leistung und Gegenleistung vollzieht.[32] Erfasst werden auch freiberufliche Tätigkeiten sowie Unternehmen der öffentlichen Hand, wenn und soweit sie nach den Grundsätzen eines Erwerbsgeschäfts arbeiten und die ihnen wesensgemäße Aufgabe mittels Austausch von Leistung und Gegenleistung vollziehen.[33] Ebenfalls erfasst ist das fiskalische Handeln staatlicher Stellen, mithin deren Beteiligung am Wirtschaftsverkehr.[34]

---

27 *Tiedemann* in LK, § 299 Rn. 16; *Schmidl*, wistra 2006, 287 (288).

28 So auch die ständige Rechtsprechung des BGH seit BGHSt 2, 396 (401); ebenfalls *Diemer/Krick* in MüKo, § 299 Rn. 5; *Wittig*, wistra 1998, 7, 9

29 *Diemer/Krick* in MüKo, § 299 Rn. 6.

30 BGHSt 2, 396, 403; BGHSt 10, 358, 365 ff.; BGH, NJW 1991, 267, 270; *Sahan* in G/J/W, § 299 Rn. 7; *Dannecker* in NK, § 299 Rn. 24; *Tiedemann* in LK, § 299 Rn. 19; *Fischer*, StGB, § 299 Rn. 4.

31 Für viele *Dannecker* in NK, § 299 Rn. 24.

32 BGHSt 2, 396, 402; *Ulbricht*, S. 57.

33 *Ulbricht*, Bestechung, S. 58, 65; *Dannecker* in NK, § 299 Rn. 24, 26.

34 BGHSt 2, 396, 403; 10, 358, 365; *Tiedemann* in LK, § 299 Rn. 19; *Diemer/Krick* in MK, § 299 Rn. 7; *Heine* in Schönke/Schröder, § 299 Rn. 6.

c) *Handeln im geschäftlichen Verkehr*

Die relevanten Handlungen müssen im geschäftlichen Verkehr vorgenommen werden. Geschäftlicher Verkehr meint jede Tätigkeit, die der Förderung eines eigenen oder fremden Geschäftszwecks dient.[35] Der Begriff wird weit ausgelegt und umfasst auch schon den Versuch, in eine geschäftliche Beziehung zu treten. Auch bei diesem Merkmal geht es darum rein private und hoheitliche Handlungen auszuschließen,[36] woraus sich ergibt, dass freiberufliche, künstlerische und wissenschaftliche Handlungen unabhängig von einer Gewinnerzielung bzw. einer dahingehenden Absicht erfasst werden, solange sie zu Erwerbszwecken geschehen.[37]

d) *Tathandlungen*

aa) Fordern

Fordern meint die ausdrückliche oder stillschweigende Erklärung, dass ein Vorteil begehrt wird.[38] Es reicht somit jede Erklärung aus, welche auf den Abschluss einer Unrechtsvereinbarung abzielt, wobei bereits die Anbahnungsbemühung durch den Angestellten oder Beauftragten den Tatbestand erfüllt.[39]

bb) Sichversprechenlassen

Einen Vorteil lässt sich der Angestellte oder der Beauftragte versprechen, wenn er das Angebot des Vorteilgebers über den Abschluss einer Unrechtsvereinbarung annimmt.[40] Ob der Vorteil selbst tatsächlich gewährt wird, ist ohne Belang.[41] Es bedarf daher bei dieser Tathandlung einer Zweiseitigkeit. Allein das Angebot durch den potentiellen Vorteilgeber reicht für eine Strafbarkeit des Angestellten oder Beauftragten nach § 299 Abs. 1 StGB nicht aus. Allerdings kann die Annahme des Angebots zur Unrechtsvereinbarung nicht nur ausdrücklich, sondern auch konkludent erfolgen.

---

35 *Dannecker* in NK, § 299 Rn. 28; *Fischer*, StGB, § 299 Rn. 12; *Heine* in Schönke/Schröder, § 299 Rn. 9; *Kühl* in Lackner/Kühl, § 299 Rn. 3 m.w.N.

36 BGHSt 10, 358, 366.

37 *Diemer/Krick* in MüKo, § 299 Rn. 8.

38 BGHSt 15, 88, 97; *Dannecker* in NK, § 299 Rn. 32.

39 RGSt 39, 193, 198; *Dannecker* in NK, § 299 Rn. 32; *Heine* in Schönke/Schröder, § 299 Rn. 14.

40 BGHSt 10, 237, 241.

41 *Dannecker* in NK, § 299 Rn. 33.

cc) Annehmen

Annehmen ist die tatsächliche Entgegennahme des Vorteils mit dem nach außen bekundeten Willen, über den Vorteil zu eigenen Zwecken oder zugunsten eines Dritten zu verfügen.[42] Diese Erlangung der Verfügungsgewalt muss stets mit Wissen des Vorteilgebers geschehen. Die eigenmächtige Erlangung der Verfügungsgewalt gegen den Willen des Vorteilgebers erfüllt das Tatbestandsmerkmal des Annehmens nicht, es sei denn dass dieser die Ansichnahme nachträglich anerkennt.[43]

e) Vorteil für sich oder einen anderen

aa) Vorteil

Ein Vorteil ist jede Leistung, auf die der Vorteilsempfänger keinen Anspruch hat und die die wirtschaftliche, rechtliche oder persönliche Lage des Empfängers verbessert.[44] Die Leistung kann sowohl materieller als auch immaterieller Natur sein, soweit letztere objektiv messbar ist.[45] Als materielle Vorteile kommen sowohl Geldzahlungen als auch andere geldwerte Vorteile in Betracht, wie etwa die Bezahlung von Abendessen, Urlaubsreisen oder die Gewährung von Rabatten.[46] Aber auch immaterielle Besserstellungen, die objektiv messbar sind, stellen Vorteile im Sinne des § 299 StGB dar. Als solche werden z.B. die Befriedigung der Eitelkeit durch eine Auszeichnung[47], die Stärkung der Stellung in einem Unternehmen[48] oder die Gewährung von Geschlechtsverkehr[49] angesehen.

Eine spiegelbildliche Vermögensminderung auf Seiten des Vorteilgebers ist nicht notwendig. Eine Drohung mit dem Entzug einer rechtmäßig bestehenden Position erfüllt dagegen nicht den Tatbestand des § 299 StGB, sondern wird allein von § 240 (und ggf. §§ 253, 255) StGB erfasst.[50]

---

42 BGHSt 14, 123, 127; 15, 88, 97; *Heine* in Schönke/Schröder, § 299 Rn. 14; *Dannecher* in NK, § 299 Rn. 34.

43 BGHSt 15, 88, 103.

44 BGH, NJW 03, 2997 f; BGH, wistra 01, 260, 261 m.w.N.; BGHSt 31, 279; 35, 133.

45 BGH, NStZ 1985, 497, 499; *Diemer/Krick* in MüKo, § 299 Rn. 9.

46 *Schmidl*, wistra 2006, 286 (288) mit weiteren Beispielen.

47 BGHSt 14, 123, 128.

48 AG Saarbrücken, wistra 1991, 318.

49 RGSt 64, 291.

50 *Ulbricht*, Bestechung, S. 70.

bb) Sozialadäquate Vorteile

Teilweise werden sog. sozialadäquate Vorteile aus dem Tatbestand des § 299 StGB mittels Beschränkung des Tatbestandsmerkmals des Vorteils herausgenommen. So sollen kleinere Geburtstagsgeschenke, Trinkgelder oder gesellschaftlich adäquate Essenseinladungen bereits keinen Vorteil im Sinne des § 299 StGB darstellen.[51] Diese Verortung des Ausschlusses sozialadäquaten Verhaltens findet im Wortlaut der Norm jedoch keine Stütze. Daher wird der Tatbestandsausschluss zum Teil mit der von *Welzel*[52] formulierten Lehre von der Sozialadäquanz begründet.[53] Im Laufe dieser Arbeit wird herausgearbeitet werden, dass die Herausnahme von sozialadäquaten Vorteilen richtiger Weise mittels des Merkmals der Unlauterkeit zu geschehen hat.[54]

cc) Mögliche Zuwendungsempfänger

Als mögliche Empfänger der Vorteile kommen heute neben dem Angestellten oder dem Beauftragten selbst ausdrücklich auch Dritte in Betracht. Der Gesetzgeber hat durch die ausdrückliche Einbeziehung von Drittvorteilen im Jahre 1997 klargestellt, dass auch die Gewährung von Vorteilen an Dritte den Tatbestand erfüllen soll.[55] Als Dritte kommen zunächst dem Angestellten oder Beauftragten nahestehende Personen (wie Ehefrau, Kinder) in Betracht. Darüber hinaus geht jedoch die herrschende Meinung auch davon aus, dass der Geschäftsherr selbst bzw. das Unternehmen, bei welchem der Angestellte oder der Beauftragte beschäftigt ist, als möglicher Dritter in Betracht kommt.[56] Diese herrschende Auffassung wurde zwar in der Literatur häufig kritisiert[57], diese Kritik ist jedoch bislang folgenlos geblieben.[58]

---

51 Vgl. *Rönnau* in A/R, Kap. III 2 Rn. 20 ff.; *Dannecker* in NK, § 299 Rn. 39 f; *Diemer/Krick* in MüKo, § 299 Rn. 9; *Kühl* in Lackner/Kühl, § 299 Rn. 4; *Rudolphi* in SK, § 299 Rn. 9; *Tiedemann* in LK, § 299 Rn. 28; *Ulbricht*, Bestechung, S. 80 ff.; *Lesch* AnwBl 2003, 205.

52 *Welzel*, Das deutsche Strafrecht, S. 55 ff.

53 Siehe z.B. *Rudolphi* in SK, § 299 Rn. 9; *Ulbricht*, Bestechung, S. 75

54 Vgl. dazu ausführlich C. IV. 2. b).

55 BT-Drucks. 13/5584, S. 15; BGH, NJW 06, 925, 927; BGHSt 35, 128, 133.

56 Für diese herrschende Ansicht siehe *Tiedemann* in LK, § 299 Rn. 26; *Diemer/Krick* in MüKo, § 299 Rn. 10; *Heine* in Schönke/Schröder, § 299 Rn. 12.

57 So jüngst und im Ergebnis überzeugend *Sahan* in G/J/W, § 299 Rn. 24; siehe auch *Winkelbauer* in FS Weber, S. 285, 390 f.; *Odenthal*, wistra 2005, 172.

58 Dieser Streit soll hier nicht weiter vertieft werden, da es allein um eine Darstellung des herrschenden Verständnisses des Tatbestandes geht. Es bleibt jedoch anzumerken, dass im Verlaufe der Arbeit auf diesen Punkt noch eingegangen wird, vgl. A. II. 2. Sowie D. IV. 2. c).

f) Unrechtsvereinbarung

aa) Als Gegenleistung

Aus der Tatbestandsformulierung „... als Gegenleistung dafür ..." folgert die herrschende Meinung, dass es einer sog. Unrechtsvereinbarung bedarf.[59] Gegenstand und Ziel einer solchen Unrechtsvereinbarung muss eine Bevorzugung in unlauterer Weise sein. Vorteilgeber und Vorteilnehmer müssen also darin übereinkommen, dass der Vorteil gewährt wird, um eine Gegenleistung in Form einer Bevorzugung zu erhalten. Diese Bevorzugung muss hinreichend konkret sein, ohne jedoch im Einzelnen schon bestimmt zu sein. Die Schaffung eines allgemein wohlwollenden Klimas (sog. Klimapflege) reicht an sich noch nicht aus.[60] Hierin besteht der wesentlicher Unterschied zu den §§ 331 ff. StGB, bei denen auch die Klimapflege und das Anfüttern sanktioniert sind. Eine nachträgliche Belohnung für bereits erbrachte Leistungen scheidet somit ebenso aus dem Tatbestand aus wie altruistisches Sponsoring.[61]

bb) Bevorzugung beim Bezug von Waren oder gewerblichen Leistungen im Wettbewerb

Das Ziel der Unrechtsvereinbarung muss eine Bevorzugung beim Bezug von Waren oder gewerblichen Leistungen sein. Diese Bevorzugung muss nicht tatsächlich eintreten, sondern nur angestrebt werden. Die Begriffe Ware und gewerblichen Leistung sind nicht handelsrechtlich, sondern, aufgrund der Geschichte der Norm, wettbewerbsrechtlich zu verstehen und werden daher allgemein weit interpretiert.[62] **Waren** im Sinne des § 299 StGB sind alle wirtschaftlichen Güter, die Gegenstand des Handels sein können. Darunter fallen nach herrschender Meinung auch landwirtschaftliche Erzeugnisse, Grundstücke sowie auf Datenträgern gespeicherte Daten.[63]

Der Begriff der **gewerblichen Leistung** umfasst grundsätzlich alle geldwerten Leistungen des gewerblichen Lebens. Umstritten ist, ob auch die Leistungen der freien Berufe als gewerbliche Leistungen i.S.d. § 299 StGB anzusehen sind.[64] Die Rechtsprechung sieht auch die Leistungen von Angehörigen freier

---

59 Für viele *Tiedemann* in LK, § 299 Rn. 29.

60 Vgl. nur *Fischer*, StGB, § 299 Rn. 13

61 Vgl. dazu. *Tiedemann* in LK, § 299 Rn. 29; *Fischer*, StGB, § 299 Rn. 13.

62 *Tiedemann* in LK, § 299 Rn. 30.

63 *Ulbricht*, Bestechung, S. 91 f.

64 Dafür: *Fischer*, StGB, § 299 Rn. 14; *Heine* in Schönke/Schröder, § 299 Rn. 22; *Diemer/Krick* in MüKo, § 299 Rn. 18; *Lesch*, AnwBl 2003, 261. Dagegen: *Ulbricht*, Bestechung, S. 94; *Dannecker* in NK, § 299 Rn. 54.

Berufe als vom Begriff der gewerblichen Leistungen umfasst an.[65] Dem entspricht es, dass der Gesetzgeber den Begriff der gewerblichen Leistung durch den Begriff der Dienstleistung im Rahmen der Einführung des Geschäftsherrenmodells bejahend lösen wollte.[66] Zwar wurde diese Gesetzesinitiative bis heute keine Wirklichkeit. Dennoch dürfte dieses Vorhaben die Gerichte in ihrer bisherigen Auffassung bestärken.

Das Merkmal **„Bezug"** von Waren und Dienstleistungen umfasst das gesamte, auf die Erlangung oder den Absatz von Waren und Leistungen gerichtete Geschäft, also nicht nur den Abschluss eines Vertrages, sondern auch die Bestellung, Lieferung, Prüfung oder Entgegennahme der Leistung.[67] Ob der Vorteilnehmer, dessen Geschäftsherr oder der Vorteilgeber die Waren bezieht, ist dabei unerheblich.

Eine **Bevorzugung** bei diesem Bezug meint eine Gewährung von Vorteilen gegenüber anderen Wettbewerbern, die diesen mittelbar oder unmittelbar besser stellt. Nicht Voraussetzung ist, dass der Vorteilgeber selbst bevorzugt wird. Auch eine Bevorzugung eines Dritten ist tatbestandsmäßig.[68]

Zuletzt muss diese geplante Bevorzugung – nach der Vorstellung der Beteiligten – gerade eine Bevorzugung **im Wettbewerb** sein. Es muss also eine Wettbewerbssituation vorliegen, wobei umstritten ist, ob es eines konkreten Wettbewerbsverhältnisses bedarf[69], oder ob ein rein abstraktes Wettbewerbsverhältnis ausreicht.[70] Dabei ist zu beachten, dass es nach allgemeiner Ansicht nicht notwendig ist, dass der Vorteilgeber zum Zeitpunkt der Vorteilsgewährung in einem Wettbewerbsverhältnis zu anderen steht, sondern dass nach der Vorstellung der Beteiligten zum Zeitpunkt der Bevorzugung ein solches existiert.[71] Somit kann selbst in Fällen einer Monopolstellung der Tatbestand dann erfüllt sein, wenn die Bevorzugung gegenüber potentiellen Wettbewerbern in der Zukunft geplant wird.[72]

---

65 LG Magdeburg, wistra 2002, 156, 157; weitere Nachweise bei *Diemer/Krick* im MüKo, § 299 Rn. 17.

66 BR-Drucks. 548/07.

67 BGHSt 10, 269; *Diemer/Krick* in MüKo, § 299 Rn. 17.

68 BGHSt 49, 214, 218; *Diemer/Krick* in MüKo, § 299 Rn. 16.

69 So *Tiedemann* in LK, § 299 Rn. 37 m.w.N..

70 *Diemer/Krick* in MüKo, § 299 Rn. 18 m.w.N.

71 *Heine* in Schönke/Schröder, § 299 Rn. 23; *Gercke/Wollschläger*, wistra 2008, 5, 6 ff.

72 *Diemer/Krick* in MüKo, § 299 Rn. 18.

3. Die Tatbestandsmerkmale des § 299 Abs. 2 StGB nach herkömmlicher Interpretation

Der § 299 Abs. 2 StGB ist grundsätzlich spiegelbildlich zu dem § 299 Abs. 1 StGB konstruiert. Folglich kann in Bezug auf die Tatbestandsmerkmale in vollem Umfang auf die vorstehenden Ausführungen verwiesen werden. Es ergeben sich nur folgende Änderungen:

a) Täterkreis

Der § 299 Abs. 2 StGB ist kein Sonderdelikt, sondern kann von jedem begangen werden. Das folgt daraus, dass jeder potentiell in der Lage ist mit Angestellten oder Beauftragten Unrechtsvereinbarungen zu schließen. Allerdings muss auch im Rahmen des § 299 Abs. 2 StGB der Täter zu Zwecken des Wettbewerbs handeln. Privatpersonen, die nicht für irgendeinen Wettbewerber handeln, können daher nur Teilnehmer, nicht jedoch Täter des § 299 Abs. 2 StGB sein.[73]

b) Tathandlungen

Zudem unterscheiden sich die Tathandlungen von denen des § 299 StGB, da es im Rahmen des § 299 Abs. 2 StGB ja gerade um die Strafbarkeit des Vorteilgebers geht. Dieser muss den Vorteil anbieten, versprechen oder gewähren. **Anbieten** bedeutet das gegenwärtige Angebot eines Vorteils zur Schließung einer Unrechtsvereinbarung. **Versprechen** meint jede eindeutige, auf Abschluss einer Unrechtsvereinbarung gerichtete ausdrückliche oder stillschweigende Erklärung des Vorteilgebers, die dem Anderen zugeht.[74] Ein **Gewähren** des Vorteils liegt vor, wenn dem Empfänger die Verfügungsgewalt über den Vorteil verschafft wird.[75] Es handelt sich somit um den Gegenbegriff zur Annahme.

4. Insbesondere: Bisheriges Verständnis der Unlauterkeit im Rahmen von § 299 in Rechtsprechung und Literatur

Nachdem nun die übrigen Tatbestandsmerkmale und die dazu von der herrschenden Meinung vertretenen Auslegungstendenzen dargelegt wurden, soll nun das bisherige Verständnis des Merkmals der Unlauterkeit dargelegt werden.

---

73 *Tiedemann* in LK, § 299 Rn. 20.

74 *Dannecker* in NK, § 299 Rn. 64.

75 *Heine* in Schönke/Schröder, § 299 Rn. 28.

a) *Meinung 1: Merkmal hat keine Funktion*

Teilweise wird sowohl in der Rechtsprechung als auch in der Literatur die Ansicht vertreten, dass dem Merkmal der Unlauterkeit im Rahmen des § 299 StGB keine eigenständige Funktion zukomme.[76] So bezeichnet *Tiedemann* das Merkmal der Unlauterkeit als „überflüssig".[77]

Diese Ansicht beruht auf folgender Argumentation: Die Vertreter diese Ansicht gehen davon aus, dass das Merkmal der Unlauterkeit unterstreichen soll, dass die (angestrebte) Bevorzugung durch sachfremde Erwägungen geleitet wird. Da die Bevorzugung in unlauterer Weise nach der insoweit klaren Tatbestandsfassung nicht tatsächlich vorgenommen werden muss, sondern nur angestrebtes Ziel sein muss, reicht es aus, dass die Bevorzugung nach Vorstellung der Beteiligten auf sachfremden Erwägungen beruht. Diese Ansicht, die das Merkmal der Unlauterkeit für entbehrlich hält, geht davon aus, dass eine Vorteilsgewährung mit dem Ziel der Erlangung einer Bevorzugung stets das Risiko einer an sachfremden Erwägungen orientierten Entscheidung des Angestellten oder Beauftragten in sich trägt. Demnach sei, so diese Auffassung, bereits durch das Erfordernis einer Unrechtsvereinbarung sicher gestellt, dass die in dieser Vereinbarung angestrebte Bevorzugung in unlauterer Weise geschehe.[78]

b) *Meinung 2: Merkmal dient dem Ausschluss von geringfügigen Vorteilen*

Eine andere Ansicht hingegen will dem Merkmal der Unlauterkeit die Funktion zuschreiben, unbedeutende Vorteile wie Werbegeschenke aus dem Tatbestand herauszunehmen.[79] Das wird damit begründet, dass solche geringwertigen Vorteile nicht geeignet seien, sachfremde Gründe für eine wettbewerbswidrige Bevorzugung darzustellen. Letztlich wendet diese Ansicht den Gedanken der So-

---

76 So *Tiedemann* in LK § 299 Rn. 42; *Fischer*, StGB, § 299 Rn. 16; *Ulbricht*, Bestechung, S. 107 f.; *Peinemann*, Alleingesellschafter, S. 46 ff.; *Pfuhl*, Verkaufsförderung, S. 140 f.; unklar dazu *Dannecker* der auf der einen Seite das Merkmal als überflüssig bezeichnet (vgl. *Dannecker* in NK, § 299 Rn. 53) und an anderer Stelle das Merkmal der Unlauterkeit als „zentrales Merkmal" bezeichnet (vgl. *Dannecker* in NK, Vor § 298 ffRn. 18).;

77 *Tiedemann* in LK, § 299 Rn. 42. Diese Ansicht scheint Tiedemann jedoch inzwischen aufgegeben zu haben und bezeichnet die Unlauterkeit in einem jüngst erschienenen Artikel nunmehr als „entscheidendes Tatbestandsmerkmal des § 299 StGB", siehe *Tiedemann* in FS Rissing-van Saan, S. 685, 690; auch *Dannecker* scheint sich von dieser herrschenden Meinung zu distanzieren, vgl. *Dannecker* in NK, Vor § 298 ff Rn. 18.

78 So ausdrücklich *Peinemann*, Alleingesellschafter, S. 48.

79 *Kühl* in Lackner/Kühl, § 299 Rn. 5; *Heine* in Schönke/Schröder, § 299 Rn. 20.

zialadäquanz, welcher von anderen Autoren bereits bei der Bestimmung des Begriffs des Vorteils berücksichtigt wird,[80] im Rahmen der Unlauterkeit an. Eine Bevorzugung ist nach dieser Ansicht als lauter und damit nicht als nach § 299 StGB strafbar anzusehen, wenn der gewährte Vorteil so unbedeutend ist, dass er für eine Willensbeeinflussung ungeeignet ist.[81]

c) Zusammenfassung der herkömmlichen Interpretationen der Unlauterkeit

Die beiden dargestellten Auffassungen zum Verständnis des Merkmals der Unlauterkeit und dessen Bedeutung für den Tatbestand unterscheiden sich letztlich nur in der Verortung der Frage der Sozialadäquanz. Die Vertreter der Ansicht, dass das Merkmal der Unlauterkeit überflüssig ist, verorten die Frage der Sozialadäquanz bereits bei dem Begriff des Vorteils.[82] Diejenigen, die bei dem Vorliegen von sozialadäquaten Zuwendungen die Unlauterkeit der Bevorzugung ausschließen, verstehen den Begriff des Vorteils weit und schränken den Tatbestand beim Merkmal der Unlauterkeit diesbezüglich wieder ein.[83] Im Ergebnis unterscheiden sich diese Ansichten also nicht. Es herrscht Einigkeit, dass sozialadäquate Zuwendungen den Tatbestand nicht erfüllen, dem Merkmal der Unlauterkeit (darüber hinaus) keine weitere Bedeutung zukommt.

Einig sind sich diese Ansichten insbesondere darin, dass ein Wissen bzw. eine Zustimmung des Geschäftsherrn des Angestellten oder Beauftragten die Unlauterkeit nicht beseitigt. Diese Ansicht wird seit dem durch das Reichsgericht entschiedenen Korkengeldfall[84] fast einhellig vertreten.[85] Begründet wird diese Ansicht mit Verweis auf das von der herrschenden Meinung angenommene Rechtsgut. Da § 299 StGB nicht primär und ausschließlich den Geschäftsherrn schützt, sondern als Straftat gegen den Wettbewerb in erster Linie den lauteren Wettbewerb als solchen, führt eine Einwilligung oder ein Einverständnis des Geschäftsherrn nicht zum Entfallen der Strafbarkeit.

Es bleibt also festzuhalten, dass die herkömmlichen Auffassungen davon ausgehen, dass dem Merkmal der Unlauterkeit – bis auf den Ausschluss von sozialadäquaten Vorteilen – keine Funktion zukommt.

---

80 Siehe dazu bereits A. I. 2. e) ee).

81 *Kühl* in Lackner/Kühl, § 299 Rn. 5.

82 So etwa *Tiedemann* in LK, § 299 Rn. 28.

83 Zur richtigen Verortung dieser Frage siehe C. IV. 2. d).

84 RGSt 48, 291; zu diesem Fall siehe auch ausführlich A. II. 1. a) sowie D. IV. 2. b) cc (1).

85 Vgl. nur *Tiedemann* in LK, § 299 Rn. 55; *Kühl* in Lackner/Kühl, § 299 Rn. 5.

II. Die Problemstellung

Nachdem das herkömmliche Verständnis der einzelnen Tatbestandsmerkmale des § 299 StGB dargestellt wurde, sollen im Folgenden mittels Beispielsfällen Wertungswidersprüche aufgezeigt werden, die sich bei der Anwendung des § 299 StGB unter Zugrundelegung der herrschenden Interpretation ergeben. Die aufgezeigten Beispielsfälle sind nicht allein rein theoretischer Natur, sondern haben allesamt auch praktische Relevanz. Dabei geht es zunächst allein darum aufzuzeigen, dass die bisherige Interpretation von § 299 StGB nicht in der Lage ist, eine zeitgemäße Abgrenzung von strafbarem und straflosem Verhalten zu gewährleisten. Es wird deutlich werden, dass der Tatbestand nach der herkömmlichen Interpretation eine Weite erlangt hat, welche rechtsstaatlich sehr bedenklich ist. Während sich diese Darstellung zunächst allein auf das Aufzeigen von Wertungswidersprüchen und somit die Benennung des Problems der Weite des § 299 StGB beschränkt, soll im Laufe dieser Arbeit ein Lösungsansatz entwickelt werden, der diese Wertungswidersprüche aufzulösen vermag.[86]

1. Wertungswiderspruch zwischen der Bewertung von externen entschleierten und internen Vorteilsgewährungen

Ein Wertungswiderspruch, welcher im Rahmen des § 299 StGB bereits vielfach aufgezeigt wurde, entsteht durch die unterschiedliche Bewertung von externen entschleierten Vorteilsgewährungen[87] auf der einen und internen Vorteilsgewährungen auf der anderen Seite. Dieser Wertungswiderspruch kann durch folgenden Beispielsfall verdeutlicht werden:

a) Beispielsfall 1 (sog. Korkengeldfall)[88]

aa) Grundfall

A ist Kellner in einem Restaurantbetrieb, dessen Inhaber der B ist. B hat mehrere Sektsorten in seinem Sortiment zwischen denen sich die Kunden entscheiden

86 Zu diesem Lösungsansatz sowie den Folgen dieses Ansatzes siehe Teil C.

87 Die Differenzierung zwischen entschleierten und verschleierten Schmiergeldern wurde zuerst von *Wassermann* (GRUR 1931, 549) in die Diskussion eingebracht und wird seither immer wieder in diesem Zusammenhang aufgegriffen; vgl. nur *Hirschenkrämer* in WRP 1965, 130; *Koepsel*, Bestechlichkeit und Bestechung im geschäftlichen Verkehr, 2008, S. 157.

88 Der Fall ist dem Korkengeldfall nachgebildet, welcher bereits im Jahre 1914 durch das Reichsgericht entschieden wurde, vgl. RGSt 48, 291 ff.

können. Eine der Sorten stammt von dem Sekthersteller X. Dieser verspricht dem A für jeden Korken, den er bei ihm abliefert, einen bestimmten Geldbetrag. Durch dieses Korkengeld möchte X den A dazu veranlassen, den Kunden vermehrt den Sekt der Marke X zu empfehlen und so den Umsatz des X zu steigern. Der Geschäftsherr des A, der B, weiß davon und billigt dieses Vorgehen des X, da auch er glaubt, dadurch seinen eigenen Umsatz zu steigern und außerdem dem A diese „Zusatzvergütung“ gönnt. Strafbarkeit von A, B und X?

bb) Abwandlung

Der Sekthersteller verspricht die Korkengelder nicht dem Kellner, sondern dem Geschäftsinhaber B. Dieser lobt sodann als Anreiz für die Erhöhung des Umsatzes an Sektflaschen der Marke X für jede verkaufte Flasche einen Gehaltsbonus für den verantwortlichen Kellner aus.

b) Lösung des Beispielsfall 1 unter Zugrundelegung der herrschenden Ansicht

aa) Lösung des Grundfalls

(1) Strafbarkeit des A gem. § 299 Abs. 1 StGB

Der A war **Angestellter** des Restaurantbetriebes des B, mithin tauglicher Täter des § 299 Abs. 1 StGB.

A ließ sich von X die Zahlung eines Korkengeldes in einer bestimmten Höhe versprechen. In der Zahlung einer solchen Geldsumme ist eine geldwerte materielle Besserstellung, mithin ein Vorteil im Sinne des § 299 StGB zu sehen. Diese Besserstellung könnte nur dann aus dem Begriff des Vorteils herausgenommen werden, wenn man die Ansicht vertritt, dass geringwertige bzw. sozialadäquate Zuwendungen keine Vorteile in diesem Sinne darstellen.[89] Zu beachten ist jedoch, dass sich die Korkengelder bei erfolgreicher Vermarktung summieren und somit einen erheblichen Geldbetrag erreichen können. Damit würde die Grenze dessen, was mittels der Reduktion des Merkmals des Vorteils aufgrund der Lehre von der Sozialadäquanz vorgeschlagen wird, überschritten. Insofern liegt nach allen Ansichten ein **„Sichversprechenlassen“ eines Vorteils** vor.

Sodann müsste dieser Vorteil versprochen worden sein, damit der A den X bei dem Bezug von Waren oder Dienstleistungen bevorzugt. Bei dem Sekt des X handelt es sich um eine **Ware**. Das Merkmal des **Bezugs** von Waren im Sinne des § 299 StGB kann sowohl durch den Bezug durch das (den Angestellten beschäftigende) Unternehmen als auch den Bezug durch den Zuwendungsgeber

89 dazu bereits oben unter A. I. 2. e) bb).

erfüllt werden. Der Angestellte A bevorzugt den X jedoch nur im Rahmen von „Verkaufsgesprächen" gegenüber den Kunden. Insofern hat er keinen direkten Einfluss auf den Bezug des Sektes des X durch B. Jedoch führt der verstärkte Konsum des X-Sekts durch die Gäste aufgrund der Empfehlung des A zu einem erhöhten Bezug des X-Sektes durch B. Die ganz herrschende Auffassung geht davon aus, dass auch der mittelbare Einfluss auf den bevorzugenden Bezug von Waren den Tatbestand erfüllt.[90] So hat auch das RG im Korkengeldfall einen Bezug von Waren angenommen.[91] Bei diesem Bezug muss X gegenüber anderen Wettbewerbern bevorzugt werden. Aufgrund des versprochenen Korkengeldes empfiehlt der A den X-Sekt den Gästen bevorzugt, sodass der Absatz des X-Sektes gegenüber den anderen vergleichbaren Sekt-Sorten steigt. Insofern führt die Empfehlung durch den A zu einer **Bevorzugung** des X gegenüber den Konkurrenten, mithin **im Wettbewerb**.

Nimmt man nun mit der herrschenden Meinung an, dass dem Merkmal der **Unlauterkeit keine eigenständige Bedeutung** zukommt, so liegt eine Unrechtsvereinbarung und damit eine Strafbarkeit im vorliegenden Fall vor. Insbesondere die Tatsache, dass der Geschäftsherr des A, B, von dem Versprechen weiß und dieses billigt, führt nach herrschender Meinung nicht dazu, dass die Unlauterkeit entfällt.

Nach der herkömmlichen Ansicht kommt auch eine Rechtfertigung aufgrund der Zustimmung des Geschäftsinhabers nicht in Betracht. Da § 299 StGB nach herrschender Ansicht den Wettbewerb als Institution, mithin ein kollektives Rechtsgut schützt, scheidet eine Rechtfertigung durch Einwilligung aus.

(2) Strafbarkeit des X gem. § 299 Abs. 2 StGB

Da der § 299 Abs. 2 StGB gegenüber dem § 299 Abs. 1 StGB spiegelbildlich ausgestaltet ist, erfüllt der X durch das Versprechen und Gewähren der Korkengelder den Tatbestand des § 299 Abs. 2 StGB.

(3) Strafbarkeit des B gem. §§ 299, 27 StGB

Sodann müsste von der herkömmlichen Ansicht konsequenter Weise auch eine Strafbarkeit des B wegen Beihilfe zum § 299 StGB in Betracht gezogen werden.[92] Gegen eine solche Teilnahmestrafbarkeit des eingeweihten Geschäftsinhabers könnte höchstens vorgebracht werden, dass diese gegen die Entscheidung des Gesetzgebers verstieße, der den Geschäftsinhaber gerade aus dem möglichen

---

90 *Diemer/Krick* in MüKo, § 299 Rn. 16 m.w.N.

91 RGSt 48, 291 ff.

92 So auch *Winkelbauer* in FS Weber, S. 385, 390.

Kreis der Täter herausgenommen habe.[93] Diese Argumentation vermag jedoch nicht zu überzeugen. Das wird schon dadurch deutlich, dass bei Sonderdelikten generell eine Strafbarkeit wegen Teilnahme auch für solche Personen in Betracht kommt, welche die besondere Täterqualität nicht aufweisen. Zudem hilft der Geschäftsinhaber, der von den Vorteilsversprechen weiß und diese billigt, auch dem Vorteilsversprechenden. Bei § 299 Abs. 2 StGB handelt es sich jedoch nicht um ein Sonderdelikt. Zumindest in Bezug auf diese Tat kommt eine Beihilfestrafbarkeit in Betracht.

In der Verwirklichung des § 299 Abs. 1 StGB durch A sowie die Verwirklichung des § 299 Abs. 2 StGB durch den X liegt, mangels Rechtfertigung, jeweils eine **vorsätzliche rechtswidrige Haupttat**. Durch seine Zustimmung hat der B den A in der Annahme der Korkengelder zumindest bestärkt, was für eine **psychische Beihilfe** nach herrschender Ansicht ausreicht. B hat sich daher nach herkömmlicher Auffassung wegen §§ 299, 27 StGB strafbar gemacht.

bb) Lösung der Abwandlung

In der Abwandlung wird das Korkengeld nicht dem Angestellten A, sondern dem Geschäftsinhaber B selbst versprochen. Dieser ist kein tauglicher Täter des § 299 Abs. 1 StGB. Eine **Strafbarkeit des Geschäftsinhabers kommt daher nicht in Betracht**.

Auch eine **Strafbarkeit des X nach § 299 Abs. 2 StGB scheidet aus**, da es nicht strafbewährt ist, einem Geschäftsinhaber einen Vorteil für die Bevorzugung im Wettbewerb in Aussicht zu stellen.

Zuletzt **scheidet auch eine Strafbarkeit des A aus**. Das ergibt sich daraus, dass nach allgemeiner Ansicht ein Vorteilsversprechen eines Geschäftsinhabers an seinen eigenen Angestellten keine Strafbarkeit nach § 299 StGB begründen kann.[94] Vielmehr handelt es sich dabei um eine allein das arbeitsrechtliche Innenverhältnis betreffende Gehaltsgestaltung. Bonuszahlungen für einen bestimmten Absatzerfolg sind jedoch sowohl arbeitsrechtlich als auch strafrechtlich zulässig.

c) Bewertung der Lösung der herkömmlichen Ansicht

Im Grundfall muss die herrschende Ansicht konsequenter Weise eine Strafbarkeit annehmen. Es kann daher nicht überraschen, dass das Reichsgericht eine solche in dem diesem Beispielsfall zugrundeliegenden Korkengeldfall bejaht

93 So etwa *Rönnau* in A/R, Kap. III 2 Rn. 39.

94 *Heiseke*, WRP 1969, 362, 364; *Winkelbauer* in FS Weber, S. 385, 393.

hat.[95] Diese Annahme der Strafbarkeit entspricht der herkömmlichen Auffassung und war daher konsequent. Die Abwandlung, in der nach allgemeiner Ansicht eine Strafbarkeit nicht in Betracht kommt, zeigt jedoch, dass diese Bewertung des Grundfalles durch die herrschende Ansicht nicht überzeugen kann. Es ist nicht ersichtlich, warum Korkengelder, die mit Zustimmung des Geschäftsinhabers an den Kellner bezahlt werden, anders zu behandeln sind, als Korkengelder, die an einen Geschäftsinhaber gezahlt werden, welcher diese sodann an den Kellner weiterreicht. Beide Verkaufsfördermaßnahmen[96] entsprechen sich wirtschaftlich. Welche von beiden im Einzelfall gewählt wird, hängt vom Zufall ab.

Das Problem entsteht dadurch, dass eine Rechtfertigung aufgrund einer Einwilligung des Geschäftsherrn aufgrund des kollektiven Rechtsguts nicht in Betracht kommt, gleichzeitig jedoch der Geschäftsherr kein tauglicher Täter des § 299 Abs. 1 StGB ist. Dadurch fallen sog. entschleierte Schmiergelder unter den Tatbestand des § 299 StGB. Interne Vorteilsgewährungen, die dem Angestellten oder Beauftragten durch den Geschäftsinhaber gewährt werden, werden hingegen ebenso wenig vom Tatbestand erfasst[97] wie Zahlungen an den Geschäftsinhaber. Daraus ergibt sich eine unterschiedliche Behandlung von wirtschaftlich identischen Vorgängen. Es läuft, wie *Winkelbauer* treffend formuliert, auf die „Privilegierung von Komödien" hinaus.[98] Die unterschiedliche Bewertung von wirtschaftlich identischen Vorgängen kann unter Rechtsgutsaspekten nicht überzeugen.[99] Der Wettbewerb wird durch externe entschleierte Vorteilsgewährungen nicht in anderer Weise tangiert als durch Vorteilsgewährungen an Geschäftsinhaber, welche durch diese weitergereicht werden. Ein sachlicher Grund für diese Ungleichbehandlung von wirtschaftlich identischen Vorgängen wird durch die herkömmliche Auffassung nicht vorgebracht.

Die Erkenntnis der Existenz dieses Wertungswiderspruchs ist nicht neu, vielmehr wurde auf diesen bereits in der Stellungnahme der Sachverständigenkommission zur Bekämpfung der Wirtschaftskorruption im Jahre 1976 hinge-

---

95 Vgl. RGSt 48, 291 ff.

96 Zum Begriff der Verkaufsfördermaßnahme, der weitestgehend dem Begriff der Wertreklame aus dem UWG 1909 entspricht, vgl. *Pfuhl*, Verkaufsförderung, S. 9 ff.; *Lettl*, BB 2004, 1913, 1914.

97 So auch *Rengier* in FS Tiedemann, S. 837, 844; *Heiseke*, WRP 1969, 362, 364; *Winkelbauer* spricht passend von strafloser „Innenbestechung", vgl. *Winkelbauer* in FS Weber, S. 385, 393.

98 *Winkelbauder* in FS Weber, 385, 392; auch *Hanft*, Einmann-GmbH, S. 162 Fn. 34, weist auf diese Unstimmigkeit hin.

99 So auch *Rönnau* in A/R, Kap. III 2 Rn. 37; *Koepsel*, Bestechlichkeit, S. 16 f.; *v. Harder*, GRUR 1967, 182, 185.

wiesen.[100] In einer Vielzahl von Veröffentlichungen wurde dieser Wertungswiderspruch seitdem dargelegt[101], ohne dass eine veränderte Bewertung durch die herrschende Meinung erkennbar geworden ist.

d) Feststellung des Wertungswiderspruchs

Es wurde aufgezeigt, dass die herkömmliche Interpretation des § 299 StGB zu einem Wertungswiderspruch zwischen der Bewertung von entschleierten externen Vorteilsgewährungen auf der einen und internen Vorteilsgewährungen auf der anderen Seite führt. Einen Grund für diese unterschiedliche Bewertung von wirtschaftlich identischen Vorgängen vermag die herkömmliche Ansicht nicht zu liefern.

2. Wertungswiderspruch zwischen zivil- und wettbewerbsrechtlicher Bewertung von Vorteilsgewährungen an den Geschäftsinhaber und strafrechtlicher Erfassung von Drittvorteilen

Ein weiterer Wertungswiderspruch ergibt sich aus der unterschiedlichen Bewertung von Vorteilsgewährungen an Geschäftsinhaber im Zivil- und Wettbewerbsrecht auf der einen und dem Strafrecht auf der anderen Seite. Diese Unstimmigkeit der herkömmlichen Interpretation des § 299 StGB soll anhand des folgenden Falls verdeutlich werden:

a) Beispielsfall 2: Mensafall

Das Unternehmen X betreibt mehrere Mensen. Der Angestellte A des X ist als Prokurist für den Einkauf der für den Mensabetrieb notwendigen Lebensmittel zuständig. Für diesen Einkauf stehen dem A logistisch sinnvoll nur die Großhändler B, C und D zur Verfügung, deren Sortimente, Waren und Preise sich im Wesentlichen entsprechen. Im ersten Jahr kauft der A abwechselnd mal bei B, mal bei C und D ein. Im zweiten Jahr kommt der Geschäftsführer der B-GmbH, Y, auf A zu und verspricht diesem für zukünftige Einkäufe einen monatlichen Warengutschein in Höhe von € 500 für den Fall, dass A die Einkäufe für das Unternehmen X ausschließlich bei B tätigt. A kommt diesem Verlangen nach

---

100 *Lampe*, Tagungsberichte, S. 93; auch *v. Harder* wies bereits im Jahre 1967 auf diesen Wertungswiderspruch hin, vgl. *v. Harder*, GRUR 1967, 182, 185.

101 So etwa bei *Rönnau* in A/R, Kap. III 2 Rn. 37 ff.; *Wollschläger*, Täterkreis, S. 79 f.; *Koepsel*, Bestechlichkeit, S. 165 f.; *Peinemann*, Alleingesellschafter, S. 133.

und nutzt die Warengutscheine verabredungsgemäß ausschließlich für Einkäufe, die er für X bei B vornimmt. Haben sich A und Y strafbar gemacht?

b) Lösung des Beispielsfall 2 nach herrschender Ansicht

Auch in diesem Fall stellt sich die Frage, ob der A sich gem. § 299 Abs. 1 StGB und der Y sich gem. § 299 Abs. 2 StGB strafbar gemacht hat. Da sich diese spiegelbildlich entsprechen, soll hier nur die Strafbarkeit des A nach § 299 Abs. 1 StGB untersucht werden. Für den Y gilt dann entsprechendes nach § 299 Abs. 2 StGB.

A ist Angestellter des X-Unternehmens. Zu seinem Aufgabenbereich gehört der Einkauf von Waren. Bei A handelt es sich also um einen **Angestellten**, der tatsächlichen Einfluss auf den Warenbezug der X hat, mithin ist A tauglicher Täter des § 299 Abs. 1 StGB.

Sodann müsste A ein Vorteil versprochen worden sein. Ein Vorteil ist jede materielle oder immaterielle Besserstellung, auf welche der Empfänger keinen Anspruch hat. Als Vorteil kommt der € 500 Warengutschein in Betracht. Dieser hat einen (erheblichen) Wert, sodass mit der Gewährung eine materielle Besserstellung des Empfängers herbeigeführt wird. Auf eine solche Besserstellung hat auch weder der A noch das X-Unternehmen einen Anspruch. Es handelt sich also um einen **Vorteil**. Diesen hat A **sich versprechen lassen.**

Zudem müsste es sich um einen Vorteil handeln, welcher dem Angestellten oder einem Dritten versprochen wurde. Die Absprache zwischen dem A und dem Y sah vor, dass die Gutscheine im Rahmen der Einkaufstätigkeit des X-Unternehmens genutzt werden. Die Gutscheine sollten demnach dem X-Unternehmen zugute kommen, was sie dann auch taten. Empfänger der Gutscheine war somit nicht A, sondern das X-Unternehmen. Nach der herkömmlichen Auffassung macht diese Tatsache jedoch bei der Bewertung im Rahmen des § 299 StGB keinen Unterschied. Das liegt daran, dass nach der herrschenden Meinung der Geschäftsherr (hier also X) zum Kreis der Dritten gehört und somit tauglicher Vorteilsempfänger ist.[102] A wurde somit durch Y ein **Drittvorteil** versprochen.

Dieses müsste Y getan haben, um beim Bezug von Waren oder Dienstleistungen bevorzugt zu werden (**Unrechtsvereinbarung**). Der Vorteil wurde von Y gewährt, damit der A nunmehr ausschließlich bei B und nicht mehr auch bei C und D Waren für den Mensabetrieb einkauft. Es ging Y somit gerade darum, durch die Vorteilsgewährung gegenüber C und D **beim Bezug von Waren** durch das X-Unternehmen bevorzugt zu werden. Zumindest zum Zeitpunkt des

---

102 Siehe zu dieser herrschenden Meinung bereits A. I. 2. f) cc).

Vorteilversprechens bestand auch noch ein Wettbewerbsverhältnis zwischen B, C und D, sodass die **Bevorzugung** auch **im Wettbewerb** geschah.

Nimmt man nun mit der herkömmlichen Ansicht an, dass der **Unlauterkeit** im Rahmen des § 299 StGB keine Bedeutung zukommt, so läge eine Unrechtsvereinbarung vor.

Als Ergebnis der herkömmlichen Auffassung kann demnach festgehalten werden, dass diese sowohl eine Strafbarkeit des A gemäß § 299 Abs. 1 StGB als auch eine Strafbarkeit des Y gemäß § 299 Abs. 2 StGB annehmen müsste.

c) Bewertung der Lösung der herkömmlichen Auffassung

Die herrschende Meinung geht davon aus, dass der Geschäftsinhaber, für den der Angestellte oder Beauftragte tätig wird, Dritter im Sinne des § 299 StGB und somit tauglicher Vorteilsempfänger ist. Diese Einordnung entspricht der Auffassung der Rechtsprechung und der herrschenden Lehre.

Der Beispielsfall 2 zeigt jedoch auf, dass die herrschende Interpretation des Tatbestandes durch diese Erfassung des Geschäftsinhabers als tauglichen Vorteilsempfänger zu einem frappierenden Wertungswiderspruch zwischen strafrechtlicher und wettbewerbsrechtlicher Bewertung führt. In diesem Beispielsfall wird dem Angestellten des Unternehmens für eben dieses ein Vorteil versprochen. Dem für den Einkauf zuständigen Mitarbeiter wird ein Gutschein für weitere Einkäufe gewährt, damit er weiterhin (exklusiv) bei der B-GmbH die Waren bezieht, die er für das X-Unternehmen erwirbt. Bei einem solchen Gutschein handelt es sich wettbewerbsrechtlich – je nach Ausgestaltung – entweder um einen Rabatt oder um eine Zugabe. Neben den Waren wird zu diesen ein Gutschein bzw. ein Preisnachlass gewährt. Das Gewähren einer Zugabe bzw. eines Rabattes ist jedoch – nach heutigem Recht – nicht per se unzulässig.[103] Eine solche generelle Unzulässigkeit von Rabattgewährungen bzw. Zugabeversprechen kannte das deutsche Wettbewerbsrecht noch bis zum Jahre 2001.[104] Bis zu diesem Zeitpunkt bestimmte § 1 Abs. 1 ZugabeVO, dass Zugaben generell verboten und nur in eng umgrenzten Ausnahmefällen erlaubt waren. Eine entsprechende Regelung für Rabattgewährungen enthielt § 1 Abs. 1 RabattG.[105] Diese Normen wurden jedoch im Jahre 2001 ersatzlos aufgehoben. Seit dieser Gesetzesänderung hat sich im Wettbewerbsrecht die Meinung durchgesetzt, dass nunmehr Zugaben und Rabatte generell zulässig und nur in Ausnahmefällen un-

---

103 Für viele *Heermann*, WRP 2001, 855, 860 m.w.N.

104 *Berneke*, WRP 2001, 615.

105 Zum Regelungsgehalt des Rabattgesetzes und der Zugabeverordnung siehe *Cordes*, WRP 2001, 867, 868 f. und S. 872 ff.

zulässig sind.[106] Würde die B-GmbH oder der Y den Gutschein dem Mensabetreiber (X) persönlich gewähren, so wäre dieses unstreitig wettbewerbsrechtlich zulässig. Auch die in Beispielsfall 2 beschriebene Konstellation ist nach rein wettbewerbsrechtlicher Betrachtung zulässig. Worin nun der wertungsmäßige Unterschied bestehen soll zwischen der Konstellation, in der der Mensabetreiber selbst den Gutschein gewährt bekommt und derjenigen, in welcher sein Mitarbeiter diesen für das Unternehmen erhält, kann durch die herkömmliche Auffassung nicht sinnvoll begründet werden.[107] Folgt man der herkömmlichen Interpretation des § 299 StGB, so wird durch das Strafrecht ein wettbewerbsrechtlich unbedenkliches Handeln mittels einer Norm pönalisiert, die gerade den Wettbewerb vor unlauteren Einflussnahmen schützen soll. Ein wettbewerbsrechtlich erlaubtes Verhalten kann jedoch nicht strafrechtlich verboten sein.[108]

Dieser Wertungswiderspruch wird noch verstärkt, wenn man zusätzlich die Alternativen bedenkt, welche dem A im geschilderten Beispielsfall 2 zur Verfügung stehen. Bedenkt man nämlich, dass es nicht unwahrscheinlich ist, dass der A aufgrund seines Arbeitsvertrages dazu verpflichtet ist, seine Entscheidungen im Rahmen seiner Tätigkeit für das Unternehmen nach wirtschaftlichen Kriterien zu treffen, so setzt sich der A für den Fall, dass er das Angebot des Gutscheins von dem Y nicht annimmt, dem Risiko einer Strafbarkeit wegen Untreue aus.[109]

d) *Feststellung des Wertungswiderspruchs*

Es konnte gezeigt werden, dass der Tatbestand von der herkömmlichen Auffassung so weit interpretiert wird, dass reine Rabattgewährungen, die letztlich eine Verbesserung des Angebots darstellen,[110] unter den Tatbestand des § 299 StGB fallen. Diese Weite entsteht zum Einen aus der diametralen Entwicklung der Liberalisierung des Wettbewerbsrechts bei gleichzeitiger Tendenz der Strafbarkeitsausweitung im Rahmen des § 299 StGB, zum Anderen aus der Tatsache, dass die herkömmliche Auffassung den Geschäftsinhaber als Dritten anerkennt, ohne eine einschränkende Auslegung des Tatbestandes in solchen Fällen vorzu-

---

106 *Berneke*, WRP 2001, 615, 616; *Heermann*, WRP 2001, 855, 860.

107 So auch *Samson*, der treffend von einem „unauflösbarem Wertungswiderspruch" spricht, *Samson* in FS Sootak, S. 225, 229.

108 So auch *Warntjen/Schelling*, PharmR 2010, 509, 513.

109 *Winkelbauer* in FS Weber, S. 385, 393; *Wollschläger*, Täterkreis, S. 82; *Erb* in FS Geppert, S. 97, 99 u. 104.

110 So treffend *Samson* in FS Sootak, S. 225, 237; ähnlich auch *Park*, wistra 2010, 321, 322.

nehmen. Daraus ergibt sich das geradezu „absurde Ergebnis“[111] der herrschenden Meinung, dass Rabatte oder Zugaben, die ein Angestellter für sein Unternehmen heraus handelt, den Tatbestand des § 299 StGB erfüllen, sodass der § 299 StGB einem besonders gutem Geschäftsabschluss durch den Angestellten im Wege steht. Eben dieser ist jedoch aus wettbewerblicher Perspektive gewünscht. Das Ergebnis der herrschenden Auffassung kann daher insbesondere unter Beachtung des Rechtsguts Wettbewerb nicht überzeugen.[112]

3. Vertiefung der Widersprüchlichkeit des Tatbestandes nach herkömmlicher Auffassung durch Kombination der bisherigen Wertungswidersprüche

Haben bereits die Beispielsfälle 1 und 2 offenbart, dass der Tatbestand des § 299 StGB nach herkömmlicher Interpretation Fallkonstellationen erfasst, deren fehlende Strafwürdigkeit offensichtlich ist, soll anhand des folgenden Beispielsfalls die Absurdität der Weite des so verstandenen Tatbestandes durch Kombination der dargestellten Wertungswidersprüche weiter verdeutlicht werden.

a) Beispielsfall 3: Versteigerung von Speditionsgut[113]

Spediteur S veranstaltet in regelmäßigen Abständen durch einen leitenden Angestellten A freihändige Versteigerungen von Speditionsgut, in Bezug auf das die angefallenen Gebühren schon länger nicht gezahlt worden sind. Bei einer solchen Versteigerung werden pro Einzelversteigerung im Schnitt jeweils 10 sich steigernde Angebote abgegeben. (Dabei soll davon ausgegangen werden, dass sämtliche Vorschriften über die freihändige Versteigerung von Speditionsgut, §§ 464, 441 HGB i.V.m. §§ 1204 ff. BGB, eingehalten wurden.) Haben sich die Bieter und A strafbar gemacht?

b) Lösung des Beispielsfall 3 nach herkömmlicher Ansicht

Die Bieter geben ihr Gebot gegenüber dem **Angestellten** A ab, mithin einem tauglichen Versprechensempfänger im Sinne des § 299 StGB. Durch ihr Gebot signalisieren die Bieter dem Angestellten, dass sie für das Speditionsgut einen höheren Preis zahlen wollen. Sie versprechen also einen materiellen **Vorteil** in

111 *Koepsel*, Bestechlichkeit, S. 169.

112 So auch *Koepsel*, Bestechlichkeit, S. 169; *Wollschläger*, Täterkreis, S. 82; *Park*, wistra 2010, 321, 326.

113 Dieser Fall beruht auf einem Beispielsfall von *Samson* in FS Sootak, S. 225 f.

Form von Geld. Der Vorteil soll zwar nicht dem Angestellten (also dem Auktionator) selbst, sondern dem Anstellungs-Unternehmen zugute kommen. Da die herrschende Meinung den Geschäftsherrn in den Kreis der Dritten einbezieht, reicht ein solcher Vorteil jedoch aus. Das Unternehmen ist Dritter und somit ein **tauglicher Vorteilsempfänger**.

Dieser Vorteil wird auch gerade deshalb versprochen, um gegenüber den anderen Bietern **bevorzugt** zu werden. Es geht den Bietern darum, dass sie den Zuschlag erhalten und kein anderer Bieter. Eben darum erhöhen sie ihr Gebot, versprechen also den Vorteil. Der Angestellte (also der Auktionator) wird durch die Annahme des neuen Gebots als aktuelles Höchstgebot zumindest konkludent zum Ausdruck bringen, dass er auch geneigt ist, dem Bieter diese **Bevorzugung** angedeihen zu lassen (was auf Seiten des Angestellten zu einer Strafbarkeit nach § 299 Abs. 1 StGB führt). Diese Bevorzugung soll auch und gerade dem **Bezug von Waren** durch die Bieter dienen. Zumindest wenn es sich bei den Bietern um konkurrierende Unternehmen handelt, geschieht die Bevorzugung auch **im Wettbewerb**.

Dem Merkmal der Bevorzugung **in unlauterer Weise** kommt - abgesehen von dem Ausschluss von kleinen, wertmäßig irrelevanten und deshalb sozialadäquaten Versprechungen - nach der herkömmlichen Auffassung keine eigenständige Bedeutung zu.[114] Ein solcher Ausschluss aufgrund von Geringfügigkeit liegt bei wertvollen Gegenständen, bei denen die Biet-Schritte innerhalb der Versteigerung hoch sind, fern. Es wird daher nach der herkömmlichen Interpretation eine Bevorzugung in unlauterer Weise bezweckt.

Nach der herkömmlichen Interpretation haben sich die Bieter nach § 299 Abs. 2 StGB und der Auktionator als Angestellter gem. § 299 Abs. 1 StGB (und zwar bei jedem Gebot, welches er erwog anzunehmen) strafbar gemacht.

c) Bewertung der herkömmlichen Lösung des Beispielsfall 3

In Beispielsfall 3 wird eine Konstellation beschrieben, die zivilrechtlich im BGB als eine Verkaufsform ausdrücklich vorgesehen ist (vgl. §§ 1204 ff. BGB). Eine Erfassung von zivilrechtlich geregeltem Verhalten durch § 299 StGB ist unter dem Aspekt der Widerspruchsfreiheit der Rechtsordnung sowie dem Grundsatz, dass Strafrecht nur ultima ratio sein sollte, äußerst fragwürdig. Auch stellt die Versteigerung gerade den Idealfall eines Wettbewerbs dar. Es ist geradezu absurd anzunehmen, dass durch das Gebot auf einer Auktion der Wettbewerb zwischen den Bietern verletzt oder gefährdet wird.

---

114 Siehe dazu bereits A. I. 4.

Es mag daher auch an dieser Absurdität liegen, dass bisher keine Staatsanwaltschaft Anklage gegen Mitarbeiter von Versteigerungsunternehmen sowie die an diesen Versteigerungen teilnehmenden Bieter erhoben hat. Das wäre jedoch die notwendige Konsequenz der herkömmlichen Auffassung.

Man könnte einzig darüber nachdenken, in den zivilrechtlichen Regelungen über die freihändige Versteigerung einen Rechtfertigungsgrund für das Verhalten der Bieter und des Auktionators zu sehen. Allerdings muss man sich bei dieser Argumentation die Frage erlauben lassen, warum ein Tatbestand in solchen Fällen überhaupt (zunächst) eingreifen soll, wenn sodann stets eine Rechtfertigung eingreift.[115] Es ist nicht ersichtlich, warum die von der herrschenden Meinung angenommene Indizfunktion, die die Erfüllung des Tatbestandes haben soll,[116] in diesen Fällen sinnvoll ist und nicht bereits durch eine einschränkende Auslegung des Tatbestandes die Tatbestandsmäßigkeit entfallen sollte.

4. Zusammenfassung der Widersprüchlichkeit des § 299 StGB nach herkömmlicher Auffassung

Die Absurdität, welche sich aus beiden dargestellten Wertungswidersprüchen ergibt, zeigt sich in dem Beispielsfall 3 aufgrund der Kombination beider Fallkonstellationen besonders deutlich. Die herrschende Auffassung hat – in dem Bemühen um eine lückenlose Erfassung aller korrupten Handlungen – dem Anwendungsbereich des § 299 StGB eine Weite verliehen, welche zur Erfassung von eindeutig nicht strafwürdigen Verhaltensweisen führt. So wurde anhand der drei Beispielsfälle aufgezeigt, dass die herkömmliche Interpretation der Tatbestandsmerkmale zu einem Tatbestand führt, welcher Fallkonstellationen erfasst, die teilweise wettbewerbsrechtlich nicht zu beanstanden, teilweise sogar wettbewerbsrechtlich oder zivilrechtlich vorgesehen sind.

In den letzen Jahrzehnten hat sich das Wettbewerbsrecht wesentlich verändert. Das UWG wurde mehrmals geändert und in den Jahren 2004 und 2008 wesentlich reformiert. Neben diesen Reformen des UWG wurden zudem die wettbewerbsrechtlichen bzw. verbraucherschützenden Regelungen des Rabattgesetzes und der Zugabeverordnung ersatzlos gestrichen. Diese wettbewerbsrechtlichen Gesetzesänderungen haben zu einer weitreichenden Liberalisierung des

115 *Volk* zeigt ein ähnliches Beispiel auf, indem – bei einem vergleichbar weit verstandenen Modell-Tatbestand für die Angestelltenbestechung - die Einstellung eines Verfahrens durch einen Richter unter der Auflage einer Zahlung an einen Verein strafbar wäre. Auch er hält die Überlegung, ob § 153a StPO in solchen Fällen einen Rechtfertigungsgrund darstellt, für „dogmatisch abenteuerlich", vgl. *Volk* in GS Zipf, S. 419, 420.

116 Vgl. dazu allgemein *Kühl* in Lackner/Kühl, Vor § 13 Rn. 17.

Wettbewerbsrechts geführt. Ohne diese Konsequenzen im Einzelnen darzulegen[117], soll hier nur darauf verwiesen werden, dass Zugaben oder Rabattgewährungen heute nach einhelliger Auffassung grundsätzlich zulässig und nur in Ausnahmefällen (wettbewerbsrechtlich) verboten sind.[118] Es ist unverständlich, dass sich diese Änderungen im Wettbewerbsrecht bisher nach der herkömmlichen Auffassung in Bezug auf § 299 StGB nicht ausgewirkt haben. Vielmehr wurde durch die extensive Auslegung des Tatbestandes, insbesondere nach Einführung der Drittvorteile in den Tatbestand, die Pönalisierung von Vorteilsgewährungen wesentlich ausgeweitet.[119] Zur Herstellung eines Gleichlaufes zwischen dem Wettbewerbsrecht und dem Strafrecht wäre es jedoch vielmehr sachgerecht, die Entwicklungen des Wettbewerbsrechts auf das Strafrecht zu übertragen.[120] Immer mehr Autoren in der Literatur erkennen die dargestellten Wertungswidersprüche zwischen den wettbewerbsrechtlichen Wertungen und der herrschenden Interpretation der Strafnorm des § 299 StGB an.[121]

Die herkömmliche Auffassung hingegen berücksichtigt diese Entwicklungen nicht. Vielmehr geht sie unverändert von der Prämisse aus, dass in den wettbewerbsrechtlich unbedenklichen Fallkonstellationen der Beispielsfälle 1-3 eine Strafbarkeit nach § 299 StGB vorliegt. Diese Diskrepanz zwischen wettbewerbsrechtlicher Bewertung und strafrechtlicher Einordnung ist insbesondere deshalb nicht hinnehmbar, weil die Strafnorm des § 299 StGB – wie die herrschende Meinung zu Recht annimmt – gerade den Wettbewerb schützen soll. Die herkömmliche Auffassung führt jedoch dazu, dass eine Strafbarkeit gemäß § 299 StGB in den aufgezeigten Konstellationen von der – in der Praxis häufig zufälligen – zivilrechtlichen Konstruktion von Vertragsmodalitäten abhängt.[122]

Die Existenz der aufgezeigten Wertungswidersprüche muss zwangsläufig dazu führen, dass der Tatbestand des § 299 StGB daraufhin untersucht wird, ob er widerspruchsfrei (neu) auszulegen ist.[123] Es geht bei dieser Untersuchung darum, die Strafnorm des § 299 StGB auf strafwürdige Fallkonstellationen zu beschränken, mithin wirtschaftlich gewollte Verhaltensweise mittels Auslegung der Tatbestandsmerkmale aus dem Tatbestand heraus zu nehmen. *Samson* geht so weit zu formulieren, dass es notwendig sei, „elementare Grundwertungen des

117 Eine solche Darstellung und Bewertung wird unter C. III. 1. b) bb) (2). vorgenommen.

118 Für viele siehe *Heermann*, WRP 2001, 855, 860.

119 So auch *Erb* in FS Geppert, S. 97, 103.

120 Ebenso *Erb* in FS Geppert, S. 97, 98.

121 So z.B. *Rengier* in FS Tiedemann, S. 837, 842; *Koepsel*, Bestechlichkeit, S. 157 ff.; *Wollschläger*, Täterkreis, S. 76 ff.

122 *Erb* spricht in diesem Zusammenhang zutreffend davon, dass eine „unerträgliche Rechtsunsicherheit“ bestehe, siehe *Erb* in FS Geppert, S. 97, 110.

123 So auch *Park*, wistra 2010, 321, 322 ff.

Wirtschaftsrechts gegenüber den Anmaßungen insuffizienter Wirtschaftsstrafgesetze zu verteidigen".[124]

Dazu soll zunächst dargestellt werden, welche Vorschläge zur Auflösung der aufgezeigten Wertungswidersprüche in der Literatur bereits diskutiert und vorgeschlagen werden. Im Anschluss wird ein eigener Lösungsvorschlag erarbeitet.

---

124 *Samson* in FS Sootak, S. 225, 234.

B. Darstellung und Bewertung der bisherigen Ansätze zur Auflösung der Wertungswidersprüche

I. Einbeziehung des Geschäftsherrn in den Tatbestand

1. Darstellung des Lösungsansatzes

a) Lösungsvorschlag

Eine große Anzahl von Autoren hat immer wieder die Einbeziehung des Geschäftsherrn de lege ferenda in den Täterkreis des § 299 Abs. 1 StGB bzw. in die möglichen Vorteilsempfänger im Sinne des § 299 Abs. 2 StGB gefordert.[125] Diese Forderung wurde auch bereits zu dessen Vorgängernorm, § 12 UWG a.F., erhoben.

b) Begründung des Lösungsvorschlages

aa) Rechtsgutsbezogene Argumente

Begründet wird diese Auffassung zumeist mit Verweis auf das Rechtsgut des § 299 StGB.[126] Seit der Reichsgerichtsentscheidung zum sog. Korkengeldfall[127] geht die fast einhellige Meinung davon aus, dass das Rechtsgut des § 299 StGB (bzw. des § 12 UWG a.F.) in erster Linie der (lautere oder faire) Wettbewerb ist. Daraus wird von der ganz herrschenden Meinung gefolgert, dass eine Einwilligung bzw. ein Einverständnis des Geschäftsherrn in die Zahlung an seinen Angestellten / Beauftragten keinen Einfluss auf die Strafbarkeit hat. Die Nichterfassung des Geschäftsherrn führe nun aber zu dem Wertungswiderspruch, dass allein durch zivilrechtliche „Umleitung“ des Vorteils über den Geschäftsherrn, der diesen dann als betriebsinterne Leistung an den Angestellten weiterreicht, eine Strafbarkeit vermieden werden kann.[128] Diese Ansicht folgert nun aus dieser Unstimmigkeit, dass logische Konsequenz aus der Rechtsgutsbestimmung

---

125 *Bürger*, wistra 2003, 130, 134; *Koepsel*, Bestechlichkeit, S. 177 ff. und S. 213; *Hanft*, Einmann-GmbH, S. 163; wohl auch *Tiedemann* in FS Lampe, S. 759, 764; *Wolf*, NJW 2006, 2735, 2737; *Wolf*, ZRP 2007, 44, 45.

126 So z.B. bei *Bürger*, wistra 2003, 130, 133 ff.; *Koepsel*, Bestechlichkeit, S. 177 ff. Auch *Vogel* in FS Weber, S. 395, 404 ist der Auffassung, dass bei konsequenter Anwendung des Wettbewerbsmodells der Geschäftsherr von § 299 StGB erfasst sein müsste.

127 RGSt 48, 291 ff.

128 Siehe dazu bereits A. II. 1.

sei, dass der Geschäftsherr auch als möglicher Vorteilsempfänger in den Tatbestand aufzunehmen ist. Es mache, so diese Ansicht, keinen Unterschied für den Wettbewerb, ob der Geschäftsherr oder ein Angestellter die Schmiergeldzahlungen erhalte. In beiden Konstellationen werde der Wettbewerb in gleichem Maße gefährdet.[129] Vielmehr sei die Konsequenz der Entscheidung für das Wettbewerbsmodell, dass jeder potentiell im Wettbewerb stehende Wirtschaftsteilnehmer tauglicher Versprechensempfänger (und damit Täter des § 299 Abs. 1 StGB) sein müsse.[130]

bb) Rechtsformabhängige Pönalisierung

Zudem hat *Bürger*[131] unter Zustimmung anderer Autoren[132] einen weiteren Wertungswiderspruch verdeutlich, von dem er annimmt, dass dieser ebenfalls durch die Einbeziehung des Geschäftsherrn in den § 299 StGB aufzulösen sein. Dieser Wertungswiderspruch entstehe dadurch, dass die Nichteinbeziehung des Geschäftsherrn in den Täterkreis zu einer rechtsformabhängigen Pönalisierung von Vorteilsgewährungen führe.[133] Die Argumentation *Bürgers* kann anhand folgender Überlegung verdeutlicht werden[134]:

Man stelle sich vor, dass der Mensabetrieb im Beispielsfall 2[135] durch einen Einzelunternehmer geführt wird. Nimmt dieser den Gutschein des X Unternehmens selbst an, so wird der Tatbestand des § 299 StGB nach einhelliger Auffassung deshalb nicht erfüllt, weil der Einzelunternehmer selbst als Geschäftsherr kein tauglicher Täter des § 299 Abs. 1 StGB ist. Führt der gleiche Unternehmer den Mensabetrieb als Ein-Mann-GmbH und ist in dieser Alleingesellschafter und Geschäftsführer, so ist er nach herrschender Meinung Angestellter oder Beauftragter der GmbH und somit tauglicher Täter.[136] Nimmt er als solcher den Gutschein an, macht er sich nach § 299 StGB strafbar. Zwar gibt es Stimmen in der Literatur, die den GmbH-Alleingesellschafter, der gleichzeitig Geschäftsführer ist, aus dem Tatbestand mittels einer teleologischen Reduktion herausnehmen wollen.[137] Eine andere Meinung jedoch geht von der Einbeziehung Allein-

---

129 *Wolf*, NJW 2006, 2735, 2737.

130 *Vogel* in FS Weber, S. 395, 405.

131 *Bürger*, wistra 2003, 130.

132 Etwa *Zöllner*, GA 2009, 137.

133 *Bürger*, wistra 2003, 130, 132; zustimmend *Hanft*, Einmann-GmbH, S. 163; ebenfalls *Zöllner*, GA 2009, 137, 148.

134 Für ein ähnliches Beispiel siehe *Bürger*, wistra 2003, 130, 132.

135 Siehe A. II. 2.

136 Ausführlich dazu *Peinemann*, Alleingesellschafter, S. 142 ff.

137 So z.B. *Hanft*, Einmann-GmbH, S. 163; *Dannecker* in NK, § 299 Rn. 21.

gesellschafter-Geschäftsführer einer Ein-Mann-GmbH aus.[138] Es besteht somit die Gefahr, dass Gerichte die Strafbarkeit allein von der Rechtsform abhängig machen.[139]

Diese Unterscheidung führe dazu, so *Bürger*, dass die Strafbarkeit in Bezug auf die Annahme von Vorteilen allein von der Rechtsform abhängt, in der das Unternehmen geführt wird. Von § 299 StGB würden aufgrund dieser Fehlkonstruktion Fälle mit geringer Wettbewerbsintensität erfasst, während solche mit erheblichen Auswirkungen auf den Wettbewerb aus dem Tatbestand herausfielen.[140] Damit würde die Größe und die Organisationsstruktur eines Unternehmens in Bezug auf die Strafbarkeit nach § 299 StGB strafbegründend wirken. In Bezug auf Korruptionstaten sei jedoch die kriminelle Energie, die ein Täter aufbringt, von der Größe und der Organisationsstruktur völlig unabhängig. Insofern sei eine Differenzierung zwischen verschiedenen Rechtsformen willkürlich. Um diese rechtsformabhängige Pönalisierung zu vermeiden, sei der Tatbestand des § 299 StGB daher dahingehend zu erweitern, dass auch der Geschäftsherr in den Täterkreis des § 299 Abs. 1 StGB und in den Kreis der Zuwendungsempfänger nach § 299 Abs. 2 StGB einbezogen wird.[141] Wird nämlich der Täterkreis des § 299 Abs. 1 StGB auf Geschäftsinhaber erweitert, würde sowohl bei Zahlungen an Einzelunternehmer als auch bei Zahlungen an Alleingesellschafter-Geschäftsführer einer GmbH eine Strafbarkeit in Betracht kommen.

cc) Streit über den Umfang der Einbeziehung

Bei aller Einigkeit über den grundsätzlichen Weg zur Auflösung der Wertungswidersprüche innerhalb dieser Meinung herrscht unter den Autoren jedoch eine Meinungsverschiedenheit dahingehend, inwieweit die Geschäftsherren in den Täterkreis einzubeziehen sind. Teilweise wird eine vollständige Einbeziehung der Geschäftsherren gefordert.[142] Andere hingegen wollen nur die Geschäftsherren einbeziehen, die einer besonderen Verantwortung zur sachlichen Entscheidung unterliegen.[143] Diese besondere Verantwortung wird in der wettbewerbs-

---

138 Vgl. etwa *Bürger*, wistra, 130, 132; *Peinemann*, Alleingesellschafter, S. 142 ff.; auch *Pragal*, Korruption, S. 217, beschreibt den Zustand de lege lata dahingehend. Zu dieser Diskussion vgl. ausführlich *Hanft*, Einmann-GmbH, S. 160 ff.

139 Dieses wurde von *Bürger*, wistra 2003, 130, 132 mit Beispielen belegt.

140 *Bürger*, wistra 2003, 130, 135.

141 *Bürger*, wistra 2003, 130, 135; ebenso *Zöllner*, GA 2009, 137, 148.

142 *Hanft*, Einmann-GmbH, S. 163; *Koespel*, Bestechlichkeit, S. 213; Wolf, ZRP 2007, 44, 45.

143 Etwa *Rönnau* in A/R, Kap. III 2 Rn. 70 ff.; *Volk*, GS Zipf, S. 419, 426 f; *Pragal*, Korruption; S. 140 ff. und 210 ff.; i.E. auch *Koepsel*, Bestechlichkeit, S. 192, die allerdings dem Wortlaut nach zunächst alle Geschäftsherren erfassen will, jedoch für eine Ein-

rechtlichen Literatur als sog. Drittverantwortung[144] bezeichnet. Nur in diesen Fällen soll nach dieser Unteransicht eine Einbeziehung möglich sein. Bei allen anderen – nicht drittverantwortlichen – Geschäftsherren hingegen verstieße eine Einbeziehung gegen den Grundsatz der Vertragsfreiheit.

2. Kritik des Lösungsansatzes

Die Einbeziehung des Geschäftsherrn wird bereits seit langer Zeit diskutiert. Schon im Rahmen der Tagung der Sachverständigenkommission zur Bekämpfung der Wirtschaftskriminalität im Jahre 1976[145] und auf dem Deutschen Juristentag 1996[146] wurde diese Option besprochen. Allerdings ist der Gesetzgeber in dieser Beziehung nicht tätig geworden und zwar auch dann nicht, als sich ihm bei der geplanten, wenn auch im Ergebnis nicht umgesetzten Einführung des Geschäftsherrenmodells als zusätzliche Strafnorm in § 299 StGB die Möglichkeit dazu bot. Vielmehr wurde auch in diesem Änderungsentwurf[147] auf die Einbeziehung des Geschäftsherrn in den Täterkreis des § 299 StGB verzichtet. Zwar spricht diese Weigerung des Gesetzgebers zur Veränderung der Norm in dieser Hinsicht nicht notwendig gegen die Richtigkeit des Vorschlags. Es ist jedoch ein Indiz dafür, dass wesentliche Intentionen des Gesetzgebers übersehen werden, wenn diese Einbeziehung seit Jahrzehnten gefordert wird, ohne dass der Gesetzgeber dieser Forderung entsprochen hat.

Aber auch aus inhaltlichen Gründen kann dieser Lösungsansatz nicht überzeugen. Das liegt daran, dass ein Geschäftsherr grundsätzlich frei ist darin, seine Geschäftsentscheidungen an die Gewährung von Vorteilen zu knüpfen. Der Geschäftsherr kann seine geschäftliche Entscheidung an denjenigen Maßstäben ausrichten, welche er für sich für richtig hält. Das ist Teil seiner Vertragsfreiheit und damit grundsätzlich straflos.[148] Vielmehr wird der Wettbewerb, der durch den § 299 StGB geschützt werden soll, gerade durch die Wettbewerbsentscheidungen von Geschäftsherren geprägt. Solche Entscheidungen konstituieren den

---

schränkung mittels teleologischer Reduktion in Fällen in denen es sich nicht um Beratungs-, Aufklärungs- oder Vermittlungsleistungen handelt; auch *Bürger*, wistra 2006, 130, 135, will – aufgrund des Prinzips der Vertragsfreiheit – nur Geschäftsherren erfassen, denen in besonderer Weise Vertrauen entgegengebracht wird. Diese Beschränkung schlägt *Bürger* jedoch nur in Bezug auf § 299 I StGB vor.

144 Die Problematik der Drittverantwortlichkeit soll hier nur angedeutet werden. Eine ausführliche Auseinandersetzung mit Fällen dieser Art wird unter C. VI. 2. stattfinden.

145 Siehe *Lampe*, Tagungsberichte, S. 92.

146 Siehe dazu *Dölling*, 61. DJT, S. 84 ff.

147 BR-Druchs. 548/07.

148 *Samson* in FS Sootak, S. 225, 236; *Peinemann*, Alleingesellscahfter, S. 138.

Wettbewerb. Wettbewerber dürfen (und sollen) sich grundsätzlich an eigennützigen Motiven ausrichten, die beste Leistung, das beste Angebote bevorzugen.[149] Jeder Vorteil, der einem Geschäftsherrn für die Bevorzugung beim Bezug oder Absatz von Waren oder Dienstleistungen gewährt oder versprochen wird, ist eine Erhöhung des Angebots und als solches für den Geschäftsherrn ein berücksichtigungsfähiger Teil des Leistungswettbewerbs.[150] *Bürger* führt dagegen an, dass dieses dann nicht gilt, wenn ein Geschäftsinhaber gleichzeitig Beteiligungen an anderen Unternehmen hält. In diesen Fällen könnte die Bevorzugung durch Vorteile an das andere Unternehmen erkauft werden, was nach seiner Ansicht zu einer wettbewerbsverzerrenden Entscheidung führen würde.[151] Für diese These gibt *Bürger* jedoch keine Begründung. Es ist nicht ersichtlich, warum ein Geschäftsherr eines Unternehmens eine Bevorzugung nicht deshalb vornehmen können soll, weil er das Angebot aufgrund des zusätzlichen Profits eines anderen Unternehmens für das beste hält. Ein Geschäftsherr handelt vielmehr auch dann im Rahmen seiner Vertragsfreiheit, wenn er ein bestimmtes Angebot anderen vorzieht, weil in diesem zusätzlich Vorteile für Dritte versprochen werden. Diese Drittvorteile können in Spenden an wohltätige Organisationen oder Projekte[152] ebenso bestehen, wie in Dienstleistungen an andere Unternehmen.

Insofern ist die Nichteinbeziehung des Geschäftsherrn in den Tatbestand des § 299 StGB nicht etwa eine beklagenswerte Panne, sondern vielmehr zwingende Notwendigkeit der Existenz des Prinzips der Vertragsfreiheit.[153]

Es mag Konstellationen geben, in denen auch ein Geschäftsherr aufgrund gesetzlicher Vorschriften gehalten ist, bestimmte Vorteile nicht anzunehmen oder Bevorzugungen aufgrund solcher Vorteile zu unterlassen.[154] Dabei handelt es sich jedoch um Randbereiche des Wirtschaftslebens, welche im Wettbewerbsrecht unter dem Stichwort der Dreieckskopplung bzw. Drittverantwortlichkeit diskutiert werden.[155] In diesen Randbereichen finden sich – wie noch gezeigt

149 *Sievers*, Bestechung, S. 47 spricht passend davon, dass die Eigennützigkeit gerade die „typische Triebfeder" sei.

150 *Peinemann*, Alleingesellschafter, S. 138; *Pragal* spricht treffend davon, dass zusätzliche Vorteile für den Geschäftsinhaber zulässige und sachgemäße Faktoren in der Gesamtkalkulation des Geschäftsinhabers sein, *Pragal*, Korruption, S. 142.

151 *Bürger*, wistra 2006, 130, 135.

152 Man denke etwa an das Versprechen eines Bierherstellers für jeden verkauften Kasten einen Euro zur Erhaltung der Regenwälder einzusetzen, welches der BGH wettbewerbsrechtlich für zulässig erachtet hat, vgl. BGH, GRUR 2007, 247 ff. und 251 ff.

153 So überzeugend *Samson* in FS Sootak, § 225, 236; ähnlich auch *Dölling*, 61. DJT, S. 84, 87; *Koepsel*, Bestechlichkeit, S. 186.

154 Dazu ausführlich C. IV. 2. b) bb).

155 Zu dieser Terminologie siehe C. IV. 2. b) bb) (1).

wird - [156] ausreichende Sanktionsmechanismen. Diese spezialgesetzlichen Normen vermögen der Sonderkonstellation der Drittverantwortlichkeit besser gerecht zu werden, als eine generelle Einbeziehung des Geschäftsherrn in die Korruptionsvorschrift.[157] Eine Einbeziehung des Geschäftsherrn in den Täterkreis des § 299 StGB würde zu weiteren Friktionen zwischen dem im Zivil- und Wettbewerbsrecht garantierten Prinzip der Vertragsfreiheit und der Strafnorm des § 299 StGB führen.[158] Nicht zuletzt aufgrund der Unmöglichkeit einer allgemeinen Grenzziehung von wettbewerbskonformen und sanktionswürdigen eigennützigem Verhalten des Geschäftsherrn sprach sich auch die Sachverständigenkommission zur Bekämpfung der Wirtschaftskriminalität einstimmig gegen die Aufnahme des Geschäftsherrn in den Täterkreis der Angestelltenbestechung aus, die damals noch in § 12 UWG geregelt war.[159]

Eine Erweiterung des Täterkreises auf den Geschäftsherrn kann daher nur auf den ersten Blick die Wertungswidersprüche des § 299 StGB auflösen. Zwar würde dadurch die Gleichbehandlung von interner und externer Bestechung erreicht, mithin die „Privilegierung von Komödien" vermieden. Jedoch würden dadurch neue, unüberwindbare Friktionen zwischen § 299 StGB auf der einen und dem Prinzip der Vertragsfreiheit auf der anderen Seite entstehen, welche unter Berücksichtigung des Rechtsguts als nicht zielführend anzusehen sind.

II. Einführung des Tatbestandsmerkmals der Pflichtwidrigkeit

1. Darstellung des Lösungsvorschlags

a) Lösungsansatz

Ein anderer in der Literatur diskutierter Lösungsansatz sieht vor, das Merkmal der Pflichtwidrigkeit entweder de lege lata in den Tatbestand des § 299 StGB hineinzulesen oder aber dessen Einführung de lege ferenda zu fordern. Pflichtwidrigkeit meint die Verletzung einer Pflicht des Angestellten oder des Beauftragten gegenüber dessen Geschäftsherrn. Diese Ansichten gehen davon aus, dass eine Strafbarkeit nach § 299 StGB immer dann entfällt (bzw. entfallen sollte), wenn der Geschäftsherr der Vorteilsgewährung zustimmt. Da der Alleinge-

156 Siehe dazu ausführlich unter D. I.

157 So auch *Peinemann*, Alleingesellschafter, S. 139.

158 Wie hier *Wollschläger*, Täterkreis, S. 129 ff.; *Dölling*, 61. DJT, S. 84, 87; ähnlich *Lampe*, Tagungsberichte, S. 91 ff..

159 Vgl. *Lampe*, Tagungsberichte, S. 92.

sellschafter-Geschäftsführer einer GmbH zwar auf der einen Seite Angestellter, gleichzeitig jedoch auch einwilligungsfähiger Alleingesellschafter ist, würde in Fällen von Zahlungen an den Alleingesellschafter-Geschäftsführer der Ein-Mann-GmbH aufgrund der Zustimmung des Alleingesellschafters stets die Strafbarkeit entfallen.[160] Diese Ansicht nimmt daher für sich in Anspruch die Wertungswidersprüche aufzulösen, die in den Beispielsfällen 1 bis 3 beschrieben wurden[161]. Dabei sind zwei Strömungen dieser Ansicht zu unterscheiden. Zum einen wird bereits in die heutige Gesetzesfassung das Merkmal der Pflichtwidrigkeit hineingelesen (dazu b) aa)), während andere die Aufnahme des Merkmals der Pflichtwidrigkeit de lege ferenda fordern (dazu b) bb)).

b) Begründung des Lösungsvorschlages

Beiden Ansätzen liegt im Wesentlichen die gleiche Argumentation zu Grunde: Die aufgezeigten Wertungswidersprüche entstünden dadurch, dass die Rolle des Geschäftsherrn durch die herkömmliche Auffassung missverstanden werde.[162] Der eigentliche Vorwurf des § 299 StGB sei darin zu erkennen, dass der Angestellte oder Beauftragte eine Pflicht aus dem Innenverhältnis zum Geschäftsherrn verletze. Diese Pflichtverletzung liegt im Regelfall der Schmiergeldzahlung in der Verletzung der arbeitsrechtlichen (Loyalitäts-)Pflicht, die Handlungen am Wohle des Unternehmens auszurichten und keinen eigennützigen Motiven zu folgen.[163] Nimmt der Angestellte oder Beauftragte nun eine geschäftliche Handlung nur deshalb in der bestimmten Weise vor, weil er durch eine Zuwendung bzw. das Versprechen derselben dazu motiviert wurde, so handelt er pflichtwidrig. Eben diese Pflichtwidrigkeit macht nach Ansicht dieser Autoren den Unrechtsgehalt des § 299 StGB aus. Es kann daher nicht überraschen, dass die Vertreter dieser Ansicht zumeist auch der Mindermeinung anhängen, welche davon ausgeht, dass das Rechtsgut des § 299 StGB das Vermögensinteresse des Geschäftsherrn ist.[164] Sie gehen davon aus, dass der § 299 StGB auf dem sog. Geschäftsherrenmodell beruht oder beruhen sollte. Das Geschäftsherrenmodell, nach dem viele europäische Länder[165] ihre Korruptionsvorschriften ausgerichtet haben, geht davon aus, dass der Unwert der Korruptionstat in der Loyalitätsver-

---

160 *Wollschläger*, Täterkreis, S. 109.

161 Zu diesen Wertungswidersprüchen siehe A. II.

162 Vgl. etwa *Hirschenkrämer*, Bestechung, S. 42 ff.

163 *Tiedemann* in LK, § 299 Rn. 44 ff.

164 So auch *Wollschläger*, Täterkreis, S. 136; ein Beispiel dafür bietet *Szebrowski*, Kick-Back, S. 179 und S. 189, allerdings nur für § 299 Abs. 2 StGB.

165 So z.B. Schweiz, Niederlanden, Frankreich, England, vgl. zu deren Regelungen *Wollschläger*, Täterkreis, S. 137.

letzung des Angestellten oder Beauftragten gegenüber dem Geschäftsherrn zu sehen ist.[166] Es steht im Gegensatz zu dem sog. Wettbewerbsmodell, welches nach herrschender Meinung der deutschen Strafnorm des § 299 StGB in seiner heutigen Fassung zugrunde liegt. Dieses sieht den Unwert einer Korruptionstat gerade nicht in der Verletzung von Loyalitätspflichten gegenüber dem Geschäftsherrn, sondern in der Manipulation des Wettbewerbs als solchem.[167]

aa) Interpretation der Unlauterkeit als Pflichtwidrigkeit (de lege lata)

Teilweise[168] wird vertreten, dass der Tatbestand bereits in der heutigen Fassung ein pflichtwidriges Handeln des Angestellten oder des Beauftragten voraussetzt, mithin bereits heute auf dem Geschäftsherrenmodell beruht. Das ergebe sich schon daraus, dass der Geschäftsherr nicht als Täter in Betracht kommt. Um daher das absurde Ergebnis zu vermeiden, dass Zahlungen, die über den Umweg des Geschäftsherrn laufen, nicht vom Tatbestand erfasst werden, während direkt (d.h. gegenüber dem Angestellten oder Beauftragten) versprochene oder gewährte Vorteile mit Wissen des Geschäftsherrn (wie im Korkengeldfall) strafbar sein sollen, wird von den Vertretern dieser Auffassung die Meinung vertreten, dass es in beiden Fällen mangels pflichtwidrigem Verhalten nicht zu einer Strafbarkeit kommen könne. Nur durch ein solches Verständnis des Tatbestandes könnte die von *Winkelbauer* aufgezeigte „Privilegierung von Komödien" vermieden werden.

Von *Hirschenkrämer* wird daher vertreten, dass das Merkmal der Pflichtwidrigkeit in das Merkmal der Unlauterkeit der Bevorzugung hineinzulesen sei.[169] *Szebrowski* hält diese Lösung zumindest für § 299 Abs. 2 StGB für angebracht.[170] *Wollschläger* wendet sich hingegen gegen diese Interpretation der Unlauterkeit und will den Tatbestand in Fällen der Zustimmung des Geschäftsherrn zur Vorteilsgewährung teleologisch reduzieren.[171] Alle diese Ansätze haben die Gemeinsamkeit, dass die Zustimmung des Geschäftsherrn – bereits de lege lata - tatbestandsausschließend wirkt.

---

166 *Vogel* in FS Weber, S. 395, 402; *Wollschläger*, Täterkreis, S. 135.

167 *Vogel* in FS Weber, S. 395, 404.

168 *Hirschenkrämer*, Bestechung, S. 42 f.; *Szebrowski*, Kick-Back, S. 170 ff., letzterer allerdings nur für den § 299 Abs. 2 StGB.

169 So *Hirschenkrämer*, Bestechung, S. 42 ff.

170 *Szebrowski*, Kick-Back, S. 189.

171 *Wollschläger*, Täterkreis, S. 80.

bb) *Forderung der Einführung des Merkmals der Pflichtwidrigkeit de lege ferenda*

Andere Autoren hingegen halten den momentanen Wortlaut für eindeutig. Dieser mache deutlich, dass die momentane Regelung auf dem Wettbewerbsmodell beruht.[172] Wie vom RG im Korkengeldfall entschieden, sei Schutzgut der Wettbewerb. Dieses habe der Gesetzgeber auch erneut dadurch zum Ausdruck gebracht, dass er den § 299 StGB in den Abschnitt der Straftaten gegen den Wettbewerb eingeordnet habe.[173] Auch eine Verankerung der Pflichtwidrigkeit in dem Tatbestandsmerkmal der Unlauterkeit lehnen diese Autoren ab. Das wird zumeist damit begründet, dass der Wille des Gesetzgebers diesbezüglich eindeutig gewesen sei.[174] Dieser hatte zunächst erwogen, statt des Merkmals der Unlauterkeit das Merkmal der Pflichtwidrigkeit in den Tatbestand zu implementieren. Dieses wurde sodann jedoch bewusst unterlassen.[175] Insofern gehen diese Autoren im Einklang mit der herrschenden Meinung davon aus, dass die jetzige Gesetzesformulierung eindeutig das Wettbewerbsmodell anordne. Daraus wird gefolgert, dass in der heutigen Fassung das Merkmal der Pflichtwidrigkeit kein Tatbestandsmerkmal sei.

Allerdings plädieren die Vertreter dieser Ansicht dafür, de lege ferenda dem Tatbestand das Geschäftsherrenmodell zugrunde zu legen, um die oben dargelegten Wertungswidersprüche zu vermeiden. Durch die Einführung des Merkmals der Pflichtwidrigkeit soll die Ungleichbehandlung von – rein zufällig zivilrechtlich unterschiedlich geregelten – wirtschaftlich vergleichbaren Situationen vermieden werden.[176] Würde man die Pflichtwidrigkeit als Tatbestandsmerkmal aufnehmen, so würden Schmiergelder, die mit Billigung des Geschäftsherrn an den Angestellten oder Beauftragten gezahlt werden, aus dem Tatbestand herausfallen.[177] Zugleich kann diese Auffassung für sich in Anspruch nehmen, dass sie einem europäischen Trend folgt und eine Rechtsangleichung im europäischen Raum herbeiführen würde, welche durch den EU-Rahmenbeschluss vom

---

172 So auch die ganz herrschenden Auffassung, vgl. nur *Rönnau/Golombek*, ZRP 2007, 193; *Zöllner*, GA 2009, 137, 141.

173 *Bürger*, wistra 2003, 130, 134; auch *Pragal*, Korruption, S. 123 kann nicht bestreiten, dass diese Einordnung einen „gewissen Hinweis" auf das Rechtsgut darstellt, wenn er auch im Ergebnis den Wettbewerb als Rechtsgut ablehnt.

174 *Bürger*, wistra 2003, 130, 133.

175 Siehe dazu *Ulbricht*, Bestechung, S. 105 f.

176 *Bürger*, wistra 2003, 130, 134; so auch *Hirschenkrämer*, Bestechung, S. 42, der diese Änderung jedoch nur zur Klarstellung fordert.

177 *Vogel* in FS Weber, S. 395, 403.

22.07.2003[178] auch vorgesehen ist. Diese Maßnahme verpflichtet die Mitgliedsstaaten (also auch Deutschland), Vorteilsgewährungen und -annahmen generell unter Strafe zu stellen, wenn der Vorteil gewährt wird, damit die für das Unternehmen tätige Person unter Verletzung ihrer Pflichten eine Handlung vornimmt oder unterlässt. Damit verpflichtet diese Gemeinsame Maßnahme zur Einführung einer auf dem Geschäftsherrenmodell beruhenden Korruptionsnorm.[179]

Zudem würde sich die Problematik der rechtsformabhängigen Pönalisierung bei einer am Geschäftsherrenmodell ausgerichteten Korruptionsvorschrift nicht stellen. Die Entscheidung eines Einmann-Gesellschafter-Geschäftsführer könnte keine Pflichtverletzung gegenüber der Gesellschaft darstellen, da diese stets ihre Zustimmung durch den einzigen Gesellschafter erteilt hat.

cc) Zusammenfassung dieses Lösungsansatzes

Beiden Unteransichten ist gemein, dass sie den Unrechtskern der Korruption darin erkennen, dass ein Angestellter oder Beauftragter seine Pflichten gegenüber dem Geschäftsherrn im Innenverhältnis verletzt. Diese Verletzung der Loyalitätspflicht sei der Grund dafür, dass es den § 299 StGB gebe. Diese Feststellung lässt einige Autoren das Merkmal der Unlauterkeit als Pflichtwidrigkeit interpretieren, während andere die Ersetzung der Unlauterkeit durch das Merkmal der Pflichtwidrigkeit de lege ferenda fordern.

2. Kritik des Lösungsvorschlages

a) Kritik an der Zugrundelegung des Geschäftsherrenmodells de lege lata

Die Ansicht, dass bereits nach der heutigen Gesetzesfassung der § 299 StGB auf dem Geschäftsherrenmodell beruhe, verkennt den ausdrücklichen Willen des Gesetzgebers. Dieser hat bereits bei Einführung des § 12 UWG a.F. deutlich gemacht, dass er den Tatbestand der Angestelltenbestechung (und -bestechlichkeit) gerade nicht an eine Pflichtwidrigkeit knüpfen wollte. Das Merkmal der Pflichtwidrigkeit wurde zwar diskutiert, dann jedoch bewusst ab-

178 EU-Rahmenbeschluss 2003/568/JI vom 22.7.2003, AblEU Nr. L 192 vom 31.07.2003, S. 54-56.

179 Vgl. *Rönnau/Golombek*, ZRP 2007, 193194; ausführlich dazu auch *Ulbricht*, Bestechung, S. 167 ff.

gelehnt.[180] Auch der „moderne“ Gesetzgeber hat durch mehrere Entscheidungen deutlich gemacht, dass er die Auffassung weiterhin für richtig hält. So wurde der neu geschaffene Tatbestand des § 299 StGB in den 26. Abschnitt des StGB eingefügt, also in den Abschnitt für Taten gegen den Wettbewerb.[181] Hätte der Gesetzgeber zum Ausdruck bringen wollen, dass es bei der Angestelltenbestechung vorrangig um Vermögensinteressen des Geschäftsherrn geht, so wäre eine Einordnung im 22. Abschnitt bei den Vermögensdelikten als Vorfelddelikt zur Untreue angebracht gewesen. Ein weiterer deutlicher Fingerzeig dafür, dass der heutigen Regelung des § 299 StGB das Wettbewerbsmodell zugrunde liegt, kann in den Reformbemühungen des Jahres 2007 gesehen werden. In diesem Jahr wurde im Bundestag – als Reaktion auf die internationale Entwicklung – ein Referentenentwurf des Bundesjustizministeriums[182] beraten, welcher die Einführung einer Strafnorm in den § 299 StGB vorsah, die gerade (neben der existierenden Strafvorschrift) einen weiteren Tatbestand enthalten sollte, der auf dem Geschäftsherrenmodell beruhen sollte. Zwar ist diese Gesetzesinitiative bisher nicht realisiert worden und nunmehr aufgrund des Grundsatzes der Diskontinuität wohl auch zunächst kein Thema mehr, dennoch zeigt der Entwurf, dass dem momentanen Tatbestand gerade nicht das Geschäftsherrenmodell zugrunde liegt.

Nun stellt der Wille des Gesetzgebers keine für alle Zeiten unüberwindbare Hürde im Rahmen der Auslegung dar. Er ist jedoch dann maßgeblich zu berücksichtigen, wenn er im Wortlaut der Norm Berücksichtigung gefunden hat.[183] § 299 StGB spricht von einer unlauteren Bevorzugung und nimmt damit Bezug auf das UWG, aus welchem die Norm ursprünglich stammt. Dem UWG ist jedoch eine Bewertung der Unlauterkeit aufgrund eines innerbetrieblichen Verhältnisses fremd.[184] Vielmehr betreibt das UWG Schutz für Mitbewerber, Verbraucher und sonstige Marktteilnehmer, was heute ausdrücklich in § 1 UWG zum Ausdruck kommt. Nach der Konzeption des UWG, an welche der Begriff der Unlauterkeit in § 299 StGB anknüpft, kann die Unlauterkeit nicht aus der Verletzung einer innerbetrieblichen Pflicht hergeleitet werden.[185] Auch systematisch hat der Gesetzgeber durch Einordnung in den 26. Abschnitt deutlich gemacht, dass es nicht um eine Pönalisierung der Verletzung von arbeitsvertragli-

180 RT-Drucks. 1390, 8448 ff.; siehe dazu auch ausführlich *Ulbricht*, Bestechung, S. 105 f.; siehe ebenfalls *Peinemann*, Alleingesellschafter, S. 31 ff.; *v. Harder*, GRUR 1967, 182, 183.

181 *Bürger*, wistra 2003, 130, 134.

182 BR-Drucks. 548/07, S. 3 f.

183 Vgl. dazu ausführlich *Looschelders/Roth*, Juristische Methodik, S. 62 ff., insb. S. 64.

184 *Dannecker* in NK, § 299 Rn. 52.

185 So auch überzeugend *Bürger*, wistra 2006, 130, 133.

chen Pflichten, sondern um die Störung des Wettbewerbs gehen soll. Eine Auslegung, die den heutigen § 299 StGB um das Merkmal der Pflichtwidrigkeit ergänzen und somit das Geschäftsherrenmodell zugrunde legen will, verstößt damit gegen den Wortlaut des § 299 StGB.[186]

b) Kritik an der Einführung des Geschäftsherrenmodells de lege ferenda

Während das Hineinlesen des Geschäftsherrenmodells in den heutigen § 299 StGB aufgrund des klaren Wortlauts und der eindeutigen Systematik nicht möglich ist, wäre eine Einführung des Geschäftsherrenmodells de lege ferenda durchaus denkbar. Auch ist den Verfechtern dieser Lösung zuzugestehen, dass durch eine Ersetzung des heutigen § 299 StGB durch eine Norm, die auf dem Geschäftsherrenmodell beruht, die Vorgaben aus dem EU-Rahmenbeschluss 2003/568/JI umgesetzt würden.

Allein der Umsetzungsdruck sollte jedoch nicht vorschnell dazu führen, eine solche Änderung vorzunehmen. Dieser Ansicht war wohl auch der Gesetzgeber. So wurde im Jahre 2007 zunächst durch den Referentenentwurf des BMJ nicht die Ersetzung des § 299 StGB in seiner heutigen Fassung erwogen, sondern die Einführung einer neuen Tatbestandsvariante vorgeschlagen, welche das Geschäftsherrenmodell umsetzen sollte. Diese Gesetzesinitiative hatte jedoch keinen Erfolg – nicht zuletzt aufgrund zum Teil harscher Kritik aus der Literatur.[187]

Zu untersuchen ist also, ob eine additive oder eine substitutive Einführung des Geschäftsherrenmodells die aufgezeigten Friktionen des heutigen Tatbestandes beseitigen könnte. Zunächst soll jedoch die generelle Kritik am Geschäftsherrenmodell im deutschen Strafrecht dargelegt werden.

aa) Generelle Kritik am Geschäftsherrenmodell im deutschen Strafrecht

Die geforderte Einführung eines Korruptionstatbestandes, welcher auf dem Geschäftsherrenmodell beruht und damit die (arbeitsrechtliche) Pflichtverletzung des Angestellten gegenüber dem Geschäftsherrn bei der Bevorzugung aufgrund der Vorteilsgewährung in den Mittelpunkt des Vorwurfs rückt, begegnet weitreichenden Bedenken. Bei einer solchen Einführung ist zu beachten, dass das deutsche Strafrecht – entgegen vielen anderen Rechtsordnungen – bereits einen Straftatbestand kennt, welcher Pflichtverletzungen in Arbeitsverhältnissen unter Strafe stellt. Dieser Tatbestand ist die Untreue nach § 266 StGB. Er beinhaltet

---

186 Ebenso *Bürger*, wistra 2006, 130, 133; *Pragal*, Korruption, S. 121.

187 *Rönnau/Golombek*, ZRP 2007, 193; BRAK-Stellungnahme Nr. 39/2007, S. 6; *Peinemann*, Alleingesellschafter, S. 38 m.w.N.

einen Tatbestand, der an Pflichtverletzungen in Treueverhältnissen anknüpft.[188] Würde nun durch die Einführung des Geschäftsherrenmodells ein weiterer Tatbestand eingefügt, welcher ebenfalls an die Pflichtverletzung in Treueverhältnissen anknüpft, so entstünden dadurch Konkurrenzprobleme, welche von vielen als unaufhebbar angesehen werden.[189] Gravierender als die Konkurrenzprobleme sind jedoch die Friktionen, die durch das Nebeneinander von § 266 StGB und einem am Geschäftsherrenmodell orientierten Korruptionsparagraphen entstünden. Das ergibt sich aus folgendem: § 266 StGB geht grundsätzlich davon aus, dass eine Strafbarkeit nicht durch jegliche arbeitsrechtliche Pflichtverletzung begründet werden kann, sondern fordert dafür die Verletzung einer besonderen Vermögensbetreuungspflicht sowie den Eintritt eines Vermögensschadens. Bei diesen Voraussetzungen handelt es sich um Wertentscheidungen des Gesetzgebers, welche maßgeblich sind für das System der Vermögensdelikte im StGB.[190]

Eine Ersetzung der Unlauterkeit durch die Pflichtwidrigkeit und somit die Einführung des Geschäftsherrenmodells würde dazu führen, dass diese Wertentscheidungen des § 266 StGB unterlaufen würden.

Zum Einen würde in diesen Fällen nunmehr jegliche Pflichtverletzung in arbeitsrechtlichen Vertragsbeziehungen eine Strafbarkeit auslösen können. Die im bisherigen System enthaltene Voraussetzung einer qualifizierten Pflichtverletzung in Form einer Vermögensbetreuungspflichtverletzung, würde somit für einen bestimmten Bereich aufgehoben.[191] Das ist unter dem Gesichtspunkt des ultima-ratio Gedankens des Strafrechts höchst problematisch.[192]

Zudem würde auch die Wertentscheidung des Gesetzgebers unterlaufen, nach welchem das Vermögen in solchen Treueverhältnissen nur vor konkreten Vermögensgefährdungen strafrechtlich geschützt werden soll. Diese nicht zuletzt durch die Rechtsprechung weitgehend konkretisierte und detailliert kasuierte Tradition im Rahmen der Vermögensdelikte würde durch die Einführung des Geschäftsherrenmodells unterlaufen. Denn in diesem Fall würde gerade keine (konkrete) Vermögensgefährdung mehr erforderlich sein, sondern allein die abstrakte Gefahr einer Vermögensminderung ausreichen, um eine Strafbarkeit des Angestellten oder Beauftragten zu begründen. Solche abstrakte Vermögensgefährdungen stellen jedoch im Rahmen von § 266 StGB zunächst reine Versuchshandlungen zu einer Untreue dar, die grundsätzlich straflos sind. Warum gerade im Wirtschaftsleben nun solche Vorbereitungshandlungen bestraft wer-

188 *Zöllner*, GA 2009, 137, 146.

189 *Rönnau/Golombek*, ZRP 2007, 193, 194; BRAK-Stellungnahme Nr. 39/2007, S. 7.

190 Treffend BRAK-Stellungnahme Nr. 39/2007, S. 6.

191 So auch *Rönnau* in A/R, Kap. III 2 Rn. 68 f..

192 *Zöllner*, GA 2009, 137, 144; BRAK-Stellungnahme Nr. 39/2007, S. 4; *Wollschläger*, Täterkreis, S. 146 ff.; *Pragal*, Korruption, S. 122.

den sollen, alle anderen vergleichbaren Fälle (z.B. in Monopol-Wirtschaften) jedoch nur bei Vollendung strafbar sind, ist nicht erklärlich.[193]

Zusätzlich ist zu beachten, dass im Falle der Einführung des Geschäftsherrenmodells nicht nur der Angestellte schon für abstrakte Vermögensgefährdungen strafrechtlich haften würde, sondern mit dem Vorteilgewährenden auch eine Person, die zu dem Geschäftsherrn des Angestellten in keinem in Treueverhältnissen Verhältnis steht, welches eine Vermögensbetreuungspflicht begründen würde.[194] Vielmehr besteht allein eine (ggf. nur quasi-) vertragliche Beziehung zwischen ihnen. Eine Vermögensbetreuungspflicht im Sinne des § 266 StGB liegt geradezu fern, da der Geschäftsherr davon ausgehen muss, dass sein Geschäftspartner auf den eigenen Profit abzielt. [195]

Insofern würde ein solcher Korruptionsparagraph zu Brüchen im deutschen Strafrechtssystem führen.[196]

bb) Untersuchung der additiven Einführung des Geschäftsherrenmodells

Der Referentenentwurf sah eine additive Einführung des Geschäftsherrenmodells bei – weitgehend unveränderter – Beibehaltung des heutigen § 299 StGB vor. Eine solche additive Einführung würde neben den bereits dargestellten allgemeinen Problemen des Geschäftsherrenmodells im deutschen Strafrecht auch weitere Probleme herbeiführen. So würde die additive Einführung dazu führen, dass das Wettbewerbs- und das Geschäftsherrenmodell im deutschen Strafrecht nebeneinander existieren, der damals geplante § 299 StGB n.F. hätte somit zwei Rechtsgüter.[197]

Schon die Verortung des neuen, auf dem Geschäftsherrenmodell beruhenden Korruptionsparagraphen durch den Referentenentwurf im § 299 StGB zeigt die Probleme, die durch eine solche additive Einführung entstünden. § 299 StGB sollte auch nach dem Referentenentwurf weiterhin in dem Abschnitt „Straftaten gegen den Wettbewerb“ verbleiben. Bei einem auf dem Geschäftsherrenmodell beruhenden Korruptionsparagraphen handelt es sich jedoch um eine Norm, die

---

193 *Vogel* in FS Weber, S. 395, 408; *Wollschläger*, Täterkreis, S. 147; ähnlich auch *Pragal*, Korruption, S. 122; *Rönnau* in A/R, Kap. III 2 Rn. 69.

194 *Wollschläger*, Täterkreis, S. 146; ähnliche Kritik auch bei *Vogel* in FS Weber, S 395, 409 f.; *Rönnau* in A/R, Kap. III 2 Rn. 67 ff.

195 So auch *Mitsch*, BT II, Tb.2, § 3 J. Rn. 241; *Dierlamm* in MüKo, § 266 Rn. 53.; a.A. *Pragal*, Korruption, S. 122.

196 Kritisch dazu ebenfalls *Rönnau/Golombek*, ZRP 2007, 193, 194; *Zöllner*, GA 2009, 137, 146; BRAK-Stellungnahme Nr. 39/2007, S. 6; ebenfalls *Wollschläger*, Täterkreis, S. 152.

197 *Rönnau/Golombek*, ZRP 2007, 193, 194; *Leipold*, NJW-Spezial 2006, 524.

(abstrakten) Vermögensschutz des Geschäftsherrn bezweckt.[198] Diese Norm gehört somit in den 22. Abschnitt des StGB. Dort lokalisiert würden nunmehr auch Abgrenzungs- und Konkurrenzprobleme nicht nur zu § 266 StGB sondern auch zu dem § 299 StGB a.F. deutlich. So würde ein Angestellter im Regelfall der verschleierten Schmiergelder sich sowohl nach der neuen (auf dem Geschäftsherrenmodell beruhenden) als auch nach der alten Korruptionsvorschrift strafbar machen. Da diese Tatbestände verschiedene Rechtsgüter schützen, würden sie nach den allgemeinen Regeln in Idealkonkurrenz zueinander stehen. Darüber hinaus käme eine Strafbarkeit nach § 266 StGB in Betracht.

Ein additiv eingefügter Korruptionsparagraph, welcher auf dem Geschäftsherrenmodell beruht, würde nach alledem einen Fremdkörper im deutschen Strafrecht darstellen, dessen Verhältnis zu § 266 StGB auf der einen und § 299 StGB a.F. auf der anderen Seite nicht wertungswiderspruchsfrei zu bestimmen wäre.[199] Hinzu kommt, dass die unter A. II. aufgezeigten Wertungswidersprüche des heutigen § 299 StGB bestehen bleiben würden. Eine additive Einführung würde das Problem der Nichterfassung des Geschäftsherrn bei gleichzeitiger Nichtberücksichtigung der Zustimmung desselben nicht auflösen. Eine additive Einführung eines auf dem Geschäftsherrenmodell beruhenden Korruptionsparagraphen schafft somit neue Wertungswidersprüche, ohne die alten zu beseitigen.

cc) Untersuchung der substitutiven Einführung des Geschäftsherrenmodells

Teilweise wird eine Ersetzung des bisherigen § 299 StGB durch eine neue Norm gefordert, die auf dem Geschäftsherrenmodell beruht.[200] Das könnte dadurch verwirklicht werden, dass der Begriff der Unlauterkeit durch den Begriff der Pflichtwidrigkeit ersetzt würde. Dieser würde zur Voraussetzung für eine Strafbarkeit das Handeln entgegen den arbeitsrechtlichen Pflichten machen.

Durch eine solche Ersetzung der Unlauterkeit durch die Pflichtwidrigkeit würden tatsächlich die bisherigen Wertungswidersprüche des § 299 StGB beseitigt. Eine auf dem Geschäftsherrenmodell beruhende Korruptionsvorschrift wäre in sich konsistent, würde jedoch – wie oben bereits gezeigt – zu anderen vermögensschützenden Normen, insbesondere zu § 266 StGB, in Widerspruch treten.

Auch würde dadurch das Rechtsgut des Korruptionsparagraphen ausgetauscht. Die Neufassung würde nunmehr Vermögensschutz des Geschäftsherrn betreiben und keine Norm gegen den Wettbewerb mehr darstellen. Dieser

198 Vgl. *Tiedemann* in LK, § 299 Rn. 45, der treffend von „untreueähnlichen Kriterien“ spricht“; ebenso *Rönnau* in A/R, Kap. III 2 Rn. 65 ff., insb. 67; *Wollschläger*, Täterkreis, S. 135.

199 So auch *Rönnau* in A/R, Kap. III 2 Rn. 69.

200 *Hirschenkrämer*, Bestechung, S. 42 ff.

Wechsel käme einem Paradigmenwechsel im deutschen Verständnis des Wesens der Korruption gleich.[201] Das deutsche Verständnis beruht seit jeher darauf, dass Korruption ein Angriff auf den Wettbewerb ist. Dieses Wesen begründet die Strafwürdigkeit.[202] Der Gesetzgeber hat – selbst bei der Überlegung das Geschäftsherrenmodell einzuführen – davon nicht Abstand nehmen und den § 299 StGB als „Straftat gegen den Wettbewerb" im 26. Abschnitt des StGB belassen wollen. Der politische Wille zu einem solchen Paradigmenwechsel ist somit deutlich nicht vorhanden. Darüber hinaus würde ein solches Verständnis der Schutzrichtungsvielfalt der Korruptionsvorschrift, wie sie deutscher Tradition entspricht, nicht mehr gerecht.[203] Eine solche Verengung auf die Vermögensinteressen des Geschäftsherrn würden den Unrechtskern der Korruption nicht mehr erfassen.[204]

Zuletzt kann eine am Geschäftsherrenmodell ausgerichtete Korruptionsvorschrift ebenfalls nicht vermitteln, warum der Vorteilgeber als Außenstehender in Bezug auf die Prinzipal-Agent-Beziehung des Vorteilnehmers zu seinem Geschäftsinhaber in gleicher Weise strafbar sein soll, wie der Vorteilnehmer, obwohl dem Vorteilgeber gegenüber dem Geschäftsherrn keinerlei Loyalitätspflichten zukommen.[205] Systemkonform wäre es für das Geschäftsherrenmodell, den Vorteilgeber nur als Teilnehmer an der Tat zu bestrafen, was jedoch – soweit ersichtlich – selbst von Verfechtern des Geschäftsherrenmodells nicht gefordert wird.[206]

Zusammenfassend lässt sich somit feststellen, dass eine substitutive Einführung des Geschäftsherrenmodells zu Friktionen in Bezug auf die klassischen Vermögensdelikte führen würde. Es würde sich um einen Fremdkörper im deutschen Strafrecht handeln, welcher dem deutschen Verständnis des Wesens der Korruption widerspricht.

c) Zusammenfassung

Es wurde aufgezeigt, dass die Einführung des Geschäftsherrenmodells weder additiv zum Wettbewerbsmodell noch als Substitut zur Beseitigung der aufgezeigten Wertungswidersprüche des § 299 StGB führen würde, ohne neue Friktionen herbeizuführen.[207]

---

201 Zur Bestimmung des Wesens der Korruption siehe ausführlich C. I.

202 *Wollschläger*, Täterkreis, S. 146; vgl. dazu auch *Rönnau/Golombek*, ZRP 2007, 193.

203 *Wollschläger*, Täterkreis, S. 146.

204 So auch *Koepsel*, Bestechlichkeit, S. 212; *Volk* in GS Zipf, S. 419, 422.

205 *Wollschläger*, Täterkreis, S. 146.

206 Ähnlich auch *Wollschläger*, Täterkreis, S. 147.

207 Zum gleichen Ergebnis kommt auch *Wollschläger*, Täterkreis, S. 154.

III. Vollständige Neuformulierung des Tatbestandes

Neben diesen punktuellen Änderungsvorschlägen zur Auflösung der erkannten Wertungswidersprüche, wurden und werden in der Literatur Forderungen nach einer vollständigen Neufassung des Korruptionsparagraphens geäußert. Zwei dieser Vorschläge sollen im Folgenden dargelegt und kritisch untersucht werden. Dabei wird die Bewertung der Vorschläge sich stets daran orientieren, ob durch die vorgeschlagene Neuformulierung die bisherigen Wertungswidersprüche vermieden werden und gleichzeitig keine neuen Wertungswidersprüche entstehen.

1. Neuformulierungsvorschlag von *Koepsel*

Koepsel hat, nach eingehender Analyse des Tatbestandes sowie des Rechtsguts des § 299 StGB, eine Neuformulierung des Tatbestandes vorgeschlagen. Diese Neuformulierung ist nur im Lichte der vorhergegangenen Rechtsgutsanalyse zu verstehen. Zunächst soll daher eine Zusammenfassung des Ergebnisses dieser Rechtsgutsanalyse vorgenommen werden. Im Anschluss wird der Vorschlag für eine Neuformulierung sowie dessen Begründung dargestellt[208] und kritisch bewertet.

a) Koepsels Rechtsgutsanalyse

In ihrer Monographie setzt sich *Koepsel* ausführlich mit dem Streit um das Rechtsgut des § 299 StGB auseinander. Sie kommt darin zu dem Ergebnis, dass das herrschende Verständnis vom Rechtsgut des § 299 StGB grundsätzlich richtig ist. So sieht auch *Koepsel* in der Norm des § 299 StGB eine Norm, die den Wettbewerb als solchen sowie dessen Teilnehmer schützt. Das Wettbewerbsmodell stellt *Koepsel* im Ergebnis nicht in Frage. Sie kritisiert jedoch die Unbestimmtheit des Rechtsgutes „(lauterer) Wettbewerb". Daher unternimmt sie es, eine genauere Formulierung dessen zu finden, was die herrschende Meinung mit lauterem Wettbewerb umschreibt. Als diese genauere, passendere und präzisere Formulierung des Rechtsguts arbeitet *Koepsel* heraus, dass es sich bei dem von § 299 StGB angestrebten Schutz um den Schutz des „Leistungsprinzips als Entscheidungsmaßstab für Bevorzugungen im Wettbewerb"[209] handelt. Das Rechts-

208 Diese Darstellung kann nicht den Anspruch haben, die Herleitung und Begründung des Vorschlags in allen Einzelheiten darzulegen. Vielmehr sollen hier nur die Ergebnisse der Aufführungen *Koepsels* dargestellt werden.

209 *Koepsel*, Bestechlichkeit, S. 212.

gut des § 299 StGB ist danach das **Leistungsprinzip als Entscheidungsmaßstab für Bevorzugungen im Wettbewerb**. Dazu führt sie aus:

> *„Versucht man zu ergründen, warum die angestrebte Bevorzugung des Vorteilgebers im Rahmen des § 299 rechtlich missbilligt wird, so stößt man zwangsläufig auf das Leistungsprinzip als Entscheidungsmaßstab, das in der konkreten Situation des § 299 StGB ersetzt zu werden droht. Damit ist das Rechtsgut ‚lauterer Wettbewerb' präzisiert und der Unterschied zu den sonstigen unlauteren Handlungen im Wettbewerb herausgestellt."*[210]

Nach *Koepsel* geht es bei dem Schutz, der durch den § 299 StGB bezweckt wird, um den Schutz davor, dass das Leistungsprinzip, welches grundsätzlich dem wirtschaftlichen Handeln als Leitmotiv gilt, durch die Orientierung an dem (versprochenen bzw. gewährten) Vorteil ersetzt oder ergänzt wird.[211] Der Gedankengang beruht darauf, dass der Wettbewerb aus Entscheidungen der Wettbewerbsteilnehmer besteht. Die Entscheidungen der Marktteilnehmer richten sich nun grundsätzlich nach wirtschaftlichen Beweggründen. Wer von mehreren Marktteilnehmern den Konkurrenten vorgezogen wird, richtet sich also grundsätzlich danach, wessen „Angebot" das bessere ist. Das spezifische Unrecht, welches *Koepsel* in § 299 StGB ausfindig gemacht haben will, ist die Ersetzung der Parameter dieser Entscheidungsfindung. Anstelle einer Entscheidung für das beste Angebot, also nach sachlichen, rein wirtschaftlichen Parametern, tritt eine Entscheidung, die (zumindest auch) durch den versprochenen Vorteil motiviert ist. Das Leistungsprinzip wird durch ein anderes Motiv ersetzt (oder zumindest ergänzt). Aus einer solchen Ersetzung bzw. Ergänzung entstünden „negative Folgen für die Allgemeinheit und individuelle Marktbeteiligte".[212] Eben vor diesen negativen Folgen soll der § 299 StGB schützen.

Das Leistungsprinzip als Entscheidungsmaßstab soll nach Ansicht *Koepsels* das Rechtsgut des § 299 StGB präziser beschreiben, als das – zu abstrakte – Rechtsgut des lauteren Wettbewerbs. Eine Orientierung an diesem Rechtsgut führt nach dieser Ansicht dazu, dass ein Korruptionsparagraph, der sich weiterhin am Wettbewerbsmodell orientiert, widerspruchsfrei formuliert werden kann. Diese Neuformulierung *Koepsels* wird im Folgenden vorgestellt.

---

210 *Koepsel*, Bestechlichkeit, S. 212.

211 *Koepsel*, Bestechlichkeit, S. 111; zustimmend *Peinemann*, Alleingesellschafter, S. 124.

212 *Koepsel*, Bestechlichkeit , S. 111.

b) *Koepsels Vorschlag für eine Neuformulierung des § 299 StGB*

Im Rahmen ihrer Untersuchung legt *Koepsel* weitgehende Wertungswidersprüche des § 299 StGB nach herkömmlicher Auffassung dar, wie sie auch in dieser Arbeit dargelegt wurden.[213] Zur Vermeidung dieser Widersprüche schlägt *Koepsel* sodann folgende Neuformulierung des § 299 StGB vor, welche ihre Rechtsgutskonstruktion umsetzen soll[214]:

> *„§ 299 – Bestechung im wirtschaftlichen Verkehr*
>
> *(1) Wer im geschäftlichen Verkehr für einen anderen über die Bevorzugung eines Mitbewerbers beim Bezug von Waren oder Dienstleistungen zu entscheiden hat und unmittelbar oder über einen Mittelsmann einen Vorteil für sich oder einen Dritten als Gegenleistung dafür fordert, versprechen lässt oder annimmt, dass er einen bestimmten Mitbewerber bevorzugt, wird mit Freiheitsstrafe bis zu drei Jahren oder mit Geldstrafe bestraft. Das gilt nicht, sofern der Vorteil geringwertig ist.*
>
> *(2) Wer einer Person, die im geschäftlichen Verkehr für einen anderen über die Bevorzugung eines Mitbewerbers beim Bezug von Waren oder Dienstleistungen zu entscheiden hat, unmittelbar oder über einen Mittelsmann einen Vorteil für diese Person oder einen Dritten als Gegenleistung dafür anbietet, verspricht oder gewährt, dass er einen bestimmten Mitbewerber bei der Entscheidung bevorzugt, wird mit Freiheitsstrafe bis zu drei Jahren oder mit Geldstrafe bestraft."*

Dem Formulierungsvorschlag liegen folgende Überlegungen zugrunde:

aa) *Erweiterung des Täterkreises auf den Geschäftsherrn, soweit dieser nicht alleiniger Nachfrager ist*

Der bedeutendste Unterschied zwischen dem § 299 StGB heutiger Fassung und dem Vorschlag von *Koepsel* besteht in der Ausweitung des Täterkreises. Die Neuformulierung würde dazu führen, dass neben Angestellten und Beauftragten auch andere Personen in den Täterkreis fallen. So würden alle Personen erfasst, die „für einen anderen über die Bevorzugung eines Mitbewerbers beim Bezug von Waren oder Dienstleistungen entscheiden". Dadurch sollen insbesondere auch Geschäftsinhaber erfasst werden, die Einfluss auf die Entscheidung von anderen Marktteilnehmern haben. Diese Erweiterung wird wie folgt begründet:

Ist das Rechtsgut des § 299 StGB n.F. nunmehr das Leistungsprinzip als Entscheidungsmaßstab, so müsse dieses effektiv vor Ersetzung oder Ergänzung geschützt werden. Ein Geschäftsinhaber, der eine Entscheidung für sein eigenes Unternehmen trifft, handelt grundsätzlich sachgemäß und damit gemäß dem

213 Vgl. oben unter A. II.

214 *Koepsel*, Bestechlichkeit, S. 213.

Leistungsprinzip. Das liegt daran, dass *Koepsel* den Leistungsbegriff subjektiviert.[215] Sie versteht unter einer Handlung nach dem Leistungsprinzip nicht eine Handlung, die objektiv nach bilanziellen Erwägungen die Wirtschaftlichste ist, sondern diejenige, welche der nachfragende Marktteilnehmer als die seine ansieht. Ein Betriebsinhaber trifft danach (jenseits von Zwang, Täuschung oder Drohung) stets eine Entscheidung nach dem Leistungsprinzip. Er selbst kann entscheiden, ob ein versprochener Vorteil in seine Abwägung einfließt und in welchem Maße. Insofern trifft der Geschäftsinhaber im Regelfall keine Entscheidung für einen anderen, sondern für sich selbst. In diesen Regelfällen ist der Geschäftsinhaber kein tauglicher Täter des § 299 StGB *Koepselscher* Fassung.[216]

Eine vom Leistungsprinzip abweichende Entscheidung kann nur dann getroffen werden, wenn der Nachfragende (also der, *den* die Entscheidung trifft) und der Entscheidungsträger (also der, *der* die Entscheidung tatsächlich trifft) auseinander fallen. Insofern entsteht die Möglichkeit von Korruption erst dort, wo Nachfragender und Entscheidungsträger auseinanderfallen. Der heutige § 299 StGB reagiert auf diese Erkenntnis mit der Tatsache, dass allein Angestellte und Beauftragte taugliche Vorteilsempfänger sind. Diese Reaktion hält *Koepsel* jedoch für verfehlt. Sie verkennt nämlich, dass in bestimmten Situationen Geschäftsinhaber Entscheidungen für andere treffen können. Solche Situationen entstehen nach *Koepsel* in Fällen, in denen Geschäftsinhaber aufgrund spezieller Expertise und damit zusammenhängendem überlegenen Wissen faktisch Entscheidungen für andere treffen.[217] Wird beispielsweise ein Einzelkaufmann, der auf Autos spezialisiert ist, damit beauftragt, das beste von drei in Frage stehenden Autos zu ermitteln und tut er dieses – aufgrund einer Vorteilsgewährung durch einen der Autoeigentümer – in parteiischer Weise, so trifft er durch diese parteiische Beratung des Auftraggebers faktisch die Entscheidung über den Bezug der Waren durch den Auftraggeber.

Ein solcher Einfluss des Geschäftsinhabers auf die Entscheidung eines anderen soll insbesondere bei Beratungs-, Vermittlungs- oder Aufklärungsleistungen durch den Geschäftsherrn für einen Kunden in Bezug auf Leistungen eines Dritten vorliegen. *Koepsel* will somit durch diese Ausweitung Fallkonstellationen der sog. Dreieckskopplung[218] in den Tatbestand mit aufnehmen. Der Unterschied zur klassischen Prinzipal-Agent-Beziehung besteht in diesen Fällen darin,

---

215 *Koepsel*, Bestechlichkeit, S. 102.

216 *Koepsel*, Bestechlichkeit, S. 186.

217 *Koepsel*, Bestechlichkeit, S. 190 ff.

218 Zu Begriff der Dreieckskopplung sowie dem entsprechenden Begriff der Drittverantwortlichkeit siehe ausführlich D. IV. 2. b) bb).

dass die beratenden, vermittelnden oder aufklärenden Geschäftsinhaber zumeist über keine tatsächliche Entscheidungsmacht verfügen. Ihre Möglichkeit der Einflussnahme auf die Entscheidung liegt allein in ihrer beratenden Funktion. Nach *Koepsel* soll eine solche Funktion jedoch dann ausreichen, wenn die Beratungsleistung eine Hauptleistung der Rechtsbeziehung zwischen dem Berater und dem Beratenden ist.[219] In diesen Fällen holt der Beratende gerade die Expertise ein, da ihm das nötige Wissen fehlt. Dem Berater kommt somit faktisch eine Entscheidungsmacht zu.[220]

Im Ergebnis besteht die wesentliche Änderung, die die Einführung der Neuformulierung hervorbringen würde, darin, dass die bisherige Umschreibung des Täterkreises des § 299 Abs. 1 StGB auf alle Personen ausgeweitet wird, die rechtlich oder faktisch Entscheidungen für einen anderen über die Bevorzugung eines Mitbewerbers treffen.

bb) Der Begriff der gewerblichen Leistung wird durch Dienstleistung ersetzt

In der Neuformulierung von *Koepsel* soll der bisherige Begriff der gewerblichen Leistung durch den Begriff der Dienstleistung ersetzt werden. Mit dieser Ersetzung will *Koepsel* verdeutlichen, dass auch der Bezug freiberuflicher Leistungen in den Anwendungsbereich der Norm fallen soll. Mit dieser Änderung würde sich der § 299 StGB in seiner Wortwahl der nunmehr auch im UWG gebräuchlichen Wortwahl angleichen. Eine ähnliche Überlegung sollte auch durch den Referentenentwurf des BMJ aus dem Jahr 2007 vorgenommen werden.[221]

cc) Aufnahme einer Minima-Klausel in Abs. 1

Zudem möchte *Koepsel* durch die Einführung einer ausdrücklichen Minima-Klausel im § 299 Abs. 1 StGB n.F. mehr Rechtssicherheit in Bezug auf den Ausschluss von geringwertigen Vorteilsversprechungen bzw. –gewährungen herbeiführen. Die Abgrenzung von (noch) sozialadäquaten Vorteilsgewährungen und (bereits) strafbaren Schmiergeldzahlungen ist für die Praxis seit Jahren ein

219 *Koepsel*, Bestechlichkeit, S. 191.

220 *Koepsel*, Bestechlichkeit, S. 190 ff.

221 Siehe Begründung des Entwurfs, der ebenfalls auf die Angleichung der Wortwahl an das UWG verweist, ohne daraus jedoch Veränderungen der Tatbestandsweite abzuleiten (Nr. 6 zu Nummer 10 (§299)).

schwieriges Feld.[222] Es ist unstreitig, dass kleine Aufmerksamkeiten nicht unter den § 299 StGB fallen sollen.[223]

c) Kritik des Lösungsvorschlages

Bei der Bewertung des Lösungsvorschlages von *Koepsel* soll nun, ihrem Beispiel folgend, zunächst ihre Rechtsgutskonzeption bewertet werden, bevor eine Kritik des Lösungsvorschlages vorgenommen wird.

aa) Kritik an der Rechtsgutsbestimmung

Koepsel arbeitet überzeugend heraus, dass das Unrecht im Rahmen des § 299 StGB darin zu sehen ist, dass die Motivation desjenigen beeinflusst wird, welcher die Bevorzugung vornimmt. Durch das Versprechen oder Gewähren des Vorteils wird in dem Standardfall der Bestechung[224] eines Angestellten dessen Verhalten manipuliert und dadurch die Wettbewerbsentscheidung des Geschäftsherrn des Angestellten beeinflusst. Diese Beeinflussung führt zumindest zu der abstrakten Gefahr einer Bevorzugung nicht aufgrund des Leistungsprinzips, sondern aufgrund eigennütziger Motive des Angestellten. Zu Recht weist sie darauf hin, dass diese Erkenntnis auch begründet, warum entschleierte Schmiergelder eben gerade nicht unter den Tatbestand fallen können, ohne dass es zu Friktionen mit der eigentlichen Schutzrichtung kommt.[225] Ein Vorteil, der dem Geschäftsinhaber offengelegt wird, kann und wird von diesem in die Abwägungsentscheidung einbezogen. Fällt der Geschäftsherr dennoch die Entscheidung bzw. lässt er den Angestellten oder Beauftragten gewähren, so wird er dafür seine Gründe haben. Zumindest kann keine Rede davon sein, dass die Entscheidung nicht nach dem (subjektivierten) Leistungsprinzip getroffen wurde.

Insofern verdeutlicht die Analyse des Tatbestandes, die von *Koepsel* vorgenommen wurde, warum dargelegte Friktionen auftreten, wie die Erfassung von entschleierten Schmiergeldern bei gleichzeitiger Straflosbelassung von sog. internen Schmiergeldern.

Allerdings ist der Schluss, den *Koepsel* aus dieser Analyse zieht, nicht verständlich. Die Konsequenz soll darin liegen, dass das Rechtsgut „lauterer Wettbewerb" durch das Rechtsgut „Leistungsprinzip als Entscheidungsmaßstab" er-

222 *Rönnau* in A/R, Kap. III 2 Rn. 20 ff.; *Ulbricht*, Bestechung, S. 77.

223 Vgl. dazu *Tiedemann* in LK, § 299 Rn. 28 m.w.N. Die Begründung für diesen Tatbestandsausschluss sowie die Verankerung im Tatbestand ist jedoch umstritten, siehe dazu bereits A. I. 2. e) bb). Zur richtigen Verankerung siehe C. IV. 2. d).

224 Für ein Beispiel eines solchen Standartfalls siehe C. IV. 2. a).

225 *Koepsel*, Bestechlichkeit, S. 165.

setzt werden muss. Darin liegt jedoch ein Fehlverständnis. Zwar wird eine Tat nach § 299 StGB tatsächlich durch eine Ersetzung des Leistungsprinzips als Entscheidungsmaßstab begangen. Das Leistungsprinzip wird dadurch jedoch nicht automatisch zum Rechtsgut. Vielmehr beschreibt *Koepsel* durch ihre Formulierung die Begehungsweise, vor der das Rechtsgut geschützt werden soll. Die Ersetzung des Leistungsprinzips beschreibt das *Wie* der Verletzung des Rechtsguts, nicht das Rechtsgut selbst.[226] *Koepsel* verwechselt in ihrer Analyse die Begehungsweise der Verletzung (oder den Angriffsweg[227]) mit dem Objekt der Verletzung. Rechtsgut des § 299 StGB ist und bleibt der Wettbewerb. Dieser wird in Fällen des § 299 StGB vor Manipulationen geschützt, die darauf abzielen, das Leistungsprinzip als Entscheidungsmaßstab für Bevorzugungen beim Bezug von Waren oder Dienstleistungen zu ersetzen.

Es würde auch niemand auf die Idee kommen, das Rechtsgut des § 315c I Nr. 2 StGB die Regeln der StVO als Entscheidungsmaßstab für Entscheidungen im Straßenverkehr zu bestimmen. Vielmehr werden der geordnete Straßenverkehr und dessen Teilnehmer vor (rücksichtslosen oder verkehrswidrigen) Verstößen gegen Vertrauensvorschriften geschützt. Das Rechtsgut ist der Straßenverkehr, die Begehungsweise (oder der Angriffsweg) ist ein rücksichtsloser Verstoß gegen die den Tathandlungen entsprechenden StVO-Vorschriften.

bb) Kritik an dem Formulierungsvorschlag

(1) Einbeziehung des Geschäftsherrn in Fällen der Dreieckskopplung

Die Erweiterung des Täterkreises auf Geschäftsinhaber, die aufgrund von Beratungs-, Vermittlungs- und Aufklärungsverträgen faktische Entscheidungen für andere Marktteilnehmer treffen, kann im Ergebnis nicht überzeugen.

Richtig ist, dass Korruption ein Phänomen ist, welches dadurch entstehen kann, dass der Entscheidende und der, den die Entscheidung wirtschaftlich betrifft, auseinanderfallen. Es ist daher richtig, dass Korruption eine Prinzipal-Agent-Beziehung voraussetzt.

Fraglich ist jedoch, ob eine solche auch dann besteht, wenn aufgrund einer fachlichen Überlegenheit in Beratungsbeziehungen allein rein faktische Entscheidungsmacht besteht. *Koepsel* nimmt das an und will daher beratende Geschäftsinhaber in den Täterkreis einbeziehen. *Koepsel* bringt als Begründung dafür vor, dass beratende Geschäftsinhaber aufgrund ihres überlegenen Wissens

226 So formuliert auch *Ulbricht*, Bestechung, S. 38: *„Zunächst schützt die Norm den lauteren Wettbewerb, der dadurch verfälscht wird, dass an die Stelle des Vergleichs von Waren und Preisen eigennützige Erwägungen des Bestochenen gesetzt werden."*

227 Zum Begriff des Angriffsweges vgl. *Stächelin*, Strafgesetzgebung, S. 312.

bzw. Expertise, derentwegen sie als Berater hinzugezogen werden, faktisch zum Entscheidenden werden.

Diese Erweiterung erscheint zunächst schon deshalb sinnvoll, weil es auch bei Angestellten und Beauftragten nach der heutigen Fassung des § 299 StGB als ausreichend angesehen wird, dass sie faktisch auf den Entscheidungsprozess einwirken können.[228] Es liegt daher nicht fern, auch diejenigen in den Tatbestand einzubeziehen, die zwar nicht aufgrund arbeitsrechtlicher, aber aufgrund von (beratungs-)vertraglicher Verpflichtungen zu einem Beitrag zur Entscheidungsfindung im Sinne des von der Entscheidung Betroffenen verpflichtet sind.

Auf den zweiten Blick stellt sich jedoch die Frage, ob diese Erweiterung wirklich notwendig ist. Das liegt daran, dass Strafrecht als ultima ratio immer nur dann eingreifen kann und soll, wenn andere Sanktionsmittel versagen. Bei Geschäftsinhabern, die ihre Beratungspflichten aufgrund von Vorteilen durch Dritte im Vertragsverhältnis verletzen, bestehen jedoch weitgehende zivilrechtliche sowie (zumindest in sensiblen Bereichen) verwaltungs- und berufsrechtliche Sanktionsmechanismen. Neben (den Geschäftsherrn direkt treffenden) Schadensersatzansprüchen kommen zum Teil Berufsverbote u.ä. in Betracht.[229]

Auch dürfte die Ermittlung, ob einem beratenden Geschäftsherrn in Bezug auf die Entscheidung des Beratenden faktische Entscheidungsmacht zukommt, in vielen Fallkonstellationen nicht durchführbar sein. *Koepsel* spricht davon, dass in Beratungs-, Vermittlungs- oder Aufklärungsverhältnissen ein Gefälle in Bezug auf die Expertise besteht und nur aus solchen Gründen die Vertragsbeziehung zustande kommen würde. Schon diese Annahme wird durch eine Reihe von Konstellationen in der Praxis widerlegt. Es ist keinesfalls so, dass Beratungsverträge allein aufgrund einer Asymmetrie des Fachwissens von Berater und Beratendem geschlossen werden. Es ist kein Geheimnis, dass viele Unternehmen Berater nur deshalb engagieren, weil ein durch externe Berater erstelltes Konzept innerhalb des Unternehmens (z.B. gegenüber der Arbeitnehmerschaft) besser zu rechtfertigen ist als eine unangenehme eigene Entscheidung. Auch kann ein durchaus rechtskundiger Unternehmer ein Rechtsgutachten einholen, allein um sich rechtlich abzusichern, nicht jedoch um tatsächlich rechtlichen Rat zu erlangen. Die dem Rechtsrat nachfolgende Entscheidung des Unternehmers steht in diesen Fällen schon fest. Ein Einfluss auf die Handlung des Unternehmers liegt somit faktisch nicht vor. Nun kann man sagen, dass in diesen Fällen keine Entscheidung für einen anderen getroffen wird. Jedoch können Fälle dieser Art in vielen Facetten durchgespielt und der Einfluss des Beraters Millimeter um Millimeter vergrößert werden. Der Zeitpunkt, ab wann (faktisch) eine Ent-

228 So auch *Pragal*, Korruption, S. 213.

229 So auch *Peinemann*, Alleingesellschafter, S. 139; siehe dazu unten ausführlich D. I.

scheidung für einen anderen vorliegt, lässt sich bereits in der Theorie nicht bestimmen. Noch schwieriger wird es dadurch, dass in der Praxis der Einfluss des Beraters im Entscheidungsprozess sehr schwer messbar ist.

Entscheidender ist jedoch, dass für die Erfassung von Beratern eine Ausweitung des Tatbestandes schon deshalb nicht notwendig ist, weil beratende Geschäftsinhaber zwar keine Angestellten oder Beauftragten ihres eigenen Betriebes sind, sehr wohl aber Beauftragte von anderen geschäftlichen Betrieben sein können.[230] So hat die Rechtsprechung entschieden, dass ein Unternehmensberater, der von einem Unternehmen mit der Beratung beauftragt wurde, Beauftragter im Sinne des § 299 StGB sein kann.[231] In neuerer Zeit scheint sich auch die Rechtsprechung der Gerichte dahingehend zu verändern, dass auch niedergelassene Kassenärzte als Beauftragte der gesetzlichen Krankenkassen angesehen werden.[232] Diese von *Pragal*[233] wesentliche geprägte Ansicht führt zu einer Häufung von Strafverfahren gegen Ärzte aufgrund von § 299 StGB.[234]

Es bleibt demnach festzuhalten, dass die von *Koepsel* vorgeschlagene teilweise Einbeziehung von Geschäftsinhabern in den Täterkreis des § 299 StGB nicht notwendig ist, sondern vielmehr zu unüberwindbaren Schwierigkeiten führen würde.

(2) Kritik an der Einführung einer Minima-Klausel in § 299 I 2 StGB n.F.

Koepsel schlägt sodann vor, in § 299 Abs. 1 S. 2 StGB n.F eine Minima-Klausel einzuführen, die klarstellt, dass geringfügige Vorteile den Tatbestand des § 299 StGB nicht erfüllen. Eine gesetzliche Verankerung dieser – im Grundsatz unstreitigen – Tatsache wird dadurch notwendig, dass *Koepsel* das Merkmal der Unlauterkeit ersatzlos aus dem Tatbestand streicht. Dadurch ist eine Verankerung des Ausschlusses geringfügiger Vorteile aus dem Tatbestand notwendig, welcher im Rahmen der heutigen Fassung (zumindest von einer Vielzahl von Autoren) über das Merkmal der Unlauterkeit erreicht wurde.[235]

---

230 Vgl. für diese allgemeine Auffassung *Peinemann*, Alleingesellschafter, S. 138 m.w.N.

231 OLG Karlsruhe, BB 2000, 635

232 So die ersten beiden Urteile in dem sog. Ratiopharm-Prozessen, vgl. AG Ulm, Urteil vom 29.10.2010;LG Hamburg, Urteil vom 9.12.2010 (beide Urteile nicht rechtskräftig und nicht veröffentlicht); auch das OLG Braunschweig vertritt die Auffassung, dass niedergelassene Kassenarzt Beauftragte der Krankenkassen seien, vgl. OLG Braunschweig, PharmR 2010, 230.

233 *Pragal*, NStZ 2005, 133; *Beukelmann*, NJW-Spezial 2010, 312; kritisch dazu *Sahan*, ZIS 2007, 69 , *Klötzer*, NStZ 2008, 12.

234 Zu dieser Entwicklung siehe SPIEGEL 38/2009, S. 122.

235 Siehe bereits oben unter A. I. 4. b); siehe auch *Kühl* in Lackner/Kühl, § 299 Rn. 5.

Kritisch muss jedoch bemerkt werden, dass die Minima-Klausel - entgegen der Ansicht *Koepsels* -[236] zur Rechtssicherheit nicht beizutragen vermag. Das liegt daran, dass die Unsicherheit bereits heute nicht darin liegt, ob geringfügige Vorteile aus dem Tatbestand herauszunehmen sind, sondern allein darin besteht, wie diese Geringfügigkeit zu bestimmen ist.[237] Für die Frage welche Zuwendungen sozialüblich und somit nicht tatbestandsmäßig sind, enthält die vorgeschlagene Minima-Klausel jedoch keinerlei Anhaltspunkte. Auch der Vorschlag *Koepsels* vermag keine Leitlinie für einen bestimmten Wert oder für eine Bestimmung der Grenze für die Geringfügigkeit im Einzelfall zu liefern. Zwar nennt sie den Betrag von € 100, verweist jedoch darauf, dass Vorteile bis zu diesem Wert „im Regelfall" als geringfügig anzusehen sind.[238] Eine über diese durch die Rechtsprechung genannten Werte hinausgehende Bestimmung der Geringwertigkeit liegt in dieser Aussage nicht.

Darüber hinaus ist nicht ersichtlich, warum die Minima-Klausel nur in § 299 Abs. 1 StGB n.F., nicht jedoch in dem – ansonsten parallel dazu ausgestalteten - § 299 Abs. 2 StGB n.F. enthalten ist. Die damit aufgegebene Parallelität der beiden Absätze des § 299 StGB ist nicht erklärlich. Warum sollten bestimmte Vorteile angenommen werden können, nicht jedoch gewährt werden dürfen? Eine Erklärung für diese Durchbrechung der Parallelität liefert *Koepsel* nicht. Vielmehr stellt *Koepsel* selbst fest, dass das Fordern eines geringwertigen Vorteils ggf. strafwürdig sein kann, während das Gewähren oder Anbieten desselben stets sozialadäquat ist.[239] Insofern ist die Inkonsequenz nicht verständlich, die Minimaklausel nur im § 299 Abs. 1 StGB n.F. zu verankern.

(3) Hauptkritikpunkt: Nichtauflösung der Wertungswidersprüche

Neben diesen Kritikpunkten an den neuen Aspekten in Bezug auf die Neuformulierung *Koepsels* muss zusätzlich konstatiert werden, dass diese Neuformulierung keine der oben aufgezeigten Wertungswidersprüche des § 299 StGB heutiger Fassung[240] zu beseitigen vermag:

Entschleierte Schmiergelder, werden – anders als die sog. internen Schmiergelder – vom Tatbestand des § 299 StGB n.F. dem Wortlaut nach erfasst. Es besteht also – dem Wortlaut nach – auch nach der neuen Tatbestandsfassung die Gefahr, dass allein die – oft zufällige - zivilrechtliche Konstruktion über die

236 *Koepsel*, Bestechlichkeit, S. 312.
237 So auch *Leipold*, NJW-Spezial 2007, 423.
238 *Koepsel*, Bestechlichkeit, S. 139.
239 *Koepsel*, Bestechlichkeit, S. 135.
240 Siehe dazu A. II.

Strafbarkeit entscheidet.[241] Denn abseits der Ausnahmekonstellation, in der der Geschäftsinhaber Entscheidungen für Dritte trifft, können diesem weiterhin Vorteile gewährt werden, welche dieser dann als interne Anreize an die Mitarbeiter weitergibt. Das liegt daran, dass *Koepsel* in ihrer Monographie sich dafür ausspricht, die Fallkonstellationen der entschleierten Schmiergelder mittels teleologischer Reduktion aus dem Tatbestand herauszunehmen.[242] Diese Lösung mag für die heutige Fassung des § 299 StGB zur Vermeidung von Wertungswidersprüchen sinnvoll sein.[243] Nicht ersichtlich ist, warum ein Neuformulierungsvorschlag dieses Telos nicht in dem Wortlaut des neu zu schaffenden Paragraphen verankert. Es erscheint schon rechtsstaatlich bedenklich eine neue Tatbestandsformulierung vorzuschlagen, welche jedoch von vornherein teleologischer Reduktion bedarf.

Auch zu der Frage, ob der Geschäftsinhaber möglicher Dritter im Sinne des § 299 StGB ist, enthält die Neuformulierung keinen Aufschluss. Zwar macht *Koepsel* deutlich, dass sie entgegen der herrschenden Ansicht davon ausgeht, dass der Geschäftsherr niemals Dritter im Sinne des § 299 StGB sein könne.[244] Indes wird diese Streitfrage in der Neuformulierung nicht geklärt. Es ist nicht ersichtlich, warum die herrschende Ansicht ihre Auffassung um die Bedeutung des Merkmals *Dritter* revidieren sollte, würde die vorgeschlagene Neuformulierung tatsächlich Realität. Insofern vermag die Neuformulierung auch diesen Wertungswiderspruch nicht eindeutig auszulösen.

cc) Ergebnis der Kritik

Der von *Koepsel* vorgeschlagene § 299 StGB n.F. vermag die hier interessierenden Wertungswidersprüche des § 299 StGB heutiger Fassung nicht aufzulösen. Allein die Problematik der rechtsformabhängigen Pönalisierung vermag *Koepsel* mit ihrer Neuformulierung zu beseitigen. Dabei geht der Neuformulierungsvorschlag jedoch nicht weiter als die Forderung nach einer Einbeziehung des Geschäftsherrn, wie sie schon unter B.I. diskutiert wurde, und unterliegt in dieser Beziehung den gleichen Bedenken.

Zusätzlich zu den bestehenden Wertungswidersprüchen würde die Umsetzung von *Koepsels* Vorschlag zusätzliche Ungereimtheiten hervorbringen. Die Aufkündigung der Parallelität von Abs. 1 und 2 in Bezug auf die Minimaklausel würde zu widersprüchlichen Ergebnissen bei der Gewährung von sozialadäquaten Vorteilen führen.

---

241 Dieser Wertungswiderspruch wurde bereits dargelegt, vgl. A. II. 1.

242 *Koepsel*, Bestechlichkeit, S. 165.

243 So auch *Rönnau* in A/R, Kap. III 2 Rn. 38.

244 *Koepsel*, Bestechlichkeit, S. 173.

2. Neuformulierungsvorschlag von Pragal

Auch *Pragal* möchte die bestehenden Wertungswidersprüche des § 299 StGB heutiger Fassung dadurch beseitigen, dass er eine neue Gesetzesfassung vorschlägt. Diese erarbeitet er – im Vorgehen analog zu *Koepsel* – ebenfalls aus einer Analyse des Rechtsguts der Korruption im privaten Sektor. Wiederum soll zunächst das Rechtsgutkonzept dargestellt werden, bevor der Neuformulierungsvorschlag sowie die darin enthaltenen wesentlichen Änderungen gegenüber der heutigen Gesetzeslage untersucht werden.

a) Pragals Bestimmung des Rechtsguts

Pragal unternimmt die Bemühung, das Rechtsgut der Korruption im privaten Sektor auf Grundlage eines vorpositiven, systemtranszendenten Rechtsgutskonzepts zu ermitteln. Nach einer Analyse des Tatbestandes des § 299 StGB, des Phänomens der Korruption im privaten Sektor als solchem sowie einer Kritik der vertretenen Auffassungen zum Rechtsgut des § 299 StGB arbeitet *Pragal* als Rechtsgut der Korruption im privaten Sektor folgendes Rechtsgut heraus[245]:

„Nichtkäuflichkeit übertragener oder sonst besonders fremdverantwortlicher Entscheidungen sowie das diesbezügliche Vertrauen der Allgemeinheit"

Bei diesem Rechtsgut soll es sich um ein Rechtsgut der Allgemeinheit, nicht um ein Individualrechtsgut handeln. Insofern erteilt *Pragal* der Ansicht, die als Rechtsgut des § 299 StGB das Individualinteresse des Prinzipals ausmacht, eine Absage. Insofern entscheidet sich *Pragal* zunächst mit der herrschenden Meinung gegen das Geschäftsherrenmodell.[246]

Sodann wendet sich *Pragal* bei der Rechtsgutsbestimmung jedoch gegen die herrschende Meinung und lehnt auch den (freien, fairen oder lauteren) Wettbewerb als Rechtsgut ausdrücklich ab.[247] Der Wettbewerb stelle allein einen Lebensbereich dar, welcher durch eine Vielzahl von unterschiedlichen Regeln (Wettbewerbsrecht, Strafrecht und Ordnungsrecht) in heterogener Weise geregelt sei. Hier beruft sich *Pragal* ausdrücklich auf die Ausführungen *Stächelins*, der für eine klare Trennung des Rechtguts einer Norm und dem in der Norm beschriebenen Angriffsweg plädiert.[248] Die herrschende Ansicht, die als Rechtsgut den Wettbewerb als solchen ansieht, verkennt nach Auffassung *Pragals*, dass der Wettbewerb nur der Lebensbereich ist, in dem das von § 299 StGB tatsäch-

---

245 *Pragal*, Korruption, S. 134 ff. mit dem Ergebnis auf S. 164.

246 *Pragal*, Korruption, 115 ff., insb. S. 123.

247 *Pragal*, Korruption, S. 123 ff., insb. S. 133 und 230.

248 Siehe *Pragal*, Korruption, S. 99 f. mit Verweis auf *Stächelin*, Strafgesetzgebung, S. 55 ff. und 90 ff.

lich geschützte Rechtsgut verletzt werde. Der Wettbewerb sei nicht Rechtsgut sondern nur der Angriffsweg, auf dem das Rechtsgut verletzt werde. Dieses tatsächlich geschützte Rechtsgut bestehe in der „Nichtkäuflichkeit übertragener oder sonst besonders fremdverantwortlicher Entscheidungen“. Der § 299 StGB schütze diese spezielle Funktionsbedingung sowie das diesbezügliche Vertrauen der Allgemeinheit in dem Lebensbereich des Wettbewerbs.

Pragal unterscheidet in Bezug auf dieses neue Rechtsgut zwischen der sog. internen Funktionsbedingung, die das tatsächliche Funktionieren der Delegation von Aufgaben und Entscheidungsmacht betrifft, und der sog. externen Funktionsbedingung, die das allgemeine Vertrauen in das Funktionieren eben solcher Delegation erfasst.[249]

aa) Interne Funktionsbedingung

In den Fällen des § 299 StGB wird nach Ansicht *Pragals* eine ganz bestimmte (interne) Funktionsbedingung des Wettbewerbs beeinträchtigt. Diese Funktionsbedingung sei die Arbeitsteilung bzw. die Delegation von Aufgaben.[250] Die Delegation von Aufgaben sei für das System des Wettbewerbs elementar; darf mit diesem jedoch nicht verwechselt werden. Denn diese Funktionsbedingung liege auch anderen Lebensbereichen zugrunde, etwa dem Handeln staatlicher Organe. Zum Teil existierten auch Normen, die diese Funktionsbedingung auch in anderen Lebensbereichen als dem Wettbewerb schützen, so etwa im Rahmen staatlichen Handelns die §§ 331 ff. StGB. Insofern liege allen Korruptionsvorschriften der gleiche Unrechtskern zugrunde, nämlich ein Angriff auf die Funktionsbedingung der Nichtkäuflichkeit von fremdverantwortlichen Entscheidungen in verschiedenen Lebensbereichen. Insofern will *Pragal* ein gemeinsames Rechtsgut aller Korruptionsvorschriften, also insb. der §§ 299 ff. und der §§ 331 ff. StGB ausmachen.[251]

Die Formulierung von „fremdverantwortlichen Entscheidungen“ zieht *Pragal* dabei der klassischen Prinzipal-Agent-Terminologie vor, da seiner Ansicht nach letztere sich auf vertragliche Delegation beschränkt, während Korruption auch außerhalb vertraglicher Bindung möglich sei.[252]

---

249 Zur internen Funktionsbedingung siehe *Pragal*, Korruption, S.146 ff.; zur externen Funktionsbedingung siehe *Pragal*, Korruption, S. 149 ff. Diese Trennung ist in der Literatur gängig, vgl. etwa *Peinemann*, Alleingesellschafter, S. 117.

250 *Pragal*, Korruption, S. 148 f.

251 *Pragal*, Korruption S. 159.

252 *Pragal*, Korruption, S. 140, 147.

bb) Externe Funktionsbedingung

Neben der internen Funktionsbedingung der Nichtkäuflichkeit von fremdverantwortlichen Entscheidungen soll dem Rechtsgut von Korruptionsparagraphen jedoch auch eine externe Funktionsbedingung in Form des allgemeinen Vertrauens in eben diese Nichtkäuflichkeit zukommen. Dieses Vertrauen ist nach der Konzeption *Pragals* „selbstständiger und gleichwertiger Bestandteil des Rechtsguts."[253] In Fällen fremdverantwortlicher Entscheidungen bestehe ein berechtigtes Vertrauen sowohl der Delegierenden als auch der Allgemeinheit in Form der Mitbewerber oder Konsumenten darauf, dass der Agent im Sinne des Prinzipals handelt. Durch Korruptionstaten werde dieses Vertrauen verletzt, was bei den Prinzipalen zur Vermehrung von Kontrollmaßnahmen, bei Mitbewerbern zu Misstrauen und ggf. eigenständigen Korruptionstaten führen würde.[254] Diese Folgen der Verletzung des Vertrauens der Allgemeinheit in die Nichtkäuflichkeit von fremdverantwortlichen Entscheidungen führe daher zu wesentlichen Vertrauenserschütterungen, die *Pragal* mit Verweis auf *Hefendehl* als „rechtsgutsrelevante Primärschäden"[255] bezeichnet. Aus diesem Grund vertritt *Pragal* die Auffassung, dass der Rechtsgutsbestandteil des Vertrauens in die Nichtkäuflichkeit fremdverantwortlicher Entscheidungen dem Rechtsgut zusätzliche Legitimation verleihe und einen eigenständigen Teil des Rechtsguts der Korruptionsvorschriften ausmache.[256]

b) Pragals Vorschlag zur Neuformulierung

Aus dieser Analyse des Rechtsguts entwickelt *Pragal* sodann ein neues System der Korruptionsdelikte innerhalb des privaten Sektors. Dabei geht *Pragal* davon aus, dass es drei verschiedene Konstellationen gibt, in denen die Nichtkäuflichkeit von fremdverantwortlichen Entscheidungen im privaten Sektor in der Art gefährdet wird, dass sinnvoller Weise mit einer Strafdrohung darauf reagiert werden sollte. Die erste Konstellation betrifft Prinzipal-Agent-Situationen im engeren Sinne[257] und wird von *Pragal* in den §§ 299, 299a StGB n.F. erfasst. Die zweite Konstellation betrifft die Bestechung von sonstigen fremdverantwortlichen Personen außerhalb vertraglicher Beziehungen (mithin Prinzipal-

253 *Pragal*, Korruption, S. 150.

254 *Pragal*, Korruption, S. 151, spricht von einer Sogwirkung, die Korruptionstaten entfalten.

255 *Hefendehl*, Kollektive Rechtsgüter, S. 125, 320; *Pragal*, Korruption, S. 150.

256 *Pragal*, Korruption, S. 156.

257 Prinzipal-Agent-Beziehung im engeren Sinne meint, dass tatsächlich der Agent Angestellter oder Beauftragter des Prinzipals, mithin eine vertragliche Beziehung zwischen den beiden besteht.

Agent-Beziehungen im weiteren Sinne) und ist in § 299b StGB n.F. geregelt. Die dritte Konstellation stellt die sog. Bestechung und Bestechlichkeit von Geschäftsinhabern in sog. normalen Austauschverträgen dar, welche *Pragal* in § 299c StGB erfasst.[258]

Dem System liegt folgender Ansatz zugrunde: Nachdem *Pragal* die „Nichtkäuflichkeit fremdverantwortlicher Entscheidungen sowie das diesbezügliche Vertrauen der Allgemeinheit" als gemeinsames Rechtsgut aller Korruptionsvorschriften ausgemacht hat, analysiert er, auf welche Weise diese Nichtkäuflichkeit im privaten Sektor verletzt werden kann. Dabei stellt *Pragal* fest, dass es zwei Arten von fremdverantwortlichen Entscheidungsmechanismen gibt: zum Einen kann die Fremdverantwortlichkeit aufgrund vertraglicher Delegation von Entscheidungsmacht bestehen,[259] zum Anderen können fremdverantwortliche Entscheidungen außerhalb von vertraglichen Verhältnissen entstehen[260]. Mit der ersten Fallgruppe, welche auch dem heutigen § 299 StGB zugrunde liegt, befassen sich die §§ 299, 299a StGB n.F., während der § 299b StGB die zweite Fallkonstellation abdeckt. In § 299c StGB n.F. erfasst *Pragal* dann eine dritte, seiner Meinung nach korrupte Fallkonstellation, nämlich die Bestechung und Bestechlichkeit von Geschäftsinhabern innerhalb normaler Austauschverträge. Diese drei Fallkonstellationen sollen im Folgenden näher erörtert werden. Diese Darstellung kann nicht den Anspruch erheben, die Herleitung und Begründung *Pragals* im Einzelnen wiederzugeben, sondern wird sich darauf beschränken, die Ergebnisse der Herleitung darzustellen.

aa) § 299, 299a StGB n.F.: Prinzipal-Agent-Beziehung i.e.S:

Bei der Neuformulierung der §§ 299, 299a StGB hat sich *Pragal* eng an der heutigen Formulierung des § 299 StGB orientiert, diese jedoch in einigen Punkten erheblich ausgeweitet.

Der § 299 StGB n.F. erfasst nur die Prinzipal-Agent-Beziehungen im engeren Sinne, ist also - wie die heutige Rechtslage - auf die Bestechung und Bestechlichkeit von Angestellten und Beauftragten beschränkt. Durch die Formulierung „eines Anderen" anstelle von „eines geschäftlichen Betriebes" möchte

---

258 Zu dem Wortlaut der von *Pragal* vorgeschlagenen Paragraphen siehe *Pragal*, Korruption, S. 224 ff.

259 Diese Fälle umfasst *Pragal* mit der Formulierung „übertragene Fremdverantwortlichkeit".

260 Diese Fälle werden von *Pragal* durch die „sonstige Fremdverantwortlichkeit" erfasst.

Pragal die Strafbarkeit jedoch dahingehend ausweiten, dass de lege ferenda auch Angestellte von Privatpersonen von der Strafdrohung erfasst werden.[261]

Durch die Streichung des Merkmals „zu Zwecken des Wettbewerbs" würde de lege ferenda darüber hinaus auch die Bestechung durch Privatpersonen vom Tatbestand erfasst. Dabei geht es zum Beispiel um Fälle, in denen ein Bewerber den Arbeitgeber besticht, damit dieser ihn bei seiner Einstellungsentscheidung den anderen Bewerbern vorzieht. Eine weitere Konstellation, die *Pragal* mit dieser Ausweitung im Auge hat, sind Vorteilsgewährungen durch Privatpersonen zur bevorzugten Berücksichtigung bei der Vergabe von Wohnraum oder Kindergarten- oder Studienplätzen.[262] Zudem soll der § 299 StGB n.F. auch für Freiberufler gelten, mithin nicht auf Gewerbebetriebe begrenzt sein.[263]

Zusätzlich schlägt *Pragal* eine Erweiterung der Unrechtsvereinbarung dahingehend vor, dass auch bereits durchgeführte Bevorzugungen, also reine Belohnungen von vergangenen Bevorzugungen, die nach heutigem Recht im privaten Sektor straflos ist,[264] von dem §§ 299 StGB n.F. erfasst werden.[265]

Darüber hinaus soll die Unrechtsvereinbarung jedoch noch weiter gelockert werden. In § 299a StGB soll nach der Vorstellung *Pragals* auch das Anfüttern bzw. die Klimapflege unter Strafe gestellt werden.[266] Das Anfüttern bzw. die Klimapflege sollen nach *Pragal* jedoch gem. § 299a StGB n.F. nur dann strafbar sein, wenn der Geschäftsherr von den Vorteilen keine Kenntnis hat. Das begründet *Pragal* damit, dass durch die Verletzung der Treuepflicht im Innenverhältnis zwischen Angestellten/Beauftragten und Prinzipal die Verletzung der im Außenverhältnis bestehenden wettbewerbsrechtlichen Pflicht „stabilisiert" werde.[267]

bb) § 299b StGB n.F.: Sonstige Fremdverantwortung

Die zweite Hauptkonstellation, in der *Pragal* die Nichtkäuflichkeit von fremdverantwortlichen Entscheidungen strafrechtlich schützen möchte, sind Fälle sonstiger Fremdverantwortung. Damit meint *Pragal* diejenigen Fälle, bei denen

---

261 *Pragal*, Korruption, S. 194 f.; diese Forderung ist nicht neu, sondern wurde schon mehrfach erhoben, vgl. etwa *Ulbricht*, Bestechung, S. 60 m.w.N.

262 Zu einem solchen sowie weiteren Beispielen vgl. *Pragal*, Korruption, S. 199 f.

263 *Pragal*, Korruption, S. 201 f.

264 So die einhellige Auffassung, vgl. nur *Tiedemann* in LK, § 299 Rn. 29.

265 *Pragal*, Korruption, S. 206.

266 *Pragal*, Korruption, S. 206; solche Verhaltensweisen sind bisher im Rahmen von § 299 StGB nicht erfasst. Das liegt daran, dass der Gesetzgeber eine entsprechende Lockerung der Unrechtsvereinbarung nur bei den §§ 331 ff. StGB umgesetzt hat und im privaten Sektor eine solche nicht für zielführend erachtet hat.

267 *Pragal*, Korruption, S. 207.

sich die Fremdverantwortung nicht aus Delegation ergibt, sondern aus sonstigen Gründen. Bei diesen Fallkonstellationen besteht keine wirkliche Prinzipal-Agent Beziehung im engeren Sinne. Vielmehr übt der „Bestochene“ faktische Entscheidungsmacht aufgrund von besonderer Unabhängigkeit, Objektivität oder Fachkenntnis aus. Mit dem § 299b StGB n.F. will *Pragal* die Bestechung von Berufsträgern erfassen, denen spezielles Vertrauen entgegengebracht wird, ohne dass diese Berufsträger tatsächlich (vertraglich) angestellt oder beauftragt werden. Als Beispiel dafür nennt *Pragal* die Bestechung eines Journalisten, damit dieser in seinem Artikel/Beitrag bestimmte Produkte anpreist.[268] Berufsgruppen, wie Journalisten oder Gutachtern, wird nach Ansicht *Pragals* ein besonderes Vertrauen entgegengebracht, welches dazu führt, dass diese durch Ausnutzung des Vertrauens Entscheidungen von Personen beeinflussen können, welche jedoch mit dem Berufsträger selber keinerlei vertragliche Beziehungen eingehen.

Diese faktische Entscheidungsmacht von bestimmten Berufsgruppen, denen ein besonderes Vertrauen entgegengebracht wird, soll eine sonstige Fremdverantwortung begründen, mithin das Rechtsgut der Korruptionsdelikte berühren. Wird dieses Vertrauen ausgenutzt, weil ein anderer dem Berufsträger einen Vorteil für diese Ausnutzung versprochen oder gewährt hat, so wird dieses durch § 299b StGB n.F. kriminalisiert.

cc) § 299c StGB n.F.: Bestechung und Bestechlichkeit des Geschäftsinhabers

Zuletzt sieht der neue Gesetzesentwurf vor, auch die Bestechung und Bestechlichkeit von Geschäftsinhabern unter Strafe zu stellen. Da diese jedoch grundsätzlich in der Entscheidung für oder gegen ein bestimmtes Angebot frei sind, kann nicht jedes Vorteilsversprechen an einen Geschäftsinhaber zur Erlangung einer Bevorzugung im Wettbewerb strafbar sein. *Pragal* sieht nun das entscheidende Merkmal der Abgrenzung von zulässigen Rabatten[269] und unzulässigen Schmiergeldzahlungen an Geschäftsinhaber darin, ob der Geschäftsinhaber die Vorteile als Betriebseinnahmen verbucht bzw. verbuchen will oder diese als „Schwarzgeld“ behandelt bzw. behandeln will. Tut er ersteres, so handelt es sich um eine im Leistungswettbewerb zulässige Zugabe bzw. einen zulässigen Rabatt. Verbucht der Geschäftsinhaber den gewährten Vorteil jedoch nicht als Betriebseinnahme, sondern behandelt diesen als Schwarzgeld, so soll eine Straf-

---

268 Weitere Beispiele für die Bestechung von Journalisten finden sich bei *Pragal*, Korruption, S. 211.

269 Der Begriff des Rabatts soll hier untechnisch dahingehend verstanden werden, dass eine für den Annehmenden positive Abweichung vom eigentlichen Angebot vorgenommen wird. *Pragal* spricht insoweit von einem umständlichen Rabatt wenn dieser in Form einer Vorteilsgewährung gewährt wird, vgl. *Pragal*, Korruption, S. 217.

barkeit nach § 299c StGB n.F. sowohl für den Geschäftsinhaber (Abs. 1) als auch für den Vorteilgeber (Abs. 2) vorliegen.[270]

Pragal begründet diese Strafbarkeitsausweitung auf Geschäftsinhaber damit, dass in solchen Fällen keine zulässige Rabattgewährung vorläge, sondern vielmehr durch die Ermöglichung der Steuerersparnis eine Wettbewerbsverzerrung entsteht, welche im Ergebnis dazu führt (bzw. führen kann), dass der Geschäftsherr ein schlechteres Angebot nur deshalb annimmt, weil dieses aufgrund der – illegalen – Steuerersparnis günstiger wird. Dadurch entstehe die Gefahr, dass sich der Geschäftsherr entgegen seiner Funktion im Wettbewerb für ein minderwertiges Produkt entscheidet, nur um Steuern zu sparen. Durch diese Verschleierung des Vorteils finde letztlich eine „heimliche Entnahme" von Betriebsvermögen statt.[271]

c) Zusammenfassung der von Pragal vorgeschlagenen wesentlichen Änderungen gegenüber der heutigen Gesetzeslage

Pragal bestimmt das Rechtsgut der Korruption einheitlich für alle Lebensbereiche. Seine Überlegungen beruhen insoweit auf dem sog. Einheitsmodell, welches davon ausgeht, dass Bestechung und Bestechlichkeit im öffentlichen wie im privaten Sektor der gleiche Unrechtskern zugrunde liegt.[272] Allerdings verzichtet er darauf, einen allgemeinen Korruptionstatbestand zu formulieren und beschränkt sich auf einen Reformvorschlag für den privaten Sektor. Insoweit ordnet *Wollschläger* den Vorschlag passend unter der Überschrift „Eingeschränktes Einheitsmodell" ein.[273]

Dieses eingeschränkte Einheitsmodell geht von der Prämisse aus, dass der Unrechtskern der Korruption in dem regelwidrigen Tausch von Vorteil gegen eine Entscheidung besteht. Der in dem heutigen § 299 StGB enthaltene Wettbewerbsbezug beschreibt nicht etwa das Rechtsgut, sondern vielmehr den Lebensbereich, in welchem das Rechtsgut gefährdet wird. Nach der Ansicht *Pragals* führt dieser Wettbewerbsbezug jedoch dazu, dass viele Konstellationen im privaten Sektor, in denen ebenfalls regelwidrige Tauschgeschäfte denkbar sind, aus dem Tatbestand herausfallen. Aus diesem Grund wird die Strafbarkeit in dem von *Pragal* vorgeschlagenen System der §§ 299 ff. StGB n.F. in mehrerer Hinsicht ausgeweitet. Der Täterkreis wird auf Geschäftsinhaber, Privatbedienstete und Freiberufler erweitert. Zudem wird das Erfordernis einer Prinzipal-Agent-Beziehung dahingehend gelockert, dass auch Berufsgruppen, welche besonderes

270 *Pragal*, Korruption, S. 140 ff.

271 *Pragal*, Korruption, S. 142.

272 Vgl. *Vogel* in FS Weber, S. 395, 400.

273 *Wollschläger*, Täterkreis, S. 158 ff.

Vertrauen genießen, ohne vertraglich angestellt oder beauftragt zu sein, dem Korruptionsparagraphen unterfallen.

Zu dieser Ausweitung des Täterkreises kommt eine Lockerung der Unrechtsvereinbarung hinzu, welche de lege ferenda auch die Belohnung vergangener Bevorzugungen sowie die Klimapflege und das Anfüttern von dem neuen Regime der §§ 299 ff. StGB erfasst sein lässt.

d) *Kritik des Lösungsansatzes*

aa) *Kritik am Rechtsgutskonzept*

Pragal definiert - in Anlehnung an *Volk* -[274] Korruption zutreffend als regelwidrigen Tausch einer Entscheidung gegen einen Vorteil.[275] Bei der Bestimmung dessen, was die Regelwidrigkeit ausmacht und somit den korrupten Tausch von dem gesellschaftlich gewollten Tausch unterscheidet, geht *Pragal* davon aus, dass allein ein Verstoß gegen Außenregeln die Regelwidrigkeit begründen kann. Dieses soll in seinem Rechtsgut durch den Begriff der Käuflichkeit deutlich werden. Es stellt sich jedoch die Frage, ob der Begriff der Käuflichkeit tatsächlich geeignet ist, zu präzisieren, wann ein regelwidriger Tausch vorliegt. Das liegt daran, dass die Käuflichkeit ebenso wie die Regelwidrigkeit einen normativen Begriff darstellt. Allein die Ersetzung eines normativen Begriffs durch einen anderen vermag jedoch keine Definition zu geben.[276]

Das Rechtsgutkonzept *Pragals* kann jedoch vor allem deshalb nicht überzeugen, weil es auf der falschen Grundannahme beruht, dass den Korruptionsvorschriften ein gemeinsames Rechtsgut zugrunde liegt. Bei der Begründung für dieses – hinter allen Korruptionsvorschriften stehenden - Korruptionsrechtsgut beruft sich *Pragal* auf die von *Stächelin* ausgearbeitete Unterscheidung von Angriffswegen und Rechtsgütern. Diese Unterscheidung – so richtig und wichtig sie sein mag – kann jedoch die Ausführungen *Pragals* nicht stützen. Das zeigt sich schon daran, dass *Stächelin* in seinen Ausführungen stets vom personalen Rechtsgutbegriff ausgeht. Er lehnt den Wettbewerb nicht etwa deshalb als Rechtsgut ab, weil dieser als Angriffsweg eingestuft werden müsste, sondern weil dieser mangels Personenbezug kein (Primär-) Rechtsgut in Sinne der per-

---

274 *Volk* in GS Zipf, S. 419.

275 *Pragal*, Korruption, S. 138; *Pragal*, ZIS 2006, 63, 72; ebenfalls *Rönnau* in A/R, Kap. III 2 Rn. 5.

276 Mit gleicher Kritik an *Pragals* Ausführungen *Wollschläger*, Täterkreis, S. 159; *Volk* hält den Begriff der Käuflichkeit sogar für noch weiter und noch weniger aussagekräftig als den Begriff der Regelwidrigkeit. So formuliert *Volk*: „‘Gekauft‘ ist kein Unwort mehr, hat nicht den Beiklang und schon gar nicht den eindeutigen Sinn von Korruption.“ *Volk* in GS Zipf, S. 419, 427.

sonalen Rechtgutslehre darstellt.[277] Vielmehr führt *Stächelin* die Korruption (i.S.d. § 331 StGB) auf die Verletzung von „Freiheit, Eigentum oder anderen verfassungsrechtlich unmittelbar als in höchstem Maße wertvoll“ beschriebene Interessen zurück.[278] Als Zwischenrechtsgut geht *Stächelin* bei § 331 StGB jedoch von der Unlauterkeit der Amtsführung aus, welches als abgeleiteter Wert die genannten (primären) Rechtsgüter schützt. Ein solches unmittelbares Verfassungsgut stellt jedoch die Nichtkäuflichkeit fremdverantwortlicher Entscheidungen nicht dar. Es selbst wäre nach der personalen Rechtsgutlehre ein Zwischenrechtsgut.[279] Das *Pragal* das von ihm vorgeschlagene Rechtsgut auf *Stächelins* Argumentation zu begründen versucht, kann schon deshalb nicht überzeugen, weil dieser selbst es für die §§ 331 ff. StGB nicht herausgearbeitet hat. Auch geht *Stächelin* keineswegs davon aus, dass die Korruptionsvorschriften ein gemeinsames Rechtsgut aufweisen. Vielmehr nimmt er als Rechtsgut der § 331 ff. StGB die Lauterkeit der Amtsführung als (Zwischen-) Rechtsgut an.

Auch die eigenen Ausführungen *Pragals* darüber, dass es sich in Wirklichkeit bei dem Wettbewerb nicht um das Rechtsgut der Korruption in privaten Sektor handelt, sind im Ergebnis nicht überzeugend. *Pragal* begründet seine These, dass der Wettbewerb nur der Lebensbereich ist, in dem das Korruptionsuniversalrechtsgut „Nichtkäuflichkeit fremdverantwortlicher Entscheidungen“ tangiert werde, damit dass auch Handlungen in anderen Lebensbereichen „ganz ähnliche Schäden“ verursachen wie die klassische Angestelltenbestechung nach § 299 StGB heutiger Fassung.[280] Letztlich führt diese Argumentation dazu, dass es bei der Prävention durch den § 299 StGB um Schutz der Allgemeinheit vor überhöhten Preisen, Schutz des Prinzipals vor Einmischung in seinen Betrieb und Schutz der Mitbewerber vor unlauteren Zahlungen geht.[281] Diese Zielrichtung ist aber im Grundsatz unzweifelhaft.[282] Auch die herrschende Meinung, die den Wettbewerb als Rechtsgut bestimmt, geht davon aus, dass es letztlich um den Schutz der Marktteilnehmer vor Verzerrungen des Marktes geht. Der Wettbewerb ist also unzweifelhaft ein sog. Zwischenrechtsgut, welches dadurch not-

---

277 *Stächelin*, Strafgesetzgebung, S. 309.

278 *Stächelin*, Strafgesetzgebung, S. 312.

279 Zwar tritt *Pragal* dieser Argumentation entgegen (*Pragal*, Korruption, S. 158). Jedoch führen seine Ausführungen dazu, dass er das personale Rechtsgutskonzept verwirft. Damit aber nimmt er dem Verweis auf *Stächelin* seine Wirkungskraft.

280 *Pragal*, Korruption, S. 133.

281 Das zeigt sich auch in seiner Argumentation, vgl. *Pragal*, Korruption, S. 136.

282 Auch die herrschende Meinung geht davon aus, dass das Rechtsgut Wettbewerb als Zwischenrechtsgut letztlich „Vorfeldschutz“ für (vgl. dazu nur *Arzt/Weber*, Strafrecht BT, § 49 Rn. 52) oder alternativen Schutz zum (*Tiedemann* in LK, § 299 Rn. 1) Schutz von Individualrechtsgütern betreibt.

wendig wird, dass viele verschiedene Marktteilnehmer durch diesen tangiert werden.

Pragal schafft durch die Nichtkäuflichkeit fremdverantwortlicher Entscheidungen kein neues Primär-Rechtsgut, sondern ersetzt das Zwischenrechtsgut Wettbewerb durch das Zwischenrechtsgut Nichtkäuflichkeit fremdverantwortlicher Entscheidungen und glaubt dabei ein Rechtsgut zu beschreiben, welches auf einer höheren Abstraktionsstufe liegt.[283] Diese Ansicht verkennt, dass es kein allgemeines Prinzip der Delegation von Aufgaben in allen Lebensbereichen gibt. Insbesondere aber gibt es kein einheitliches Vertrauen der Allgemeinheit in die Nichtkäuflichkeit von fremdverantwortlichen Entscheidungen in allen Lebensbereichen. Im öffentlichen Bereich besteht ein Vertrauen dahingehend, dass der Staat und seine Bediensteten objektiv und neutral handeln. Ein solches Vertrauen in die Objektivität existiert im geschäftlichen Bereich nicht. Das liegt schon daran, dass das Wettbewerbsrecht eine solche Objektivität nicht vorschreibt.[284] Noch weniger besteht ein solches Vertrauen der Allgemeinheit in die Nichtkäuflichkeit von Angestellten im rein privaten Bereich. Vielmehr existiert in diesem privaten Bereich allein das Vertrauen des Prinzipals darin, dass seine Angestellten nach seinen Vorgaben und in seinem Interesse tätig werden. Die Allgemeinheit vertraut nicht in die Nichtkäuflichkeit von Chauffeuren oder Putzfrauen privater Menschen. Allein der Schutz des Vertrauens des Prinzipals kann jedoch nicht sinnvoll durch § 299 StGB geschehen. Denn dieses Vertrauen wird im deutschen Strafrechtssystem nur dann strafrechtlich geschützt, wenn es eine bestimmte Ausprägung durch Übertragung einer Vermögensbetreuungspflicht erhalten hat. Dieser strafrechtliche Schutz des Vertrauens des Prinzipals in die Nichtkäuflichkeit seiner Agenten wird durch § 266 StGB geleistet. Genau wie bei der Einführung des Geschäftsherrenmodells würden durch diese Fokussierung auf einseitige Interessen im Rahmen eines Korruptionsparagraphen bei privaten Angestellten Friktionen zu § 266 StGB entstehen sowie die Schutzrichtungsvielfalt der Korruptionsvorschriften verkannt.[285]

Der Wettbewerb ist tatsächlich, wie *Pragal* richtig feststellt, ein Lebensbereich. In diesem Lebensbereich vertrauen die Menschen darauf, dass Verträge eingehalten werden, arbeitsrechtlichen Verpflichtungen nachgekommen wird und lauteres Verhalten die Wettbewerbshandlungen bestimmt. In diesem Bereich gibt es ein Vertrauen darauf, dass Regeln eingehalten werden. Zu diesen Regeln gehört auch die Regelung des § 299 StGB (und die des § 4 Nr. 1

283 *Pragal,* Korruption, S. 137.

284 Vgl. *Köhler* in Köhler/Bornkamm, § 4 Rn. 3.48; ebenfalls *Wollschläger*, Täterkreis, S. 159; *Lettl*, GRUR 2004, 449, 452.

285 Vgl. dazu bereits oben B. II. 2.

UWG)[286]. Der Angriffsweg, auf dem der Wettbewerb bei Korruptionstaten angegriffen wird, ist die Einmischung in Entscheidungsprozesse von Marktteilnehmern. Gerade diese Einmischung, d.h. die Ausnutzung der Käuflichkeit, stellt einen Angriffsweg auf den Wettbewerb dar, nicht umgekehrt.[287] Geschädigt wird in diesen Fällen der Wettbewerb, nicht etwa die Nichtkäuflichkeit fremdverantwortlicher Entscheidungen. Schon gar nicht wird das Vertrauen in die Nichtkäuflichkeit geschädigt. Dass Vertrauen als Rechtsgut ohnehin nicht taugen kann, zeigt schon die Überlegung, dass sonst durch die Aufklärung von vergangenen Taten das Rechtsgut geschädigt würde.[288]

Es bleibt demnach festzuhalten, dass die Rechtsgutsbestimmung *Pragals* nicht überzeugen kann.[289]

bb) Kritik an dem Neuformulierungsvorschlag

Der Neuformulierungsvorschlag *Pragals* beruht auf dessen Rechtsgutsbestimmung, die nach hier vertretener Ansicht den Unrechtskern der Korruption im privaten Sektor unzutreffend beschreibt. Die folgende Kritik des Neuformulierungsvorschlags wird sich jedoch nicht darauf beschränken, aufzuzeigen, dass der Neuformulierungsvorschlag in Bezug auf das Rechtsgut Wettbewerb nicht überzeugen kann, sondern auch prüfen, ob die neue Gesetzeslage das vorgeschlagene Rechtsgut überhaupt schützt. Dabei sollen nicht alle vorgeschlagenen Änderungen analysiert, sondern an Hand der Kritik einzelner Änderungen untersucht werden, ob das vorgeschlagene System der §§ 299 ff. StGB n.F. widerspruchsfrei und sinnvoll ist. Diese Stellungnahme wird zunächst die drei Falltypen der Korruption im privaten Sektor behandeln, bevor eine Stellungnahme zu dem Gesetzesentwurf als ganzem getätigt wird.

---

286 Auf den Zusammenhang dieser Vorschriften soll hier zunächst hingewiesen werden. Dieser Zusammenhang wird noch ausführlich dargelegt (vgl. C. III. 2. b) aa)). Hier soll die Aufzeigung eines Zusammenhangs nur zeigen, dass § 299 StGB nicht die einzige Vorschrift ist, die die Einmischung in fremde Entscheidungsprozesse rechtlich missbilligt.

287 So auch *Peinemann*, Alleingesellschafter, S. 117 ff.; ebenfalls *Arzt/Weber*, Strafrecht BT, § 49 Rn. 51, die darauf hinweisen, dass das Rechtsgut Wettbewerb durch § 298 und § 299 StGB vor zwei Praktiken geschützt wird. Damit wird deutlich, dass der Wettbewerb als Rechtsgut vor verschiedenen – wenn auch nicht allen – Angriffswegen strafrechtlichen Schutz genießt.

288 Vgl. *Roxin*, Strafrecht AT, § 2 Rn. 84.

289 Wie hier *Wollschläger*, Täterkreis, S. 159.

(1) Kritik an den §§ 299, 299a StGB n.F.

Die §§ 299, 299a StGB n.F. sind von Strafbarkeitsausweitungen geprägt. Durch diese Strafbarkeitsausweitungen will *Pragal* bisherige Widersprüche beseitigen und alle strafwürdigen Fälle der Bestechung und Bestechlichkeit von Angestellten und Beauftragten innerhalb von vertraglichen Beziehungen erfassen.

(a) Strafbarkeitsausweitung auf Angestellte und Beauftragte von Privaten

Die Ausweitung der Strafbarkeit auf Angestellte oder Beauftragte von Privatleuten ist keine neue Idee.[290] Dennoch wurde dieser Ausweitung weder von dem Gesetzgeber noch von der herrschenden Meinung in der Literatur aufgenommen.[291] Auch kann diese Erweiterung nicht überzeugen. Das liegt daran, dass sie Konsequenz der falschen Rechtsgutsbestimmung ist. Die Nichtkäuflichkeit von fremdverantwortlichen Entscheidungen sowie das diesbezügliche Vertrauen der Allgemeinheit existiert im privaten Bereich nicht. Mag diese Nichtkäuflichkeit und das diesbezügliche Vertrauen der Allgemeinheit eine der Funktionsbedingungen des Wettbewerbs sowie des staatlichen Handelns sein, im privaten Bereich existiert eine solche Funktionsbedingung nicht. Den privaten Lebensbereich gestaltet grundsätzlich jeder selbst aus. Die wenigen Personen, auf die Privatpersonen wichtige Entscheidungen delegieren, werden von der Privatperson selbst ausgewählt. Vertragsverletzungen innerhalb dieser Beziehung werden zunächst durch zivilrechtliche Ansprüche geregelt. Nur wenn besondere Pflichten, sog. Vermögensbetreuungspflichten, verletzt werden, kommt auch eine Strafbarkeit (nämlich nach § 266 StGB) in Betracht. Eine Allgemeinheit, die auf die Nichtkäuflichkeit vertraut, gibt es innerhalb solcher Beziehungen nicht. Wenn kein Wettbewerbsverhältnis besteht, vertraut kein Konkurrent auf die Nichtkäuflichkeit. Der einzige, der auf die Loyalität seines Angestellten oder Beauftragten vertraut, ist der Prinzipal. Damit wird er zum einzig geschützten Objekt der Strafnorm in diesen Fällen. Der Schutz des Prinzipals innerhalb von privaten Prinzipal-Agent-Beziehungen ist aber bereits durch § 266 StGB geregelt.[292] Dass dieser Schutz fragmentarisch ist und insbesondere einen Vermögensschaden voraussetzt, kann nicht als Argument herangezogen werden, diesen Schutz nunmehr durch Korruptionsvorschriften auszuweiten.[293]

---

290 Diese Forderung wurde bereits mehrfach erhoben, siehe dazu *Ulbricht*, Bestechung, S. 60 m.w.N.

291 Siehe für viele *Dölling*, 61. DJT, S. 87.

292 Siehe dazu auch bereits oben B. II. 2. b) aa).

293 Zur generellen Unzulässigkeit des Schlusses von Strafbarkeitslücken auf den Bedarf der Strafbarkeitsausweitung vgl. *Kempf*, NJW 1997, 1729, 1731.

Zusätzliche Brisanz erhält diese Erweiterung in diesem Kontext dadurch, dass *Pragal* jeglichen Wettbewerbsbezug streichen will (siehe dazu sogleich). Dadurch würden alle Handlungen von Angestellten oder Beauftragten von Privaten erfasst, unabhängig von deren wettbewerblichen Relevanz. Damit geht diese Erweiterung weit über die von anderen Autoren geforderte Erfassung von Privatangestellten hinaus.[294]

(b) Strafbarkeitsausweitung auf die Zahlung durch Private

Die Streichung des Merkmals „zu Zwecken des Wettbewerbs“ in dem vorgeschlagenen Entwurf soll dazu führen, dass auch die „Bestechung“ durch Privatpersonen vom Tatbestand erfasst wird. Da auch das Merkmal des geschäftlichen Betriebes aus dem Tatbestand gestrichen werden soll, würde dem Korruptionsparagraphen jeglicher Wettbewerbsbezug fehlen. Auch diese Erweiterung des Tatbestandes kann nur mit der Rechtsgutsbestimmung *Pragals* erklärt werden und ist daher schon deshalb abzulehnen. Jedoch kann diese Erweiterung selbst unter Berücksichtigung des vorgeschlagenen Rechtsguts nicht erklärt werden und führt zu einer absurden Weite des Tatbestandes. Diese Absurdität dieser Erweiterung zeigt sich in einem kleinen, nicht ganz realitätsfernen Beispiel:

Beispielsfall 4: Beratende Sekretärin I

Man stelle sich vor, die Frau F vom Ehemann E hat herausbekommen, dass sich ihr Ehemann jedes Jahr zu Weihnachten bei seiner Sekretärin S Rat dahingehend einholt, welche Farbe, welches Design bei Frauenkleidern momentan gefragt ist. Diesem Rat der Sekretärin folgend, kauft E seiner Frau ein Kleid in der empfohlenen Art zu Weihnachten. Da sich F für die anstehende Hochzeit ihrer Freundin ein pinkfarbenes Kleid wünscht, das ihrem Man aber nicht sagen will, verspricht sie der S einen Geldbetrag dafür, dass sie dem E ein bestimmtes pinkfarbenes Kleid als besonders passend empfiehlt.

Nimmt man den Wortlaut des § 299 StGB n.F. erst, so muss Folgendes konstatiert werden: S nimmt als Angestellte einen Vorteil für sich an und nimmt als Gegenleistung dafür Einfluss auf eine Entscheidung des Geschäftsherrn. Diese Entscheidung ist auch rechtserheblich, da ein wirksamer Kaufvertrag, ggf. sogar der ausgewählte Geschäftspartner davon abhängt. Nun könnte man dieses – of-

294 *Ulbricht*, Bestechung, S. 60, stellt in ihrer Begründung für die Erfassung von Privatangestellten ausdrücklich darauf ab, dass deren Entscheidungen den Wettbewerb in vergleichbarer Weise verletzten können, die die von Angestellten oder Beauftragten geschäftlicher Betriebe.

fensichtlich abwegige Ergebnis – dadurch verhindern, dass man mittels teleologischer Reduktion sozialadäquate Vorteilsgewährungen aus dem Tatbestand herausnimmt.[295] Das hieße jedoch die Strafbarkeit nunmehr von der Art oder der Höhe des Vorteils abhängig zu machen, welchen die F der S verspricht. Warum aber – wenn es doch um die Käuflichkeit fremdverantwortlicher Entscheidungen geht – die notwendige Höhe des Vorteils, die zum „Kauf" der S notwendig ist, entscheidend sein soll, ist nicht erklärlich.[296] Als letzte Möglichkeit des Strafbarkeitsausschlusses für diesen Fall bleibt allein die Möglichkeit, das Tatbestandsmerkmal „in dieser Funktion" auch auf die Tatbestandsvariante des Einflussnehmens zu beziehen und restriktiv auszulegen. Ersteres ist zwar nach dem Wortlaut nicht zwingend notwendig, aber wohl möglich. Bezüglich Letzterem mögen unterschiedliche Auffassungen darüber existieren, ob Ratschläge von Sekretärinnen in Bezug auf Weihnachtsgeschenke „in der Funktion" als Sekretärin gemacht werden. Zumindest dann jedoch, wenn der E die S ausdrücklich beauftragt, ihn bei dem Erwerb des Geschenkes zu beraten, muss davon ausgegangen werden, dass S in der Funktion als Beauftragte die Entscheidungen des E beeinflusst.

Dieses Beispiel zeigt, dass durch die Erweiterung des § 299 StGB nunmehr Fälle erfasst würden, deren Strafwürdigkeit nicht ernsthaft behauptet werden kann. Das liegt auch daran, dass selbst unter Zugrundelegung des Rechtsguts *Nichtkäuflichkeit fremdverantwortlicher Entscheidungen und das diesbezügliche Vertrauen der Allgemeinheit* keine Rechtsgutsverletzung vorliegt. In diesem Beispiel wird in keiner Weise irgendein Vertrauen der Allgemeinheit auch nur abstrakt gefährdet. Allein ein mögliches Vertrauen des E in seine Sekretärin kann hier tangiert sein.[297] Die Einmischung in das Innenverhältnis von Prinzipal und Agenten ist jedoch gerade nicht das Verhältnis, welches die Regelwidrigkeit des Tausches begründen kann, wie *Pragal* selbst ausführt.[298] Damit entspricht die Weite seines Tatbestandes den eigenen Ausführungen nicht. Selbst unter Berücksichtigung des *Pragalschen* Rechtsguts kann diese Erweiterung nicht überzeugen.

---

295 So wohl *Pragal*, wenn er formuliert: *„Eindeutig nicht strafwürdige Bagatellen, wie z.B. die Bestechung des Kellners durch den Gast eines Restaurants mit dem Zweck einen guten Tisch zu erlangen, können entweder mit einer am Schutzzweck orientierten, restriktiven Auslegung des Vorteilsbegriffs bzw. dem Instrument der Sozialadäquanz ausgeschieden werden oder sind in der Praxis der Strafverfolgung im Wege der Opportunität zu behandeln."* (*Pragal*, Korruption, S. 200).

296 Ähnlich auch *Park*, wistra 2010, 321, 326.

297 Und auch das ist sehr unwahrscheinlich. Denn der Ehemann wird froh sein, dass der das – aus Sicht seiner Frau – „richtige" Kleid schenkt.

298 *Pragal*, Korruption, S. 123.

(c) Strafbarkeitsausweitung durch Erweiterung der Unrechtsbeziehung auf vergangene Bevorzugungen

Pragal erweitert in seinem Vorschlag die Strafbarkeit sodann in § 299 StGB n.F. auch auf Fälle der Vorteilsgewährung für bereits vergangene Beeinflussungen. Diese Erweiterung begründet er wie folgt: Durch solche „Dankeschönzahlungen" werde das Vertrauen der Allgemeinheit in die Nichtkäuflichkeit von Entscheidungen „in gravierender Weise" verletzt. Die Allgemeinheit erhalte den „berechtigten Eindruck", dass die Entscheidung mit Blick auf den Vorteil getroffen worden sei. Eine nachträgliche Zweckbindung, die einer solchen Dankeschönzahlung zugrunde liegt, zeige bereits, dass diese Vorteilsgewährung keinen „legitimen Zweck, z.B. als zulässiges privates Geschenk" haben könne.[299]

Diese Argumentation kann – selbst unter Zugrundelegung des vorgeschlagenen Rechtsgutkonzepts - nicht überzeugen. Es ist nicht verständlich, warum ein Vertrauen der Allgemeinheit in die Nichtkäuflichkeit fremdverantwortlicher Entscheidungen verletzt werden sollte, wenn nachträglich für eine bestimmte Entscheidung eine Dankeschönzahlung geleistet wird. Die Allgemeinheit würde in solchen Fällen nicht davon ausgehen, dass die Beeinflussung erkauft wurde, sondern dass sie nachträglich belohnt wurde. Das ist aber etwas anderes. Eine Verletzung des Vertrauens könnte nur dann entstehen, wenn nicht sicher ist, ob es sich um eine nachträgliche Zahlung handelt, oder ob diese schon vorher in Aussicht gestellt wurde. Damit wird deutlich, worum es *Pragal* bei der Kriminalisierung von Dankeschönzahlungen in Wirklichkeit geht, nämlich um den Abbau von Beweisschwierigkeiten in Bezug auf die Unrechtsvereinbarung.[300] Nun ist ein solcher Abbau von Beweisschwierigkeiten nicht per se anzulehnen. In diesem Fall führt dieses Bestreben jedoch zur Erfassung von reinen Dankeschönzahlungen, die unstreitig gerade nicht für zukünftige Beeinflussungen bezahlt werden. Damit kommt es – entgegen den Ausführungen *Pragals* –[301]

299 *Pragal*, Korruption, S. 206.

300 Nur so lassen sich auch die folgende Formulierung *Pragals* verstehen: „Es verbleibt also nur die Möglichkeit ... den Tatbestand des § 299 StGB ... auf nachträgliche, zuvor nicht erwiesenermaßen versprochene ‚Dankeschönzahlungen' ... zu erweitern." (*Pragal*, Korruption, S. 204).

301 Eine solche Überkriminalisierung hält *Pragal* für den Fall für möglich, dass die Beweislast in Bezug auf die Unrechtsvereinbarung umgekehrt würde, vgl. *Pragal*, Korruption, S. 204. Warum jedoch die vollständige Aufweichung der Unrechtsvereinbarung durch Einbeziehung von Dankeschönzahlungen nicht dieselbe Wirkung haben soll, vermag *Pragal* nicht überzeugend darzulegen.

zu einer Überkriminalisierung. Das zeigt schon eine Abwandlung des obigen Beispiels[302]:

Beispielsfall 5: Beratende Sekretärin II

Der Sachverhalt entspricht dem des Beispielsfalls 4. Nur erfährt Frau F von den Beratungsleistungen der S erst nachträglich. Wissend, dass die Sekretärin in einem Monat pensioniert werden wird (und folglich keine weiteren Tipps mehr geben wird), schenkt die F der S aus Dankbarkeit für die gute Auswahl der Kleider in der Vergangenheit eine wertvolle Uhr.

Dieses Verhalten wäre – sowohl für S als auch für F – nach § 299 StGB n.F. strafbar. Warum in dieser Konstellation, in der nunmehr niemandes Vertrauen auch nur gefährdet wird, eine Strafbarkeit in Betracht kommen soll, ist auch unter Zugrundelegung des Rechtsguts des Vertrauens der Allgemeinheit in die Nichtkäuflichkeit fremdverantwortlicher Entscheidungen nicht verständlich.

(d) Strafbarkeitsausweitung auf Klimapflege und Anfüttern (§ 299a StGB n.F.)

Bei dem vorgeschlagenen § 299a StGB wird deutlich, dass die Käuflichkeit kein ausreichendes Kriterium für die Definition des Regelverstoßes darstellt. Das scheint auch *Pragal* zu erkennen und will daher das Anfüttern und die Klimapflege nur dann unter Strafe stellen, wenn stabilisierend die Nichtkenntnis des Geschäftsherrn hinzutritt. Hier rekurriert *Pragal* somit doch wieder auf das Innenverhältnis von Prinzipal und Agent. Dieses hatte er jedoch eigentlich als ein die Regelwidrigkeit herbeiführendes Merkmal ausgeschlossen.[303] Zudem ist sehr fraglich, was denn die fehlende Zustimmung des Prinzipals stabilisieren soll. *Wollschläger* formuliert daher auch treffend, dass die Bestimmung der Regelwidrigkeit des Tausches in Fällen der Klimapflege und des Anfütterns auch nicht mit Hilfe dieser Stabilisierung beschrieben werden kann, da „nicht stabilisiert werden könne, was es – zumindest in dieser Allgemeinheit – als Regelverstoß nicht gibt."[304] Es zeigt sich bei dem § 299a StGB n.F. einmal mehr, dass der Begriff der Nichtkäuflichkeit und das diesbezügliche Vertrauen den Regelver-

302 Für das Ausgangsbeispiel B. III. 2. d) bb) (1) (b).

303 *Pragal*, Korruption, S. 128.

304 *Wollschläger*, Täterkreis, S. 159.

stoß, der den Kern einer Korruptionstat ausmachen soll, nicht hinreichend beschreibt.[305]

Letztlich geht es *Pragal* in Wirklichkeit auch hier um die Überwindung von Nachweisschwierigkeiten.[306] Wiederum ist der Preis dieser Überwindung jedoch die Erfassung von Konstellationen, in denen keine Rechtsgutsgefährdung eintritt.

(2) Kritik an dem § 299b StGB n.F.

Auf eine ausführliche Auseinandersetzung mit der Fallgruppe der Bestechung von Angehörigen besonderer Berufsgruppen soll hier zunächst verzichtet werden.[307] Der Formulierungsvorschlag weist jedoch erkennbar die Schwäche auf, dass die von dieser Norm betroffenen Berufsgruppen nicht in einer den Ansprüchen des Art. 103 Abs. 2 GG genügenden Weise beschrieben werden. Die Formulierung „eine berufliche Tätigkeit ausübt, zu deren Wesen die besondere Inanspruchnahme von Vertrauen in seine Unabhängigkeit, Objektivität oder Fachkunde gehört“ stellt keine sinnvolle Eingrenzung der betroffenen Berufsgruppen dar.[308] Es ist – wie unter D. I. ausführlich dargelegt – daher abzulehnen, einen allgemeinen Tatbestand für diese Fallgruppe der Drittverantwortlichkeit zu schaffen.[309]

(3) Kritik an dem § 299c StGB n.F.

Der § 299c StGB n.F. sanktioniert die Vorteilannahme/-gewährung durch Geschäftsinhaber in normalen Austauschverträgen. Insofern sieht § 299c StGB n.F. die Ausweitung der Korruptionsstrafbarkeit auf Geschäftsinhaber vor, welche bereits ausführlich diskutiert wurde (vgl. B. I.). Jedoch erkennt auch *Pragal* an, dass es Geschäftsinhabern aufgrund der ihnen zukommenden Vertragsfreiheit im Regelfall nicht verwehrt ist, Vorteile anzunehmen. Vielmehr ist es gerade die gewünschte Folge der wettbewerblichen Organisation des Wirtschaftsverkehrs, dass das Angebot mit den meisten bzw. besten Vorteilen durch die Geschäftsinhaber angenommen wird. Dieser Grundsatz soll nun aber dort seine Grenze finden, wo Vorteile gewährt bzw. angenommen werden, welche sodann – entgegen

---

305 Ebenfalls eine solche Lockerung aufgrund fehlender Rechtsgutsverletzung ablehnend *Dannecker* in NK, § 299 Rn. 44.

306 Das wird auch in folgender Formulierung deutlich: „Dieser ... §299a StGB ist insbesondere ... erfüllt, wenn sich im Einzelfall ein do-ut-des-Verhältnis ... nicht nachweisen lässt.“ (*Pragal*, Korruption, S. 207).

307 Ausführlich dazu vgl. unten D. I.

308 So auch *Wollschläger*, Täterkreis, S. 159.

309 Wie hier *Wollschläger*, Täterkreis, S. 131 f.; *Peinemann*, Alleingesellschafter, S. 137 ff.

steuerrechtlicher und bilanzrechtlicher Vorschriften – nicht als Betriebseinnahmen verbucht werden. Diese Art der Vorteilsgewährung soll dazu führen, dass die Gefahr besteht, dass durch den daraus entstehenden Steuervorteil der versprochene Vorteil höher ist, als er tatsächlich sein dürfte und somit eine Wettbewerbsverzerrung stattfindet.

Betrachtet man diesen Vorschlag genauer, so fragt sich, welches Rechtsgut dieser Paragraph eigentlich schützen soll. Ein Geschäftsinhaber trifft eine Entscheidung in Rahmen von normalen Austauschverhältnissen ausschließlich für sich. Wäre das Rechtsgut der Korruptionsvorschriften also tatsächlich die Nichtkäuflichkeit fremdverantwortlicher Entscheidungen, so kann in dieser Konstellation dieses Rechtsgut gar nicht beeinträchtigt sein. Da hilft es auch nicht, einen künstlichen Konflikt zwischen dem Geschäftsbetrieb auf der einen und der Privatperson des Inhabers auf der anderen Seite zu konstruieren.[310] Diese Differenzierung läuft schon deshalb ins Leere, weil eine solche Differenzierung bei Einzelkaufleuten nicht möglich ist. Bei einer Ein-Mann-GmbH ist diese Differenzierung zwar denkbar, jedoch würde dieses wieder zu einer rechtsformabhängigen Pönalisierung führen, welche die Strafbarkeit von der zivilrechtlichen Konstruktion des Geschäftsmodells abhängig machen würden.[311]

In Wahrheit schützt der von *Pragal* vorgeschlagene § 299c StGB n.F. nicht die Nichtkäuflichkeit fremdverantwortlicher Entscheidungen oder den Wettbewerb, sondern das Steueraufkommen. Handlungen, wie das Versprechen oder Gewähren eines Vorteils, welcher – in der Absicht des Empfängers – zu einem späteren Zeitpunkt nicht verbucht und zu einem noch späteren Zeitpunkt nicht versteuert werden soll, würde nunmehr strafrechtlich sanktioniert. Damit wird die Strafbarkeit der Gefährdung des Steueraufkommens in dieser einen Konstellation weit vor den Versuchsbeginn des § 370 AO vorverlagert. Die Inkongruenz zwischen der Strafbarkeit dieser Konstellationen und anderer Vorbereitungshandlungen zu Steuerhinterziehungen kann durch *Pragal* nicht erklärt werden. Für ein solches isoliertes Herausgreifen einer Steuerhinterziehungsmöglichkeit besteht kein erkennbarer sachlicher Grund, sodass dieses Vorgehen in Bezug auf Art. 3 GG erheblichen Bedenken ausgesetzt ist.[312]

---

310 So aber *Pragal*, Korruption, S. 142.

311 Vgl. dazu bereits A. II. 2. Sowie B. I. 1. b) bb).

312 Insbesondere führt die Begrenzung auf Fälle der ‚herkömmlichen Lieferrichtung' nicht dazu, dass die ‚unauflösbaren Abgrenzungsprobleme' zu den steuerstrafrechtlichen Vorschriften vermieden werden (so aber *Pragal*, Korruption, S. 218). Vielmehr entsteht auch hier die Problematik, dass eine bestimmte Methode der Steuerhinterziehung ungerechtfertigter Weise bereits im frühen Vorfeldstadium sanktioniert wird, ohne dass ein anderes Rechtsgut als das Interesse des Staates am Steueraufkommen gefährdet oder verletzt würde.

Eine weitere Unstimmigkeit dieses § 299c StGB n.F. besteht darin, dass die Strafdrohung für den Geschäftsinhaber und für den Vorteilgewährenden gleich hoch ist. Dieses ist zwar für Korruptionsvorschriften typisch. Jedoch handelt es sich bei dieser Norm nicht um eine typische Korruptionsvorschrift. Soll der strafrechtliche Vorwurf gerade darin gesehen werden, dass bilanzrechtliche Vorschriften nicht eingehalten werden, so ist nicht ersichtlich, warum derjenige, den diese Vorschriften gar nicht betreffen, der sogar auf die Verbuchung gar keinen Einfluss hat (nämlich der Vorteilgeber) in gleicher Weise bestraft werden soll, wie derjenige, der die falsche Buchung vornimmt und somit das Steueraufkommen gefährdet (nämlich der Vorteilnehmer). Diese Inkongruenz zeigt ein Vergleich mit der Steuerhinterziehung. Diese würde als Täter auch nur der Geschäftsinhaber als Vorteilnehmer begehen, während der Vorteilgewährende höchstens eine Beihilfe dazu begeht.

(4) Stellungnahme zum Neuformulierungsvorschlag als Ganzes

Die vorstehende Analyse hat gezeigt, dass der Neuformulierungsvorschlag von *Pragal* nicht überzeugen kann. Das liegt in erster Linie daran, dass er auf einem falschen Rechtsgutsverständnis beruht. Dieses führt dazu, dass Verhaltensweisen im privaten Bereich in den Anwendungsbereich der § 299 StGB n.F. gerieten. Dabei würde jedoch durch die Sanktionierung von diesen privaten Verhaltensweisen nicht mehr der Wettbewerb, sondern allein Privatinteressen von Geschäftsherren geschützt. Dieser Schutz würde zu unauflösbaren Widersprüchen zu dem existierenden Vermögensschutz des StGB führen.

Sodann führen die vielfachen Strafbarkeitsausweitungen dazu, dass es zu einer Überkriminalisierung in diesem Bereich käme, welche höchstens durch teleologische Reduktionen der Tatbestände wieder auf ein erträgliches Maß reduziert werden könnte.

Der Neuformulierungsvorschlag *Pragals* löst demnach die bestehenden Wertungswidersprüche nicht auf, schafft jedoch neue.

3. Zusammenfassung der Kritik der Neuformulierungsvorschläge

Beide dargestellten Neuformulierungsvorschläge beruhen auf einer Analyse des Rechtsguts. Beide wollen die Strafbarkeit ausweiten, um die bisher bestehenden Wertungswidersprüche zu beseitigen. Es liegt demnach beiden Vorschlägen implizit die Kapitulation vor der Auslegung des heutigen § 299 StGB zugrunde. Sowohl *Koepsel* als auch *Pragal* gehen davon aus, dass der heutige § 299 StGB de lege lata nicht widerspruchsfrei auszulegen ist. Dem begegnen sie mit Neuformulierungsvorschlägen, welche in vielen Punkten in Bezug auf das Bestimmtheitsgebot des Art. 103 Abs. 2 GG sehr bedenklich sind. Zudem weisen beide eine Tendenz dahingehend auf, möglichst viele Konstellationen durch die neuen Korruptionsparagraphen zu erfassen und deren Anwendungsbereich in eindeutig nicht strafwürdigen Fällen mittels teleologischer Reduktion durch die Gerichte auf ein erträgliches Maß reduziert zu lassen. Dass eine solche Strafgesetzgebung schon in Hinblick auf das Gewaltenteilungsprinzip bedenklich ist, braucht nicht näher ausgeführt zu werden. Es ist aber insbesondere eine Preisgabe des Anspruchs auf möglichst klare und widerspruchsfreie Strafgesetzgebung.[313]

Es kann daher nicht verwundern, dass der Gesetzgeber diese Vorschläge bisher nicht aufgegriffen hat. Jedoch ist darüber hinaus eine generelle Zurückhaltung des Gesetzgebers in Bezug auf Änderungen des § 299 StGB in seinen Kernvoraussetzungen zu erkennen. So wurde der § 299 StGB seit Jahrzehnten zwar punktuell erweitert, die Kernvoraussetzungen des § 12 UWG a.F. liegen dem § 299 StGB jedoch immer noch weitestgehend unverändert zugrunde. Selbst der Referentenentwurf, der eine Einführung des Geschäftsherrenmodells vorsah, wollte in Bezug auf den § 299 StGB nur (sachlich irrelevante) Änderungen des Wortlauts der heutigen Regelung vornehmen und das Geschäftsherrenmodell als faktisch eigenständigen Paragraphen einführen. Diese Weigerung des Gesetzgebers, Änderungen an dem § 299 StGB heutiger Fassung vorzunehmen, sollte dazu führen, den Versuch zu unternehmen, den Tatbestand durch sinnvolle, am Sinn und Zweck der Vorschrift angelehnte Auslegung widerspruchsfrei zu bestimmen und nicht stets mit Forderungen de lege ferenda aufzuwarten.

IV. Ergebnis der Analyse der bisherigen Lösungsvorschläge

Die vorangegangenen Ausführungen haben aufgezeigt, dass die in der Literatur bisher vorgeschlagenen Lösungen die aufgezeigten Wertungswidersprüche des § 299 StGB nicht zu beseitigen vermögen, ohne neue, teilweise gravierendere Wertungswidersprüche und Friktionen zu anderen Tatbeständen zu produzieren. Die – teilweise oder vollständige - Einbeziehung des Geschäftsherrn in den § 299 StGB ist mit dem Grundsatz der Vertragsfreiheit nicht in Einklang zu

313 Leider scheint diese Art der Gesetzgebung nicht nur in den hier vorgestellten Vorschlägen, sondern auch im Rahmen der tatsächlichen Gesetzgebung vermehrt Realität zu werden. So auch *Volk* in GS Zipf, S. 419, 421 mit Verweis auf den Tatbestand der Geldwäsche.

bringen. Die Einführung des Geschäftsherrenmodells würde zwar einen in sich widerspruchsfreien Tatbestand ermöglichen. Dieser würde jedoch weder die korruptionstypische Schutzvielfalt aufweisen[314], noch würde dieses Modell friktionslos neben dem § 266 StGB stehen können. Zuletzt konnten auch die in der Literatur vorgeschlagenen Neuformulierungen nicht überzeugen.

Es bleibt daher die Aufgabe, die Wertungswidersprüche aufzulösen, die durch die herkömmliche Interpretation des § 299 StGB entstehen. Im folgenden Abschnitt soll dazu ein eigener Vorschlag erarbeitet werden. Bevor untersucht wird, ob ggf. gesetzgeberisches Handeln notwendig ist, soll zunächst ein Versuch unternommen werden, durch ein neues Verständnis des Tatbestandes de lege lata einen sinnvollen, widerspruchsfreien Korruptionsparagraphen zu erhalten.

314 Zu dieser Schutzrichtungsvielfalt vgl. die ausführliche Analyse der wirtschaftlichen Auswirkungen der Bestechung bei *Koepsel*, Bestechlichkeit, S. 46 ff.

C. Entwicklung eines eigenen Lösungsvorschlages

I. Das Wesen der Korruption im privaten Sektor

Will man den Unrechtskern der Korruptionsvorschrift im privaten Sektor ermitteln und den Tatbestand auf die strafwürdigen Fälle begrenzen, so muss man sich zunächst über das Wesen der Korruption Klarheit verschaffen. Nur eine genaue Vorstellung davon, was Korruption im privaten Sektor strafwürdig erscheinen lässt, kann zu einer widerspruchsfreien Auslegung der Korruptionsvorschrift führen.

Das Wesen der Korruption besteht nach *Volk* im „regelwidrigen Tausch“.[315] Es geht bei Korruptionstaten stets um die Gewährung eines Vorteils zur Erlangung einer bestimmten Verhaltensweise. Dieser Definition *Volks* haben sich viele weitere Autoren angeschlossen.[316] Es trifft in der Tat den Kern davon, was Korruption ausmacht. Der Bestechende verspricht oder gewährt einen Vorteil dafür, dass der Empfänger eine bestimmte Verhaltensweise an den Tag legt, eine bestimmte Entscheidung in der gewünschten Art und Weise trifft bzw. beeinflusst. Das Wesen der Korruption besteht demnach darin, dass eine Entscheidung oder ein Verhalten durch den Einsatz eines Vorteils „erkauft“ wird. Diese Definition des Wesens der Korruption verdeutlicht, dass Korruption zwei verschiedene Fassetten besitzt. Zum Einen geht es um einen Tausch, also ein Austauschgeschäft. Zum Anderen zeigt diese Definition auf, dass das Urteil der Korruption stets auch eine „sozial-ethische Dimension“ aufweist, welche in der Regelwidrigkeit verdeutlicht ist.[317]

1. Korruption als Tausch

Die erste Erkenntnis, die aus dieser Bestimmung des Wesens der Korruption gewonnen werden kann, ist, dass es sich bei einer Korruptionstat stets um eine Beziehungstat handelt.[318] Voraussetzung sind demnach stets (zumindest) zwei Personen, die interagieren. Während eine Person den Vorteil verspricht oder

315 *Volk* in GS Zipf, S. 419, 421.

316 Vgl. *Rönnau* in A/R, Kap. III 2 Rn. 5; *ders.* StV 2009, 302, 304; *Pragal*, Korruption, S. 138 ff.; *Peinemann*, Alleingesellschafter, S. 119 ff.; *Koepsel*, Bestechlichkeit, S. 99.

317 *Volk* in GS Zipf, S. 419, 421.

318 *Volk* in GS Zipf, S. 419, 421; zustimmend *Wollschläger*, Täterkreis, S. 133.

gewährt, muss die andere Person eine Entscheidung beeinflussen (können). Es kommt daher nicht von ungefähr, dass sowohl § 299 StGB als auch die § 331 ff. StGB stets spiegelbildlich die aktive und die passive Bestechung kriminalisieren. Das ist auch der Grund, warum rein täterorientierte Definitionsversuche den Unrechtskern der Korruption nie vollständig erfassen können. Eine Bestimmung des Wesens der Korruption kann nur dann den Unrechtskern vollständig wiedergeben, wenn sie auf eine Gegenseitigkeit, einen Austausch abstellt.[319]

Eine zweite Erkenntnis besteht darin, dass Korruption dadurch entsteht, dass bestimmten Personen eine Entscheidungsmacht zukommt. Könnte der Vorteilgeber die Entscheidung persönlich in seinem Sinne beeinflussen, so würde er dafür keinen Vorteil für einen anderen aufwenden. Charakteristisch für Korruption ist also, dass der Bestochene gegenüber dem Bestechenden einen Machtüberschuss besitzt, welcher ihm aufgrund seiner Stellung zukommt. Darauf reagieren die deutschen Korruptionsstraftatbestände (S§ 299, 331 ff. StGB) dadurch, dass sie im Falle der passiven Bestechung stets ein Sonderdelikt aufweisen. Sowohl der Angestellte bzw. Beauftragte als auch der Amtsträger haben eine Position, in der sie bestimmte Entscheidungsprozesse des Geschäftsinhabers oder des Staates allein aufgrund ihrer Position oder Funktion in höherem Maße beeinflussen können, als es Außenstehende vermögen.

Bei Korruption handelt es sich demnach stets um einen Austausch von einem Vorteil gegen eine andere Leistung.

2. Korruption als Regelwidrigkeit

Die Erkenntnis, dass es sich bei Korruptionstaten um einen Austausch von einem Vorteil gegen eine Beeinflussung einer Entscheidung handelt, reicht jedoch allein nicht aus, um den Unrechtskern einer Korruptionstat in ausreichendem Maße zu bestimmen. Der Tausch eines Vorteils für eine andere Verhaltensweise ist nicht per se korrupt. Vielmehr ist diese Art des Vertragsschlusses sogar gesetzlich vorgesehen, stellt sogar den Normalfall des wirtschaftlichen Handelns dar. Es kann daher nicht verwundern, dass das Hauptaugenmerk derer, die sich mit dem Wesen der Korruption beschäftigen, darauf liegt, den Umstand zu bestimmen, welcher den Tausch in Korruptionsfällen regelwidrig macht.[320] Die Regelwidrigkeit ist es, die wirtschaftlich gewollte Tauschverträge von korrupten Beziehungen unterscheidet. Ihr kommt somit eine Schlüsselrolle in der Abgren-

---

319 So auch *Volk* in GS Zipf, S. 419, 421; ebenso *Wollschläger*, Täterkreis, S. 133.

320 Diesen Ansatz wählen etwa *Pragal*, Korruption, S. 138 ff.; *Wollschläger*, Täterkreis, S. 133 ff.

zung von strafbarem zu zulässigen Austauschgeschäften zu.[321] Die Festlegung der Regelwidrigkeit ist somit „unverzichtbar"[322] um das Wesen der Korruption hinreichend zu beschreiben. Das liegt daran, dass ohne die Regelwidrigkeit die sozial-ethische Dimension, die der Korruption unzweifelhaft zu eigen ist, nicht berücksichtigt wird.

Im Folgenden soll nun, ausgehend von der Erkenntnis, dass Korruption seinem Wesen nach aus regelwidrigem Austausch besteht, untersucht werden, ob dieses Wesen der Korruption in der Vorschrift des § 299 StGB in dem Maße verankert ist, dass eine wesensgemäße, widerspruchsfreie Auslegung der Norm möglich ist. Dafür muss zum Einen untersucht werden, ob die Anforderungen an den Tausch in ausreichendem Maße durch § 299 StGB beschrieben werden. Der folgende Ansatz wird sodann untersuchen, ob die Kriterien, die den Tausch regelwidrig machen, aus der Norm des § 299 StGB abzuleiten sind. Dieses Vorgehen deckt sich mit dem Versuch, den § 299 StGB zunächst durch – ggf. neue – Auslegung der Tatbestandsmerkmale widerspruchsfrei und kriminalpolitisch sinnvoll auszulegen, bevor über ggf. notwendige Gesetzesänderungen de lege ferenda nachgedacht wird.

II. Verankerung des Wesens der Korruption in § 299 StGB

1. Beschreibung des Tausches

Zur Beschreibung eines Austauschverhältnisses müssen die Vertragsparteien, die Hauptleistungspflichten sowie die Art des Vertragsschlusses durch die Norm hinreichend genau dargestellt werden.

a) Tauschparteien

§ 299 StGB beschreibt hinreichend genau die an dem Tausch beteiligten Personengruppen. Ein Vertragspartner des „Tausch"vertrages muss ein *Angestellter oder Beauftragter eines geschäftlichen Betriebes* sein. Der andere Vertragspartner kann *ein* (beliebiger) *anderer* sein. Diese andere Person muss allerdings *zu Zwecken des Wettbewerbs* handeln, mithin in irgendeiner Form am wettbewerblichen Austausch von Waren oder gewerblichen Leistungen teilnehmen bzw.

321 So auch *Pragal*, Korruption, S. 138; *Wollschläger*, Täterkreis, S. 134.

322 *Volk* in GS Zipf, S. 419, 423.

fremden Wettbewerb fördern wollen.[323] Als Tauschpartner werden von § 299 StGB somit ein Angestellter oder Beauftragter eines geschäftlichen Betriebes auf der einen sowie ein zu Zwecken des Wettbewerbs Handelnder auf der anderen Seite bestimmt.

b) Tauschgegenstand

Auch der Gegenstand des Tausches, also der Inhalt bzw. die Hauptleistungspflichten des Vertrages, wird durch § 299 StGB klar bestimmt. Die eine Leistung muss in einem Vorteil bestehen. Nach allgemeiner Auffassung liegt ein *Vorteil* in jeder materiellen oder (messbaren) immateriellen Besserstellung.[324] Dieser Vorteil muss dem *Angestellten oder Beauftragten oder einem Dritten* zukommen.

Die andere Hauptleistung besteht in einer *Bevorzugung beim Bezug von Waren oder gewerblichen Leistungen im Wettbewerb*. Diese Bevorzugung kann entweder dem Gewährenden/Versprechenden, also dem Vertragspartner selbst, oder einem Dritten zugutekommen.

Die Hauptleistungen des Tausches werden durch § 299 StGB demnach dahingehend beschrieben, dass die Leistung des Angestellten bzw. Beauftragten eine Bevorzugung beim Bezug von Waren oder Dienstleistungen im Wettbewerb darstellen muss, während die Leistung des Anderen in der Gewährung eines Vorteils bestehen muss.

c) Tausch als gegenseitiger Vertrag

Sodann macht § 299 StGB durch die Formulierung *als Gegenleistung dafür* deutlich, dass es sich bei dem Vertrag, den der Angestellte/Beauftragte mit dem Anderen schließt, um einen gegenseitigen Vertrag handelt, die eine Leistung also nur dann geschuldet ist, wenn die andere auch erbracht wird. Dabei kommt es auf die zivilrechtliche Wirksamkeit des Vertrages und somit um die Durchsetzbarkeit nicht an. Vielmehr ist entscheidend, dass der Vorteilgeber und der Angestellte bzw. Beauftragte davon ausgehen, dass der Vorteil gerade für die Bevorzugung im Wettbewerb geleistet wird.

---

323 Zu dem Merkmal „zu Zwecken des Wettbewerbs“ ausführlich T*iedemann* in LK, § 299 Rn. 20, 53.

324 Vgl. *Tiedemann* in LK, § 299 Rn 25 ff.; siehe dazu auch bereits oben A. I. 2. e).

d) *Vertragsschluss*

Zuletzt wird in § 299 StGB die Art des Vertragsschlusses beschrieben. Da es sich um eine strafrechtliche Norm handelt, wird diese durch die Tathandlungen umschrieben. Für einen Vertragsschluss nach dieser Norm reicht bereits das *Versprechen* des Vorteils bzw. das *Fordern* desselben. Dass auch das *Annehmen* bzw. *Gewähren(-lassen)* des Vorteils ausreicht, kann da nicht überraschen. Der Vertrag, den § 299 StGB beschreibt, kommt also zustande, wenn entweder der Vorteil tatsächlich gewährt oder versprochen wird, oder aber dieser gefordert bzw. angeboten wird.[325]

e) *Zusammenfassung*

Die Analyse hat gezeigt, dass der § 299 StGB durch eine Vielzahl von Tatbestandsmerkmalen einen Tausch beschreibt. Sowohl die an dem Tausch beteiligten Personen, deren Tausch-Leistungen und deren Gegenseitigkeit sowie die Art und Weise des (Tausch-)Vertragsabschlusses sind eindeutig bestimmt.

2. Beschreibung der Regelwidrigkeit

Nachdem festgestellt wurde, dass das Wesen der Korruption im regelwidrigen Tausch liegt und dass der Tausch in § 299 StGB hinreichend genau beschrieben wird, ist zu untersuchen, ob und in welchem Merkmal die Regelwidrigkeit dieses Tausches in § 299 StGB verankert ist.

a) *Herkömmliche Auffassung*

Die herkömmliche Auffassung geht davon aus, dass die Regelwidrigkeit bereits in der Beschreibung des Tausches verankert ist. Der Tausch eines Vorteils gegen Bevorzugung im Wettbewerb, an dem ein Angestellter oder Beauftragter eines geschäftlichen Betriebes beteiligt ist, ist nach dieser Auffassung stets regelwidrig.[326] Diese Regelwidrigkeit ergibt sich jedoch nicht aus einer Verletzung der arbeitsrechtlichen Pflichten des Angestellten oder Beauftragten. Denn eine Ein-

---

325 Dabei muss der Vertragsschluss selbstverständlich zivilrechtlich nicht wirksam sein. Dennoch muss eine tatsächliche (aber nicht rechtlich anerkannte) Willensübereinstimmung vorliegen oder angestrebt werden. Teilweise wird hier passend von „‘vertragsgemäßen‘ Willenserklärungen“ gesprochen, vgl. *Sievers*, Bestechung, S. 57.

326 Vgl. für diese herkömmliche Auffassung *Tiedemann* in LK, § 299 Rn. 42; *Momsen* in Beck-OK, § 299 StGB Rn. 16.1; *Peinemann*, Alleingesellschafter, S. 48; wohl auch *Dannecker* in NK, § 299 Rn. 53 f., anders allerdings *Dannecker* in NK, Vor § 298 ff Rn. 18.

willigung des Geschäftsinhabers soll nach herkömmlicher Auffassung die Strafbarkeit nicht ausschließen, würde jedoch unzweifelhaft eine Verletzung von Pflichten im Innenverhältnis von Prinzipal und Agent beseitigen. Das ist der Grund, warum die herrschende Meinung in solchen Ausnahmefällen auf ein angeblich bestehendes, schützenswertes Vertrauen der Marktteilnehmer und Verbraucher auf die Nichtbeeinflussung von Angestellten oder Beauftragten durch Dritte rekurriert.[327] Es wurde im Verlauf dieser Arbeit jedoch bereits aufgezeigt, dass es Konstellationen gibt, in denen trotz des Vorliegens aller den Tausch beschreibenden Merkmale die Regelwidrigkeit des Tausches nicht begründet werden kann.[328]

Das liegt vor allem daran, dass das Wettbewerbsrecht heute deutlich liberaler ausgestaltet ist, als es noch bei Einführung des § 12 UWG a.F. oder auch unter Geltung des Rabattgesetztes und der Zugabeverordnung der Fall war. Durch diese Liberalisierung wurden neue Tauschformen regelkonform, welche zuvor allgemein als regelwidrig angesehen wurden.[329] Die Regeln, deren Verletzung zur Regelwidrigkeit des Tausches führen, sind gelockert worden. Die herkömmliche Auffassung, die davon ausgeht, dass ein in § 299 StGB beschriebener Tausch stets regelwidrig ist, ist aufgrund dieser Lockerung heute nicht mehr haltbar.[330] Der in § 299 StGB beschriebene Tausch erfasst nunmehr viele wirtschaftsrechtlich bzw. lauterkeitsrechtlich zulässige Konstellationen. Nicht verständlich ist, warum die herrschende Auffassung diese Veränderungen der wettbewerbsrechtlichen Regelungen bisher nicht auf § 299 StGB übertragen hat. Durch diese Weigerung ist mit § 299 StGB ein Tatbestand entstanden, der den Unrechtskern der Wirtschaftskorruption nicht mehr zu bestimmen vermag.[331] Der Verzicht auf eine Verankerung der Regelwidrigkeit durch die herrschende Meinung führt zu einer Norm, die die Grenzlinie zwischen strafbaren und wett-

327 So schon das RG in seiner Entscheidung im Korkengeldfall, RGSt 48, 291, 292; insbesondere die zivilrechtliche Rechtsprechung stellt auf das Vertrauen der Verbraucher ab, vgl. beispielhaft die Ausführungen des OLG Düsseldorf, Urteil vom 5.10.1978 – 2 U 51/78 = WRP 1979, 37; ähnlich auch BGH, GRUR 1971, 223; OLG Hamburg, GRUR-RR 2004, 117; LG Frankfurt a.M., GRUR-RR 2002, 205

328 Zu diesen Beispielsfällen vgl. A. II.

329 Zur Bewertung von Vorteilsgewährungen zu Zeiten der Geltung der Zugabeverordnung siehe *Engel*, WRP 1986, 639, 640 ff.

330 Vgl. *Samson* in FS Sootak, S. 225, 235, der davon spricht, dass diese Hinweginterpretation des Merkmals der Unlauterkeit durch die herrschende Meinung der „Urgrund für den ganzen Unsinn" sei, welcher „aus dem Tatbestand abgeleitet" werde.

331 Auch *Wollschläger*, Täterkreis, S. 133 geht davon aus, dass allein die Beschreibung des Tausches nicht ausreicht, sondern ein zusätzliches wertendes Merkmal, eben die Regelwidrigkeit des Tausches hinzutreten müsse.

bewerbskonformen Verhaltensweisen nicht mehr zu bestimmen vermag.[332] Oder mit *Volk* formuliert:

> *„Ein dergestalt ent-ethisierter, wertneutral gehaltener Tatbestand erfasst die zu inkriminierenden Handlungen ebenso wie das preußisch-tugendhafte, einwandfreie Verhalten und pönalisiert sogar die nützlichen, erwünschten Entscheidungen."*[333]

Die Veränderung der wettbewerbsrechtlichen Regeln muss sich auf die Bestimmung der Regelwidrigkeit auswirken.[334] Die Ansicht, die durch die Beschreibung des Tausches zugleich dessen Regelwidrigkeit beschrieben sehen will, kann nicht überzeugen.

b) Einzig verbleibende Möglichkeit der Verankerung

Aufgrund der Feststellung, dass die Regelwidrigkeit des Tausches sich nicht zwingend aus der Beschreibung des Tausches ergibt, stellt sich die Frage, ob die Regelwidrigkeit als wesentlicher Bestandteil des Wesens der Korruption in § 299 StGB verankert ist bzw. werden kann. Einige Autoren, die sich mit dieser Frage beschäftigt haben und ebenfalls den Versuch einer Verankerung der Regelwidrigkeit des Tausches in § 299 StGB untersucht haben, beantworten diese Frage negativ.[335] Das führt dazu, dass diese Autoren zumeist Änderungen de lege ferenda fordern.

Will man jedoch eine Verankerung der Regelwidrigkeit in § 299 StGB de lege lata vornehmen, so bleibt bei genauer Betrachtung nur eine Möglichkeit dieser Verankerung. Betrachtet man die einzelnen Tatbestandsmerkmale des § 299 StGB und subtrahiert die Merkmale, die allein den Tausch beschreiben[336], so bleibt allein das Merkmal der Bevorzugung **in unlauterer Weise** übrig. Die Bedeutung und Reichweite dieses Merkmals, welches von der herrschenden

---

332 Ein ähnliches, wenn auch drastischeres Urteil fällt *Samson*, der davon spricht, dass ein so verstandener Tatbestand sich der „existenzvernichtenden Lächerlichkeit" aussetzte (vgl. *Samson* in FS Sootak, S. 225, 235).

333 *Volk* in GS Zipf, S. 419, 423.

334 So auch *Rengier* in FS Tiedemann, S. 837, 838.

335 So z.B. *Koepsel*, Bestechlichkeit, S. 99 ff.; *Pragal*, Korruption, S. 138 ff.

336 Diese wurden bereits unter C. I. 1. dargestellt. Dass diese den Tausch beschreibenden Merkmale die Regelwidrigkeit nicht begründen können, wurden unter C. I. 2. dargelegt. Wenn schon die Merkmale gemeinsam die Regelwidrigkeit nicht beschreiben können, so ist eine Verankerung der Regelwidrigkeit in einem dieser Merkmale erst recht nicht möglich.

Meinung bislang als überflüssig angesehen wird,[337] soll im Folgenden darauf untersucht werden, ob eine Verankerung der Regelwidrigkeit in diesem Merkmal sinnvoll möglich ist. Dafür ist es notwendig, den Begriff der Unlauterkeit im Sinne des § 299 StGB zu bestimmen. Durch Auslegung soll ermittelt werden, ob der Begriff der Unlauterkeit die Funktion der Verankerung einer Regelwidrigkeit des Tausches sowie der Bestimmung der diesbezüglich zu verletzenden Regeln zu erfüllen vermag.

III. (Neu-)Bestimmung der Unlauterkeit

1. Auslegung des Merkmals der Unlauterkeit

a) Historie des (Rechts-)Begriffs der Unlauterkeit (Entstehungsgeschichte)

Bei dem Begriff der Unlauterkeit handelt es sich nicht originär um einen Rechtsbegriff.[338] Vielmehr handelt es sich um einen Begriff, welcher dem deutschen Recht bis zu Einführung des ersten Gesetzes gegen den unlauteren Wettbewerb im Jahre 1896 fremd war. Dieses Gesetz wurde – aufgrund verschiedener Mängel – im Jahre 1909 durch das UWG ersetzt, welches zwar inzwischen viele Änderungen erfahren hat, aber im Grundsatz noch immer die Grundlage für das heutige UWG darstellt.

Nun könnte man erwarten, dass ein Begriff, der den Titel eines Gesetzes schmückt und durch dieses Gesetz erstmals in die Rechtssprache eingeführt wird, in dem Gesetz selbst definiert oder zumindest näher bestimmt wird. Schaut man jedoch den Gesetzestext des UWG 1909 an, so stellt man erstaunt fest, dass der Begriff der Unlauterkeit – abgesehen vom Titel – nur in einer Norm auftaucht, dem § 12 UWG 1909 (der Norm, die in ihrer Funktion dem heutigen § 299 StGB entspricht). Bevor die Bedeutung des Rechtsbegriffs der Unlauterkeit untersucht wird, ist jedoch zunächst von der allgemeinsprachlichen Bedeutung des Wortes auszugehen. Ein Begriff, der zuerst allgemeinsprachlich genutzt und sodann in die Rechtssprache eingeführt wird, kann nicht ohne Berücksichtigung des allgemeinsprachlichen Verständnisses in seiner Bedeutung bestimmt werden.[339]

---

337 Vgl. dazu bereits A. I. 4.

338 *Kinting*, Unlauterkeit, S. 18.

339 Diese Erkenntnis dürfte soweit unstreitig sein. Die Bedeutung der umgangssprachlichen Interpretation eines Wortes für die juristische Auslegung ist jedoch umstritten. Während die wohl herrschende Auffassung davon ausgeht, dass die (umgangssprachliche) Wort-

aa) Allgemeinsprachliche Bedeutung des Wortes (Un-)Lauterkeit

Mangels gesetzlicher Definition ist bei der Bestimmung der Bedeutung des Begriffs der Unlauterkeit zunächst von dessen originärer, allgemeinsprachlicher Bedeutung auszugehen. Der Begriff der Lauterkeit hat einen germanischen Ursprung und bedeutet ursprünglich so viel wie „rein“, „unvermischt“, „wesensklar“ oder „unverfälscht“, wobei sich diese Reinheit oder Klarheit bei der Verwendung des Begriffs der Lauterkeit zunächst regelmäßig auf Flüssigkeiten, später jedoch auch auf andere Gegenstände bezog und schließlich sogar auf das Innenleben von Menschen bezogen wurde.[340] Mit der Zeit verwandelte sich der Begriff somit dahingehend, dass sich der Begriff der Lauterkeit dem Sprachgebrauch nach heute regelmäßig auf das Innenleben der Menschen, also Gesinnungen und Einstellungen bezieht.[341] Mit unlauterer Gesinnung wird heute stets etwas „moralisch nicht Einwandfreies, moralisch Defektes“ bezeichnet.[342] Der Begriff der Lauterkeit steht somit allgemeinsprachlich in einem engen Verhältnis zu dem der Moral. Wie diese ist der Begriff der Lauterkeit somit keine feststehende Größe, sondern ein sich mit verändernden gesellschaftlichen Verhältnissen wandelnder Begriff.

bb) Bedeutung des Rechtsbegriffs der (Un-)Lauterkeit

Der Rechtsbegriff der Unlauterkeit hingegen bezog sich seit Einführung in die deutsche Rechtssprache stets auf wettbewerbliches Handeln im weitesten Sinne. Seiner allgemeinsprachlichen Bedeutung folgend beschreibt der Begriff der Lauterkeit bezogen auf den Wettbewerb diesen als unverfälschten und klaren Wettbewerb. Kinting formuliert daher passend:

> *„Im unlauteren Wettbewerb handelt derjenige, der innerhalb des Wettbewerbsverhältnisses Kräfte einführt, die keine reine Kräfte- oder Leistungsmessung zulassen, mithin zu einer falschen Beurteilung der Kräfteverhältnisse führen.“*[343]

---

bedeutung die Grenze der (juristischen) Auslegung darstellt, wollen andere diese Grenze nicht anerkennen, sondern allein durch juristische Auslegung die (juristische) Wortbedeutung ermitteln, vgl. zu dieser Thematik ausführlich *Wank*, Auslegung, S. 43 ff.; ebenfalls *Röhl/Röhl*, Allgemeine Rechtslehre, S. 614.

340 Zum Ursprung des Wortes sowie dessen etymologischen Entwicklung siehe ausführlich *Kinting*, Unlauterkeit, S. 19 ff.

341 Zu dieser Entwicklung vgl. *Kinting*, Unlauterkeit, S. 30 f. mit vielen Beispielen.

342 *Kinting*, Unlauterkeit, S. 31.

343 *Kinting*, Unlauterkeit, S.31.

Insofern bezieht sich der Rechtsbegriff der Unlauterkeit – entgegen dem allgemeinsprachlichen Gebrauch - nicht auf Gesinnungen oder Gegenstände, sondern auf (wettbewerbliches) Verhalten.

Eingeführt wurde der Begriff der Unlauterkeit in das deutsche Recht mit der Einführung des UWG im Jahre 1896. Dieses Gesetz, dass bereits 1909 umfassend reformiert wurde, trug die Unlauterkeit jedoch zunächst vorrangig im Titel des Gesetzes. Teilweise wird daher die Behauptung aufgestellt, dass der Rechtsbegriff der Unlauterkeit erst durch die UWG-Reform im Jahre 2004 eingeführt wurde.[344] Richtig an dieser Behauptung ist zumindest, dass diese UWG-Reform eine wesentliche Änderung in Bezug auf den Rechtsbegriff der Unlauterkeit dahingehend mit sich brachte, dass der Unlauterkeitsbegriff seit dieser Reform den zentralen Begriff des UWG darstellt. Dementsprechend muss bei der Bestimmung der Bedeutung des Rechtsbegriffs der Unlauterkeit zwischen dem Zeitraum von 1909 bis 2004 auf der einen und dem Zeitraum seit 2004 auf der anderen Seite unterschieden werden.[345]

(1) Bedeutung der Unlauterkeit im UWG alter Fassung

Wie bereits festgestellt, definierte das UWG 1909 den Begriff der Unlauterkeit nicht ausdrücklich. Vielmehr fand der Begriff nur in dem Titel des Gesetzes sowie in § 12 UWG a.F. Erwähnung. Der zentrale Begriff des UWG 1909 war vielmehr die Sittenwidrigkeit. Die Generalklausel des § 1 UWG 1909 verbot Wettbewerbshandlungen, die gegen die guten Sitten verstießen. Die darauf folgenden Regelungen stellten Ausschnitte bzw. Beispiele solcher sittenwidrigen Handlungen dar. Da das Gesetz in seinem Titel den Begriff der Unlauterkeit nannte, im Gesetzestext jedoch im Wesentlichen von Sittenwidrigkeit sprach, lag eine Gleichsetzung der Sittenwidrigkeit mit der Unlauterkeit nahe.[346] Dafür konnte auch ins Feld geführt werden, dass die Untersagung von wettbewerbsschädigendem Verhalten vor der Einführung des UWG 1909 mittels des § 826 BGB erfolgte, welcher ebenfalls auf die Sittenwidrigkeit abstellt. Es wurde jedoch früh erkannt, dass die Sittenwidrigkeit in § 1 UWG 1909 nicht gleich zu setzen war mit der Bedeutung, welche der Sittenwidrigkeit im Rahmen des § 826 BGB beigemessen wurde. Insgesamt wurde der Begriff der Unlauterkeit

---

344 So etwa *Lubberger* in Loschelder/Erdmann, § 44 Rn. 2.

345 Hier soll nicht verschwiegen werden, dass das UWG auch nach 2004 mehrmals reformiert wurde. Diese Änderungen stellten jedoch nur kleinere Anpassungen oder Umsetzungen europarechtlicher Vorgaben dar, ließen jedoch die Systematik des UWG 2004 im Wesentlichen unberührt.

346 So auch *Kinting*, Unlauterkeit S. 48, der formuliert: „§ 1 UnlWG enthält also den eigentlichen unlauteren Wettbewerb."

als Sittenwidrigkeit verstanden, die jedoch in Bezug auf den Wettbewerb weiter zu verstehen war als die Sittenwidrigkeit im bürgerlichen Recht.[347]

Dieser Begriff der Sittenwidrigkeit wurde stets als ein Begriff verstanden, welcher sich mit dem Wandel der Sitten bzw. der wirtschaftlichen Rahmenbedingungen veränderte.[348] Als normativer Begriff unterlag der Begriff der Unlauterkeit im Sinne der Sittenwidrigkeit in Bezug auf Wettbewerbshandlungen steter Veränderung. Es handelte sich damit um einen dynamischen Begriff, dessen Bedeutung und Inhalt nicht ohne Berücksichtigung der wirtschaftlichen Rahmensituation und der moralischen Vorstellung innerhalb der Wirtschaft zu bestimmen war.

(2) Begriff der Unlauterkeit seit der UWG-Reformen 2004 und 2008

Durch die UWG-Reform 2004 wurde der Begriff der Unlauterkeit als zentraler Rechtsbegriff in das UWG (und nicht nur in dessen Titel) eingeführt. Die (neue) Generalklausel des § 3 UWG stellt nunmehr nicht auf die Sittenwidrigkeit, sondern auf die Unlauterkeit ab. Dieser Wechsel von der Sittenwidrigkeit zur Unlauterkeit stellt einen „Wendepunkt in der Geschichte des deutschen Lauterkeitsrechts“[349] bzw. einen „Paradigmenwechsel“[350] dar. Teilweise wird darin eine vollständige Neudefinition gesehen, sodass der bisherigen (grammatischen oder historischen) Auslegung des Merkmals der Unlauterkeit bei der Bestimmung der Bedeutung für das existierende Recht keinerlei Bedeutung zugemessen werden könne.[351] Dazu steht der gesetzgeberische Wille jedoch im Widerspruch. Der Gesetzgeber hat im Rahmen der Reform von 2004 deutlich gemacht, dass dieser Wechsel von der Sittenwidrigkeit zur Unlauterkeit keine wesentlichen Änderungen bewirken, sondern vielmehr die Begrifflichkeiten den internationalen Formulierungen anpassen sollte.[352] Jedoch ist zu beachten, dass die Rechtsprechung und die Literatur viele Änderungen bereits vorweg genommen hatten und die Anpassung des UWG an die veränderten wirtschaftlichen und wirtschaftsrechtlichen Rahmenbedingungen bereits vollzogen war. Es entspricht daher heute einhelliger Auffassung, dass ein Rückgriff auf das noch im Rahmen des UWG 1909 für relevant erachtete „Anstandsgefühl des verständigen Gewerbetreibenden“ nicht mehr zur Begründung der Unlauterkeit herangezogen werden kann.[353]

---

347 *Kinting*, Unlauterkeit, S. 44; *v. Harder*, GRUR 1967, 182, 185.

348 *Wank*, Auslegung, S. 49; *Armbrüster* in MüKo-BGB, § 138 Rn. 23.

349 So *Lubberger* in Loschelder/Erdmann, § 44 Rn. 2.

350 *Schünemann* in Harte-Bavendamm/Henning-Bodewig, § 1 Rn. 104.

351 So *Lubberger* in Loschelder/Erdmann, § 44 Rn. 2.

352 BT-Drucks. 15/1487, S. 16.

353 Für viele *Köhler* in Köhler/Bornkamm, § 3 Rn. 101.

Die neue Generalklausel des § 3 Abs. 1 UWG verzichtet zwar wiederum auf eine Definition der Unlauterkeit, stellt aber nunmehr ausdrücklich auf diese ab. Die Unlauterkeit wird sodann in den §§ 3 Abs. 3, 4 ff. UWG weiter beschrieben und konkretisiert. Insofern enthält das UWG heute in den Beispielskatalogen der §§ 3 Abs. 3 (und dessen Anhang), 4 ff. UWG Beispiele unlauterer geschäftlicher Handlungen. Von einer abgeschlossenen Definition der Unlauterkeit insgesamt hat der Gesetzgeber abgesehen, da eine solche in sich ständig wandelnden wirtschaftlichen Gesamtumständen bereits mit ihrem Erlass veraltet wäre.[354] Es ist daher notwendig, bei der Bestimmung der Unlauterkeit im Rahmen des UWG stets Spielraum für Neuerungen zu lassen.[355] Einige Definitionsmerkmale weist der § 3 Abs. 1 UWG n.F. jedoch auf. Zunächst einmal stellt er fest, dass eine Unlauterkeit nach dem UWG nur dann vorliegt, wenn die Handlung auch geeignet ist, die Interessen von Mitbewerbern, Verbrauchern und sonstigen Mitbeteiligten zu beeinträchtigen. Insofern kann der Begriff der Unlauterkeit nicht von den Interessen der Marktbeteiligten getrennt werden.[356] Auch verdeutlicht der Wechsel von der Sittenwidrigkeit hin zur Unlauterkeit, dass es im Rahmen des UWG nunmehr nur noch auf die Verletzung objektiver Verhaltensanforderungen ankommt und es nicht um den Vorwurf subjektiver Gesinnungen geht.[357] Der Begriff der Unlauterkeit ist somit ein rein objektiver. Diese Objektivität nimmt dem Begriff jedoch nicht seinen normativen Charakter.[358] Vielmehr wurde durch den Wechsel von der Sittenwidrigkeit hin zur Unlauterkeit nur der Maßstab verschoben, an dem Wettbewerbshandlungen gemessen werden. Wurde die Sittenwidrigkeit noch mit dem Anstandsgefühl der verständigen Gewerbetreibenden gleichgesetzt, kommt es bei dem Unlauterkeitsurteil nunmehr auf den objektiven Maßstab der „anständigen Marktgepflogenheiten" an.[359] Diese Anknüpfung an die in den Wettbewerbsgesetzen manifestierten, objektiv zu bestimmenden anständigen Marktgepflogenheiten entspricht auch der gemeinschaftsrechtlichen Definition der Unlauterkeit in Art. 5 Abs. 2 i.V.m. Art. 2 lit h) der RL 2005/29/EG über unlautere Geschäftspraktiken gegenüber Verbrauchern.[360] Zu beachten ist jedoch, dass sich diese Marktgepflogenheiten nicht durch sittlich

---

354 *Köhler* in Köhler/Bornkamm, § 3 Rn. 62.

355 *Lubberger* in Loschelder/Erdmann, § 44 Rn. 4.

356 So *Lubberger* in Loschelder/Erdmann, § 44 Rn. 3.

357 Das hat nunmehr auch der BGH entschieden, vgl. BGH GRUR 2007, 800, 801; so auch *Lubberger* in Loschelder/Erdmann, § 44 Rn. 3; zu der Rolle der subjektiven Gesinnung und dem Bewusstsein von der Sittenwidrigkeit im Rahmen des UWG 1909 siehe noch *Kinting*, Unlauterkeit, S. 45 ff.

358 *Schünemann* in Harte-Bavendamm/Henning-Bodewig, § 3 Rn. 119.

359 *Köhler* in Köhler/Bornkamm, § 3 Rn. 101.

360 So auch *Schünemann* in Harte-Bavendamm/Henning-Bodewig, § 3 Rn. 125 und 128.

unterlegte allgemeine Formeln, wie noch zu Zeiten der Sittenwidrigkeitsformulierung, bemessen lassen, sondern objektiv anhand der rechtlichen und wirtschaftlichen Rahmenbedingungen zu ermitteln sind.[361]

Die fehlende Definition der Unlauterkeit nach deutschem Recht wird durch die in den §§ 3 III, 4 ff. UWG ausgeformten Beispielsfälle unlauterer geschäftlicher Handlungen ersetzt, die den unbestimmten Rechtsbegriff der Unlauterkeit konkretisieren. Diese „vertypten Unlauterkeitstatbestände“[362] entsprechen in weiten Teilen den durch die Rechtsprechung im Laufe der Zeit der Geltung des UWG 1909 entwickelten Fallgruppen.[363] Um den Unlauterkeitsbegriff jedoch die notwendige Wandlungsfähigkeit zu belassen, sind diese Beispielsfälle unlauteren Verhaltens nicht abschließend, sodass stets auch ein Rückgriff auf die Generalklausel des § 3 I UWG möglich ist.[364]

Es lässt sich also zusammenfassend feststellen, dass der Rechtsbegriff der Unlauterkeit ein normativer ist, welcher durch die im UWG geregelten Fallgruppen konkretisiert wird. § 3 UWG macht deutlich, dass die Unlauterkeit einer Handlung stets die Möglichkeit der Verletzung von Interessen von Marktteilnehmern voraussetzt. Des Weiteren ist deutlich geworden, dass es bei der Bestimmung der Unlauterkeit nicht um eine Bewertung rein subjektiver Gesinnungen geht, sondern vielmehr objektive Verletzungen von Verhaltensnormen Voraussetzung für das in dem Vorwurf der Unlauterkeit enthaltene Unwerturteil darstellen. Aufgrund der Normativität des Merkmals der Unlauterkeit entzieht sich dieses Merkmal einer allgemeinen, aus sich heraus verständlichen Definition. Das ist schon deshalb unmöglich, da der Begriff der Unlauterkeit einer steten Wandlung unterworfen ist, muss er sich doch immer den tatsächlichen Gegebenheiten und Rahmenbedingungen anpassen. Insofern kommt im Rahmen der Bestimmung des Unlauterkeitsmerkmals dem systematischen Zusammenhang sowie dem Sinn und Zweck des Rekurses auf die Unlauterkeit wesentliche Bedeutung zu.

b) Systematische Auslegung

Es wurde aufgezeigt, dass eine grammatikalische Auslegung bei einem unbestimmten, ausfüllungsbedürftigen und gleichzeitig wandelbaren Rechtsbegriff, wie dem der Unlauterkeit, wenig gehaltvolle Ansatzpunkte für eine Bestimmung der Bedeutung des Begriffes innerhalb einer Norm zu leisten vermag. Insofern

361 Ausführlich dazu *Schünemann* in Harte-Bavendamm/Henning-Bodewig, § 3 Rn. 135 ff.; *Lubberger* in Loschelder/Erdmann, § 44 Rn. 10.

362 *Keller* in Harte-Bavendamm/Henning-Bodewig, Einl A Rn. 34.

363 *Köhler* in Köhler/Bornkamm, § 3 Rn. 63.

364 *Keller* in Harte-Bavendamm/Henning-Bodewig, Einl A Rn 34.

kommt bei der Bestimmung der Bedeutung der Unlauterkeit im Rahmen des § 299 StGB der systematischen und der teleologischen Auslegung besondere Bedeutung zu.[365] Im Folgenden soll somit sowohl die systematische Stellung des Merkmals der Unlauterkeit sowie der Sinn und Zweck dieses Merkmals im Rahmen des § 299 StGB untersucht werden.

aa) Systematische Auslegung im Rahmen des § 299 StGB

Eine Auslegung des Begriffs der Unlauterkeit im Rahmen von § 299 StGB setzt zunächst voraus, dass man sich über den Bezugspunkt für die Unlauterkeit im Klaren ist. Das liegt daran, dass der Begriff der Unlauterkeit sich auf verschiedene Sachverhalte beziehen kann. In den verschiedenen Kontexten sind derartige normative Tatbestandsmerkmale jedoch unterschiedlich auszulegen. So bestimmt der Bezugspunkt für normative Tatbestandsmerkmale regelmäßig auch deren konkrete Auslegung im relevanten Kontext.[366] Im Folgenden soll zunächst der Bezugspunkt der Unlauterkeit im Rahmen des § 299 StGB dargelegt werden, bevor die systematische Auslegung auf außerhalb der Norm liegende Zusammenhänge ausgeweitet wird.

(1) Mögliche Bezugspunkte

Will man den Begriff der Unlauterkeit bestimmen, so muss zunächst untersucht werden, worauf sich dieser bezieht. Der historische Gesetzgeber entschloss sich nach längerer Beratung dazu, entgegen einem anderslautenden Vorschlag, nicht die Pflichtwidrigkeit in den Tatbestand zu implementieren, sondern den Begriff der Unlauterkeit einzufügen.

Als Bezugspunkt für eine solche Unlauterkeit hatte der historische Gesetzgeber drei Möglichkeiten:

Zunächst hätte er die Unlauterkeit auf die Vorteilgewährung (bzw. das darauf gerichtete Versprechen) beziehen können.[367] Wie *Tiedemann* zu Recht deut-

---

365 So auch *Schünemann* in Bavendamm/Henning-Bodewig, § 3 Rn. 204.

366 So auch der BGH zu § 1 UWG a.F. vgl. BGH, GRUR 2000, 1076; BGH, GRUR 1999, 1128; Ein anderes Beispiel für dieses Phänomen ist der Begriff der guten Sitten. Eine Bestimmung der Sittenwidrigkeit ist nur dann möglich, wenn man weiß, was gegen die guten Sitten verstoßen soll. So wird der Begriff der Sittenwidrigkeit in Bezug auf Schädigungen (§ 826 BGB) anders ausgelegt als in Bezug auf Rechtsgeschäfte (§ 138 BGB), vgl. *Wendtland* in Bamberger/Roth, § 138 Rn. 9.

367 Ein möglicher Modelltatbestand ergänzt um die in der Zwischenzeit erfolgten Gesetzesänderungen hätte dann wie folgt ausgesehen (der § 299 Abs. 2 wäre spiegelbildlich ausgestaltet gewesen):
„§ 299 Abs 1

lich macht, wird ein solcher Bezug in einigen Ausführungen tatsächlich hergestellt.[368] Der historische Gesetzgeber hat diesen Bezugspunkt jedoch nicht gewählt.

Als zweite Möglichkeit wäre eine Inbezugnahme des Gegenseitigkeitsverhältnisses möglich gewesen.[369] Ein solcher Bezugspunkt für die Unlauterkeit scheint häufig von der herkömmlichen Auffassung angenommen zu werden, wenn diese formuliert, dass die Unlauterkeit sich bereits aus der Verknüpfung von Vorteil und Bevorzugung ergebe.[370]

Den dritten möglichen Anknüpfungspunkt stellt die Bevorzugung, also die Hauptleistung des Angestellten oder Beauftragten, dar.

(2) Gewählter Bezugspunkt

Der historische Gesetzgeber hat sich für die dritte Möglichkeit entschieden und die Unlauterkeit ausdrücklich und unmissverständlich auf die Bevorzugung im Wettbewerb bezogen. Eine Verkennung dieses Bezugs würde einen klaren Verstoß gegen den Wortlaut und (zumindest in Falles eines für den Täter ungünstigen Ergebnis) gegen Art. 103 Abs. 2 GG darstellen. Bei der Bestimmung der Bedeutung der Unlauterkeit ist somit stets zu beachten, dass es sich um die Unlauterkeit der Bevorzugung handeln muss. Die Handlung des Angestellten oder Beauftragten ist dasjenige Verhalten, welches unlauter sein muss. Ob die Vorteilsgewährung unlauter ist oder nicht, spielt für die Bewertung nach § 299 StGB ebenso wenig eine Rolle, wie eine mögliche Unlauterkeit der Gegenseitigkeit von Vorteil und Bevorzugung.[371]

Es wird demnach im Folgenden darum gehen, zu untersuchen, ob durch Auslegung des Merkmals der Bevorzugung in unlauterer Weise eine Abgren-

---

Wer als Angestellter oder Beauftragter eines geschäftlichen Betriebes im geschäftlichen Verkehr einen unlauteren Vorteil für sich oder einen anderen dafür fordert, sich versprechen lässt oder annimmt, dass er einen anderen beim Bezug von Waren oder gewerblichen Leistungen bevorzuge, wird ... bestraft.“

368 *Tiedemann* in LK, § 299 Rn. 41.

369 Eine solcher Bezugspunkt wäre z.B. in einer solchen Formulierung deutlich geworden (wiederum wäre der § 299 Abs. 2 StGB spiegelbildlich auszugestalten):
„§ 299 Abs. 1 StGB
Wer als Angestellter oder Beauftragter eines geschäftlichen Betriebes im geschäftlichen Verkehr einen
Vorteil für sich oder einen Dritten in unlauterer Weise als Gegenleistung dafür fordert, sich versprechen lässt oder annimmt, dass er einen anderen bei dem Bezug von Waren oder gewerblichen Leistungen im Wettbewerb bevorzuge, wird ... bestraft.“

370 So auch *Tiedemann* in LK, § 299 Rn. 41 m.w.N.

371 So bereits *v. Harder*, GRUR 1967, 182, 183.

zung von regelkonformen und regelwidrigen Austauschgeschäften erreicht werden kann. Nur wenn es gelingt, eine Bedeutung des Merkmals der Unlauterkeit zu finden, die es vermag, die Grenze zwischen strafbaren und straflosen Handlungen überzeugend zu ziehen, kann der § 299 StGB de lege lata widerspruchsfrei interpretiert und gleichzeitig der Unrechtskern der Korruptionsvorschrift im privaten Sektor bestimmt werden.

bb) Systematische Auslegung in Bezug auf außenstehende Normen

Im Rahmen der systematischen Auslegung kann, neben der Systematik der Norm selbst, auch dessen Beziehung zu anderen Normen eine Rolle spielen. Dabei ergibt sich für den § 299 StGB eine Besonderheit dahingehend, dass der Kontext, in welchem die Norm verankert ist oder war, sich in dem Zeitraum des Bestehens der Norm verändert hat. Aufgrund dieser Änderungen ist zwischen der Rechtslage vor und nach der Verlagerung des § 12 UWG a.F. ins StGB im Jahre 1997 zu unterscheiden. Des Weiteren wird zu untersuchen sein, ob die seit dem Jahre 2000 voranschreitende Liberalisierung des Wettbewerbsrecht, welche mit den UWG-Novellen aus den Jahren 2004 und 2008 ihren vorläufigen Höhepunkt erreichte, Auswirkungen auf die systematische Verortung des § 299 StGB gehabt hat.

(1) Systematische Stellung der Angestelltenbestechung bzw. -bestechlichkeit im UWG 1909 bis zum Jahre 1997

Will man Rückschlüsse aus der systematischen Stellung des § 299 StGB auf die Auslegung des Merkmals der Unlauterkeit innerhalb des § 299 StGB ziehen, so ist zunächst die ursprüngliche Verortung der Norm der Angestelltenbestechung und –bestechlichkeit zu beachten. Wie bereits mehrfach erwähnt beruht der heutige § 299 StGB auf dem § 12 UWG a.F. Rückschlüsse aus der ursprünglich vom Gesetzgeber gewählten systematischen Verortung der Strafnorm gegen Angestelltenbestechung lassen sich also nur dann ziehen, wenn man den ursprünglichen systematischen Zusammenhang untersucht.

§ 12 UWG a.F. war eine unter mehreren Strafnormen im UWG 1909. Diese stellten grundsätzlich bestimmte, besonders wettbewerbsschädliche Verhaltensweisen unter Strafe. Diese Strafnormen enthielten Konstellationen, die zweifelsfrei unter die Generalklausel des § 1 UWG a.F. fielen. Der Gesetzgeber wollte also – der ultima ratio Funktion des Strafrechts folgend – nicht alle wettbewerbswidrigen Verhaltensweisen mit einer Strafdrohung versehen, sondern nur solche, die ein gesteigertes Unrecht aufweisen. Für alle anderen beließ es der Gesetzgeber bei den zivilrechtlichen Rechtsfolgen der §§ 13, 13a UWG a.F. Aus dieser systematischen Ausgestaltung lässt sich bereits ersehen, dass nur solche

Verhaltensweisen den Tatbestand einer Strafnorm des UWG erfüllen konnten, die auch gleichzeitig unter die Generalklausel des § 1 UWG zu subsumieren waren.

(a) Verhältnis des § 12 UWG a.F. zu den anderen Strafnormen des UWG

Aus dem Verhältnis des § 12 UWG a.F. zu den anderen Straftatbeständen lassen sich – zumindest in Bezug auf die Bedeutung der Unlauterkeit im Rahmen des § 12 UWG a.F. – keine Rückschlüsse ziehen. Das liegt zum Einen daran, dass die Straftatbestände in keinem Zusammenhang standen, sondern willkürlich durch den Gesetzgeber bestimmte Einzelfälle besonderer Wettbewerbsverstöße beschrieben. Ein inneres System lag den Straftatbeständen nicht zugrunde.[372]

Zum Anderen ist zu konstatieren, dass § 12 UWG a.F. die einzige Strafnorm des UWG darstellte, welche den Begriff der Unlauterkeit in seinem Text enthielt. Eine einheitliche (wettbewerbs-)strafrechtliche Interpretation des Merkmals der Unlauterkeit scheidet somit aus.

(b) Verhältnis des § 12 UWG a.F. zur Generalklausel

Aufschlussreicher ist jedoch das systematische Verhältnis des § 12 UWG a.F. zur Generalklausel des § 1 UWG a.F. Wie bereits dargelegt, umfasst die Generalklausel alle durch §§ 2 ff. UWG a.F. mit Strafe bedrohten Verhaltensweisen.

Ein weiterer interessanter systematischer Zusammenhang zwischen der Generalklausel des § 1 UWG und der Strafnorm des § 12 UWG a.F. bestand zudem darin, dass § 12 UWG als einzige Norm des UWG überhaupt den Begriff der Unlauterkeit enthielt, welcher ansonsten nur im Titel des Gesetzes vorkam. Jedoch wurde der in § 1 UWG a.F. enthaltene Begriff der Sittenwidrigkeit sowohl von der herrschenden Literaturauffassung als auch von der Rechtsprechung als Synonym für den Begriff der Unlauterkeit angesehen.[373] Es kann daher nicht überraschen, dass der Begriff der Unlauterkeit auch im Rahmen von § 12 UWG a.F. von der Rechtsprechung in eben diesem Sinne der Sittenwidrigkeit verstanden wurde. Die Rechtsprechung hat – entgegen der strafrechtlichen Literatur – stets betont, dass das Merkmal der Unlauterkeit als Sittenwidrigkeit zu verstehen sei.[374] So hat der BGH im Jahre 1977 ausgeführt: *„Denn unlauter im Sinn des*

---

372 So auch *Nestoruk*, Strafrechtliche Aspekte, S. 67 ff., der es jedoch zu unternehmen versucht, die einzelnen Tatbestände in Gruppen einzuteilen (ein Versuch der jedoch nicht überzeugend zu gelingen vermag).

373 Für viele vgl. *Schünemann* in Harte-Bavendamm/Henning-Bodewig, § 3 Rn. 115; *Ohly* in Piper/Ohly/Sonitza, Einf A Rn. 30 jeweils mit weiteren Nachweisen bezüglich dahingehender Rechtsprechung und Literatur.

374 Vgl. *Tiedemann* in LK, § 299 Rn. 41 m.w.N.

§ 12 UWG ist eine Bevorzugung, wenn sie gegen die guten Sitten im Sinn des § 1 UWG verstößt.“[375] Ähnlich klar drückte sich bereits das Reichsgericht in seiner berühmten Korkengeldentscheidung aus. Dort heißt es: *„Anhand der Entstehungsgeschichte des § 12 hat man unter ‚unlauterem‘ Verhalten ein Handeln gegen Treu und Glauben zu verstehen ... Demnach ist daran festzuhalten, dass ein Verhalten dann unlauter ist, wenn es dem Anstandsgefühl aller Billig- und Gerechtdenkenden des nach der Sachlage in Betracht kommenden Geschäftsbereiches widerspricht“.*[376] Die Rechtsprechung geht hier wie selbstverständlich davon aus, dass die Unlauterkeit im Rahmen von § 12 UWG a.F. einen Rückbezug auf den § 1 UWG a.F. enthielt.[377] Ein solcher Rückbezug bedeutet, dass die Bevorzugung in unlauterer Weise im Rahmen des § 12 UWG a.F. eine Bevorzugung sein musste, welche gegen die Norm des § 1 UWG a.F. verstieß. Obwohl die Rechtsprechung damit dem Merkmal der Unlauterkeit auf den ersten Blick eine eigenständige Funktion zusprach, führte diese Feststellung der Rückbezüglichkeit des Merkmals der Unlauterkeit regelmäßig nicht zu einem Tatbestandsausschluss aufgrund der Einhaltung der guten Sitten.[378] Zum einen fristete der § 12 UWG a.F. als Strafnorm ohnehin ein Schattendasein, sodass Verfahren wegen § 12 UWG a.F. selten waren.[379] Zum anderen ist zu konstatieren, dass die Rechtsprechung die Annahme der Sittenwidrigkeit nach § 1 UWG a.F. bei Vorliegen der Tatbestandsvoraussetzungen des § 12 UWG a.F. regelmäßig als gegeben ansah.[380] Für den Standardfall der Bestechung ergab sich die Unlauterkeit des Verhaltens des Angestellten aus der Orientierung an dem eigenen Vorteil[381] und der fehlenden Offenlegung gegenüber dem Geschäftsherrn. Mehr Begründungsaufwand betrieb die Rechtsprechung in Fällen entschleierter Schmiergelder. In solchen Fällen ergab sich die Sittenwidrigkeit nicht aus dem egoistischen Streben des Angestellten oder Beauftragten, da der Geschäftsherr der Vorteil-

375 BGH GRUR 1977, 619, 620.

376 RGSt 48, 291, 295.

377 So auch der BGH, GRUR 1977, 619, 620.

378 So z.B. im Korkengeldfall – RGSt.48, 291.

379 *Wollschläger*, Täterkreis, S. 1.

380 Zumindest soweit sie sich dazu überhaupt äußern musste. Da sich diese Problematik aufgrund der geringen praktischen Relevanz der Strafvorschrift des § 12 UWG zumeist in zivilrechtlichen Streitigkeiten stellte, konnte die Frage, ob § 12 UWG erfüllt sei, zumeist offen gelassen werden. Das lag daran, dass zumindest ein Verstoß gegen § 1 UWG a.F. vorlag, welcher bereits die angestrebten zivilrechtlichen Folgen mit sich brachte. Vgl. dazu die Ausführungen OLG Düsseldorf, GRUR, 1938, 619, 621.

381 Zu beachten ist, dass zu Zeiten des UWG 1909 nur der Angestellte oder Beauftragte selbst als Vorteilsempfänger in Betracht kam, da die Strafbarkeitsausweitung auf Drittvorteile erst später eingeführt wurde.

gewährung zugestimmt hat, die Bevorzugung im Wettbewerb von ihm also gebilligt wurde. Vielmehr bemühte die Rechtsprechung in solchen Fällen das Interesse der Allgemeinheit bzw. der Verbraucher an einer möglichst objektiven, zumindest nicht von dritter Seite erkauften Beratung der Verbraucher durch den Angestellten. Die Rechtsprechung machte zwar klar, dass die Verbraucher keine absolut objektive Beratung erwarten dürften, jedoch eine schützenswerte Erwartung dahingehend bestehe, dass von dritter Seite keine Beeinflussung der Beratungsleistung des Angestellten oder Beauftragten geschehe. Die Sittenwidrigkeit des bevorzugenden Handelns des beratenden Angestellten oder Beauftragten ergebe sich daher aus der Verletzung des schützenswerten Vertrauens der Beratenen.[382] Teilweise verwies die Rechtsprechung im Zusammenhang mit solchen Verkaufsfördermaßnahmen auch auf die Zugabeverordnung.[383] Die Zugabeverordnung regelte seit ihrem Erlass im Jahre 1932 bis zu ihrer Abschaffung im Jahre 2001 die Zulässigkeit von Zugaben auf allen Handelsstufen. Dabei regelte § 1 Abs. 1 S. 1 ZugabeVO, dass die Gewährung von Zugaben grundsätzlich unzulässig war. Nur in den geregelten Ausnahmefällen (§ 2 Abs. 2 ZugabeVO) war die Gewährung einer Zugabe zulässig. Da die Zugabeverordnung – genauso wie das Rabattgesetz – als Ergänzungen des UWG angesehen wurde, führte ein Verstoß gegen diese Regelwerke regelmäßig zur Unlauterkeit der Zugabegewährung.[384] Zwar bezieht sich die Unlauterkeit im Rahmen des § 12 UWG a.F. auf die Handlung des Angestellten oder Beauftragten und nicht auf die Gewährung der Zugabe (welche ja den Vorteil darstellte).[385] Jedoch lag es nahe anzunehmen, dass eine Bevorzugung, die allein aufgrund der Gewährung einer unerlaubten Zugabe getätigt wurde, ihrerseits sittenwidrig sein muss. Wenn es unter der Geltung der Zugabeverordnung schon dem Geschäftsinhaber verwehrt war, eine Zugabe zur Ware oder Dienstleistung anzunehmen, dann durfte auch der Angestellte oder Beauftragte sich von einer solchen Zugabe nicht leiten lassen und zwar unabhängig davon, ob der Geschäftsinhaber von dieser wusste oder nicht.

Die Rechtsprechung ging somit von einer Rückbezüglichkeit des Merkmals der Unlauterkeit in § 12 UWG a.F. aus. Diese Rückbezüglichkeit wirkte sich

---

382 So etwa OLG Düsseldorf, WRP 1979, 37, 38; BGH, GRUR 1971, 223, 225; BGH, GRUR 1977, 257, 258; OLG Stuttgart, BB 1974, 1265, 1266; OLG Düsseldorf, GRUR, 1938, 619, 620.

383 So etwa BGH, GRUR 1971, 223, 225; ebenso BGH, GRUR, 1959, 31, 32, wo aus dem fehelenden Verstoß gegen die ZugabeVO auf die Lauterkeit der Vorteilsgewährung (Weihnachtsgeschenk) geschlossen wird.

384 So die ganz herrschende Auffassung vgl. etwa KG, GRUR 1984, 605. Die Unlauterkeit konnte nur in Ausnahmefällen aufgrund der Gesamtumstände entfallen.

385 Zum Bezugspunkt der Unlauterkeit siehe ausführlich C. III. 1. b) aa).

jedoch normaler Weise nicht aus, da in den zu entscheidenden Fällen stets eine Unlauterkeit der Bevorzugung gegeben war.

In der Literatur führte diese Tatsache dazu, dass dem Merkmal der Unlauterkeit jegliche Funktion abgesprochen wurde und noch immer wird. So kamen unter der Geltung des UWG 1909 beide Ansichten zu dem gleichen Ergebnis, sodass die Unterschiede zwischen der herrschenden Literaturauffassung und der Rechtsprechungsansicht mit der Zeit verschwammen. Dieses Verschwimmen täuscht über den zwischen der Literatur und der Rechtsprechung bestehenden Begründungsunterschied hinweg. Während die Rechtsprechung die Rückbezüglichkeit des Merkmals erkannt hat (und somit bei Veränderungen im UWG diese sich eigentlich auch auf den Tatbestand der Angestelltenbestechung auswirken müssten), behandelte die Literatur das Merkmal der Unlauterkeit gar nicht mehr. Diese Vernachlässigung des Merkmals der Unlauterkeit durch die herrschende Meinung in der Literatur widerspricht jedoch der klaren Systematik des Gesetzes. Dieses nennt das Merkmal der Unlauterkeit. Es ist nicht erklärlich, warum ein Tatbestandsmerkmal überflüssiger Weise in einem Tatbestand enthalten sein soll. Vielmehr entspricht es auch der Gesetzgebungsgeschichte, dass das Merkmal dazu dient, die Anbindung an das Lauterkeitsrecht sicherzustellen. Dieser Funktion wird dadurch Rechnung getragen, dass aufgrund der Existenz des Merkmals der Unlauterkeit die (angestrebte) Bevorzugung gegen die Regeln des Wettbewerbsrechts verstoßen muss. Insoweit enthält das Merkmal einen Verweis auf die Normen des Wettbewerbsrechts.

Es bleibt festzuhalten, dass mit der Rechtsprechung das Merkmal der Bevorzugung einen Rückbezug auf die allgemeinen Regelungen des UWG im Besonderen und des Wettbewerbsrechts im Allgemeinen enthält. Dieser mag bis zum Jahre 1997 deshalb ohne größere Bedeutung gewesen sein, weil regelmäßig eine Unlauterkeit einer Bevorzugung aufgrund einer Vorteilsgewährung vorgelegen hat.[386] Jedoch muss diese Unlauterkeit der Bevorzugung im Rahmen des § 299 StGB stets positiv festgestellt werden. Insbesondere durch Veränderungen der wettbewerbsrechtlichen Regelungen sowie durch Erweiterungen der Strafnorm der Angestelltenbestechung könnte der Automatismus, welcher noch zu Zeiten des UWG 1909 sowie der Geltung der Zugabeverordnung existierte, aufgehoben werden und dem Merkmal der Unlauterkeit eine eigene Bedeutung zukommen. Ob und ggf. wie sich die verschiedenen Änderungen der Strafnorm sowie des Wettbewerbsrechts auf die Bedeutung des Unlauterkeitsmerkmals ausgewirkt haben, wird im Rahmen dieser Arbeit noch aufgezeigt werden.[387]

---

386 Dazu sowie zu der Frage, was in wieweit sich die Relevanz des Bezuges durch die Liberalisierung des Wettbewerbsrechts verändert hat, vgl. C. III. 1. b) bb) (2) (b).

387 C. III. 1. b) bb) (2) (b).

Die grundsätzliche systematische Funktion des Merkmals der Unlauterkeit bestand jedoch – zumindest bis zur Überführung in das StGB im Jahre 1997 – in einer Rückbezüglichkeit auf wettbewerbsschützende Normen.

(2) Systematische Stellung der Angestelltenbestechung und -bestechlichkeit seit dem Jahr 1997

Der ursprüngliche systematische Zusammenhang der Unlauterkeit im Rahmen der Angestelltenbestechung könnte sich jedoch im Laufe der Zeit aufgrund verschiedener gesetzgeberischer Maßnahmen verändert haben. Wesentliche Veränderungen stellten die Verlagerung des § 12 UWG a.F in das Kernstrafrecht sowie die Erweiterung des Tatbestandes auf sog. Drittvorteile bei gleichzeitiger Liberalisierung des Wettbewerbsrechts dar.

(a) Veränderungen durch die Verlagerung ins Kernstrafrecht im Jahre 1997

Im Jahre 1997 überführte der Gesetzgeber den Tatbestand der Angestelltenbestechung und –bestechlichkeit in das Kernstrafrecht. Mit dieser Überführung wollte der Gesetzgeber die Bedeutung dieses Tatbestandes in der Praxis und der wissenschaftlichen Literatur erhöhen und eine Schärfung des Bewusstseins für die Sozialschädlichkeit von korrupten Verhaltensweisen in der Wirtschaft fördern.[388] Im Wege dieser Überführung tauschte der Gesetzgeber die Reihenfolge der Strafnormen und stellte nunmehr die passive Bestechung der aktiven voran. Dabei orientierte sich der Gesetzgeber an dem Vorbild der §§ 331 ff. StGB. Die Veränderung vom absoluten zum relativen Antragsdelikt diente ebenfalls der Erhöhung der praktischen Bedeutung der Norm. Zudem wurde die Strafdrohung des Regelstrafrahmens auf bis zu drei Jahre erhöht.

Alle diese Veränderungen sollten jedoch nach dem klaren Willen des Gesetzgebers an der engen Verknüpfung der Strafnorm mit dem UWG nichts ändern.[389] So heißt es in der Gesetzesbegründung, dass bei der Auslegung der Tatbestandsmerkmale *„der Zusammenhang mit den Regelungen des UWG zu berücksichtigen“*[390] sei.

Zwar ist der gesetzgeberische Wille nicht notwendig und in jedem Fall zu berücksichtigen. Jedoch ergeben sich aus der Verschiebung der Norm in das Kernstrafrecht aus dem systematischen Zusammenhang der Norm keine veränderten Schlussfolgerungen. Das zeigt sich zum Einen daran, dass der neu geschaffene § 299 StGB im 26. Abschnitt eingeordnet wurde, welcher laut amtli-

388 BT-Drucks. 12/5584, S. 15.

389 So auch *Tiedemann* in LK, Vor § 298 Rn. 4; *Gercke/Wollschläger*, wistra 2008, 5.

390 Begründung des RegE BT-Drucks. 13/5584.

cher Überschrift ausdrücklich Straftaten gegen den Wettbewerb enthält.[391] Zum anderen ist der Begriff der Unlauterkeit dem deutschen Kernstrafrecht fremd. Der Gesetzgeber hat bei der Überführung ins Kernstrafrecht davon abgesehen, den Begriff der Unlauterkeit beispielsweise durch den Begriff der Pflichtwidrigkeit zu ersetzen und dadurch einen dem deutschen Strafrecht bekannten Terminus zu verankern. Durch eine solche – grundsätzlich mögliche – Änderung hätte der Gesetzgeber verdeutlicht, dass der Bezug zum Wettbewerbsrecht durch einen neuen Bezug zur Pflichtwidrigkeit im Innenverhältnis zwischen Angestellten und Geschäftsinhaber ersetzt und damit das Geschäftsherrenmodell eingeführt werden sollte. Der bewusste Verzicht auf eine solche Änderung zeigt, dass der gesetzgeberische Wille, die Norm der Angestelltenbestechung weiter als eine Strafnorm des Wettbewerbsrechts anzusehen, Ausdruck im Gesetzestext gefunden hat.

Ein Bezug zum Wettbewerbsrecht besteht also auch nach Überführung der Angestelltenbestechung ins Kernstrafrecht laut des ausweislichen Willens des Gesetzgebers fort. Insofern hat die Überführung der Norm im Jahre 1997 keine Veränderung der systematischen Bedeutung des Merkmals der Unlauterkeit mit sich gebracht. Auch nach Überführung der Norm in das Kernstrafrecht besteht die systematische Funktion des Merkmals der Unlauterkeit der Bevorzugung im Rahmen von § 299 StGB in einem Rückbezug auf die Normen des Wettbewerbsrechts.[392]

(b) Veränderungen durch die Erweiterung des Tatbestandes auf Drittvorteile bei gleichzeitiger Liberalisierung des Wettbewerbsrechts

Eine Veränderung der systematischen Funktion des Merkmals der Unlauterkeit der im Rahmen einer Tat nach § 299 StGB erstrebten Bevorzugung könnte sich jedoch daraus ergeben, dass der Gesetzgeber in den Jahren nach 1997 auf der einen Seite die Strafnorm der Angestelltenbestechung ausgeweitet und auf der anderen Seite das Wettbewerbsrecht liberalisiert[393] hat.[394]

391 Die Aussagekraft von amtlichen Überschriften ist unstreitig, vgl. dazu nur *Wank*, Auslegung, S. 55.

392 So auch *Rudolphi* in SK, § 299 Rn. 8.

393 Zu den einzelnen Schritten dieser Liberalisierungstendenzen vgl. *Sosnitza* in MüKo-UWG, Vor § 1 Rn. 21 ff.

394 Dass eine Veränderung der Wortbedeutung eines juristischen Wortes aufgrund von Veränderungen anderer Gesetze und Rechtswertungen möglich ist, wird sowohl von Vertretern der objektiven sowie Vertretern der subjektiven Auslegungstheorie nicht bestritten, vgl. *Wank*, Auslegung, S. 55.

Ob die Einführung der Drittvorteile überhaupt irgendeine Änderung der Rechtslage bewirkte oder nur klarstellende Funktion besaß, ist bis heute umstritten.[395] Die einzig mögliche Änderung ist jedoch die Ausweitung des potentiellen Empfängerkreises. Auf die Funktion des Merkmals der Bevorzugung in unlauterer Weise hatte diese Erweiterung somit keinen Einfluss.

Auch die – zum Teil ganz erheblichen – Veränderungen im Wettbewerbsrecht, insbesondere die Aufhebung des Rabattgesetzes und der Zugabeverordnung sowie die UWG-Reformen 2004 und 2008 haben die Funktion des Merkmals der Unlauterkeit im Rahmen des § 299 StGB nicht verändert. Dass sich die Normen, auf die zurückverwiesen wird, verändert haben, lässt die generelle Funktion der Unlauterkeit unberührt. Dass sich durch eine solche Änderung die Bedeutung des Merkmals für bestimmte Fallkonstellationen verändert, da die in Bezug genommenen Normen nunmehr einen veränderten Inhalt aufweisen, wird noch zu zeigen sein.[396] Diese veränderten Auswirkungen haben jedoch auf die Funktion, welche das Merkmal der Unlauterkeit im Rahmen des § 299 StGB erfüllt, keinen Einfluss.

Während also die Änderungen der wettbewerbsrechtlichen Rechtslage sowie die Ausweitung der Strafnorm des § 299 StGB die Bedeutung des Merkmals zu ändern in der Lage sind, ist eine Veränderung der Funktion des Merkmals, welche sich aus dem engen systematischen Zusammenhang der Strafnorm mit dem Wettbewerbsrechts ergibt, nicht vorgenommen worden.

(c) Zusammenfassung

Die systematische Funktion des Merkmals der Unlauterkeit im § 299 StGB besteht in einem Rückbezug auf die Normen des Wettbewerbsrecht. Ein solcher Rückbezug führt zu einer Wettbewerbsrechtsakzessorietät des § 299 StGB. Die Bevorzugung muss in unlauterer Weise vorgenommen werden, mithin eine Wettbewerbshandlung darstellen, die gegen wettbewerbsschützende Normen verstößt.[397] Diese Funktion wurde zumindest bis 1997 von der Rechtsprechung anerkannt. Die Frage, auf welche Normen das Merkmal der Unlauterkeit verweist, kann nur unter Berücksichtigung des Zwecks dieses Rückbezuges ermittelt werden. Zunächst muss daher anhand teleologischer Auslegung des Merkmals der Bevorzugung in unlauterer Weise untersucht werden, welche Normenkomplexe als Bezugspunkt für den durch das Merkmal der Unlauterkeit vorge-

395 Zu dieser Frage siehe *Wolter*, JuS 1998, 1100, 1103 und 1105.

396 Vgl. dazu C. IV.

397 Zur Frage, ob es allein bei einer solche Akzessorietät bleibt, oder das Merkmal der Unlauterkeit den Tatbestand des § 299 StGB zu einem Blanketttatbestand macht, siehe C. IV. 1. b).

nommenen Rückbezug in Betracht kommen. Nachdem dadurch die Normenkomplexe ermittelt wurden, welche die betreffenden Normen enthalten können, werden im Anschluss die einzelnen Normen benannt, die zur Unlauterkeit der Bevorzugung im Sinne des § 299 StGB führen.

c) *Auslegung nach der Funktion (dem Sinn und Zweck) des Merkmals der Unlauterkeit*

Nachdem festgestellt wurde, dass sich aus der Systematik des Gesetzes ergibt, dass die Funktion des Merkmals der Unlauterkeit der Bevorzugung im Rahmen des § 299 StGB in einem Rückbezug auf Normen des Wettbewerbsrechts besteht, soll im Folgenden untersucht werden, welche Normenkomplexe dieser Rückbezug im Einzelnen umfasst. Eine solche Bestimmung ist nur unter Berücksichtigung des Wesens der Korruption möglich. Wie bereits dargestellt, besteht das Wesen der Korruption im regelwidrigen Tausch.[398] Es geht also darum zu ermitteln, welche Normen den Tausch als regelwidrig bestimmen können. Nur auf diese Art von Normen kann sich der systematische Rückbezug des Merkmals der Unlauterkeit sinnvoller Weise beziehen.

Zurückkehrend zu dem Wesen der Korruption als regelwidriger Tausch, stellt sich die Frage, welchem Regelungsbereich oder welchen Regelungsbereichen die Regeln zu entnehmen sind, die Korruption vom regelkonformen Tausch unterscheiden. Eines ist bereits im Rahmen der systematischen Auslegung deutlich geworden: es muss sich um Regeln handeln, die bestimmte Wettbewerbshandlungen als unlauter bezeichnen und zwar solche, welche von Angestellten oder Beauftragten vorgenommen oder beeinflusst werden und die zu Bevorzugungen im Wettbewerb führen können. Letzteres ergibt sich aus dem dargestellten Bezugspunkt der Unlauterkeit.

aa) *Mögliche Regelungskomplexe*

Will man die passenden Regelungskomplexe beleuchten und auf ihre Tauglichkeit zur Begründung einer Unlauterkeit der Bevorzugung überprüfen, so muss man zwischen verschiedenen Normtypen unterscheiden. *Volk* nennt zutreffend die drei Gruppen von Normtypen, deren Regeln theoretisch für die Bestimmung der Unlauterkeit der Bevorzugung (und damit der Regelwidrigkeit des Tausches) zur Verfügung stehen. Dabei handelte es sich um die Innen-, die Vertrags- und die Außenregeln.[399]

---

398 Vgl. dazu bereits C. I.

399 *Volk* in GS Zipf, S. 419.

(1) Innenregeln

Mit dem Begriff der Innenregeln sollen diejenigen Regeln bezeichnet werden, die aufgrund des Arbeitsvertrages oder des Beauftragtenverhältnisses zwischen dem Geschäftsinhaber und dem Angestellten oder Beauftragten bestehen.[400] Diese ergeben sich regelmäßig aus dem Vertragsverhältnis zwischen dem Geschäftsinhaber und dem Angestellten oder Beauftragten. Nur in den Ausnahmefällen der behördlichen oder gerichtlichen Beauftragung ergeben sich diese Innenregeln aus dem Gesetz.[401]

Diese Innenregeln beschreiben die Rechte und Pflichten des Angestellten bzw. Beauftragten. Da es eben dieser ist, der die Bevorzugung vornehmen muss, könnte sich eine Regelwidrigkeit aufgrund der Innenregeln aus einer Verletzung der Verpflichtungen des Angestellten oder Beauftragten ergeben. Nun stellt sich jedoch die Frage, ob eine solche Verletzung der Pflichten aus dem Innenverhältnis tatsächlich zur Unlauterkeit der bevorzugenden Handlung des Angestellten oder Beauftragten führt. Hier erheben sich die gleichen Zweifel, die auch schon gegen das Hineinlesen des Geschäftsherrenmodells in den Tatbestand vorgebracht wurden.[402] Der Gesetzgeber hat sich bewusst nicht für die Formulierung einer pflichtwidrigen Bevorzugung entschieden. Der Begriff der Unlauterkeit sollte eine Unabhängigkeit der Strafbarkeit von Pflichtverletzungen im Innenverhältnis klarstellen.[403] Aus diesem Grund wurde der Begriff der Unlauterkeit dem Begriff der Pflichtwidrigkeit vorgezogen.[404] Der vom Gesetzgeber gewählte Begriff der Unlauterkeit ist vielmehr dem UWG entnommen. Eine Begründung der Unlauterkeit aufgrund von Verletzungen reiner Innenregelungen innerhalb einer Betriebssphäre ist dem UWG jedoch fremd.[405]

Insofern lässt sich eine Unlauterkeit der Bevorzugung und damit die Regelwidrigkeit des Tausches nicht durch den Verweis auf die Verletzung von Innenregeln begründen.[406]

---

400 Diese Begrifflichkeit orientiert sich an den Ausführungen Volks, vgl. dazu *Volk* in GS Zipf, S. 419, 422.

401 Beispiel eines gerichtlich Beauftragungen ist etwas der vom Gericht bestellte Insolvenzverwalter, vgl. dazu und zu weiteren Beispielen *Heine* in Schönke/Schröder, § 299 Rn. 8; ebenfalls *Tiedemann* in LK, § 299 Rn. 17 mwN.

402 Vgl. dazu bereits B. II.

403 RT-Drucks. 1390, S. 8465.

404 Vgl. ausführlich zur Gesetzgebungsgeschichte und der Diskussion über die Einführung des Begriffs der Unlauterkeit anstatt des zunächst vorgeschlagenen Terminus der Pflichtwidrigkeit *Ulbricht*, Bestechung, S. 105 ff.

405 *Bürger*, wistra 2003, 130, 133.

406 Wie hier auch *Volk* in GS Zipf, S. 419, 426; *Pragal*, Korruption, S. 139; *Ulbricht*, Bestechung, S. 107.

(2) Vertragsregeln

Die Vertragsregeln stellen diejenigen Regelungen dar, die zwischen dem Vorteilgeber und dem Angestellten bzw. Beauftragten vereinbart werden. Es handelt sich also um die Vertragsregeln der Unrechtsvereinbarung. Dass eine Verletzung der Vereinbarungen zwischen dem Angestellten oder Beauftragtem und dem Vorteilgewährenden die Unlauterkeit nicht begründen können, liegt auf der Hand. Das folgt schon daraus, dass im Regelfall der Bestechung gerade diese Vereinbarungen eingehalten werden. Man könnte zwar daran denken, dass der Vertrag selber eine Aufforderung zum Vertragsbruch (gegenüber dem Geschäftsherrn) zum Inhalt habe. Das würde jedoch nur bedeuten, dass der Vertrag als solcher ggf. unlauter sein kann. Ein Verstoß gegen die im Vertrag festgelegten Verpflichtungen kann die Unlauterkeit der Bevorzugung durch den Angestellten oder Beauftragten jedoch nicht begründen. Im Falle der Einhaltung der (Unrechts-)Vereinbarung entsteht nämlich gerade die größte Gefahr für das Rechtsgut. Es wäre geradezu kontraproduktiv, eine Unlauterkeit der Bevorzugung aus der Verletzung der Vertragsregeln der Unrechtsvereinbarung herzuleiten. Insofern vermögen Verstöße gegen die Vertragsregeln in keiner Weise eine Unlauterkeit der Bevorzugung herbeizuführen.

(3) Außenregeln

Zuletzt kann erwogen werden, die Unlauterkeit mittels des Regelungskomplexes der sog. Außenregeln zu begründen. Damit sind diejenigen Regeln gemeint, welche weder das Verhältnis von Geschäftsinhaber zum Angestellten oder Beauftragten noch das Verhältnis vom Vorteilgeber zum Angestellten oder Beauftragten betreffen. Dabei handelt es sich um diejenigen Regeln, welche das Verhältnis der Beteiligten zu Dritten regeln. Außenregeln sind also nur solche, welche Drittschutz bezwecken. Dabei meint Drittschutz den Schutz von nicht an der Unrechtsvereinbarung oder dem Angestellten- bzw. Beauftragtenverhältnis Beteiligten. Als geschützte Dritte in diesem Sinne kommen – da es bei § 299 StGB um den Schutz des Wettbewerbs und dessen Teilnehmer geht – in erster Linie Marktteilnehmer, also insbesondere Mitbewerber und Verbraucher in Betracht.

Bei diesen Außenregelungen geht es demnach um Normen, die „die Freiheit des Wettbewerbs“[407] schützen, „insbesondere das Wettbewerbsrecht“[408]. Schon der Bezugspunkt, den der historische Gesetzgeber für den Begriff der Unlauterkeit gewählt hat, spricht dafür, die Außenregeln als maßgeblich bei der Bestim-

---

407 *Volk* in GS Zipf, S. 419, 422.

408 *Pragal*, Korruption, S. 139.

mung der Regelwidrigkeit des Tausches anzusehen. Die Bevorzugung ist es, die – anders als der Vorteil – sich unmittelbar auf außerhalb der Korruptionsbeziehungen stehende Personen auswirkt. Erst die Bevorzugung kann zu einer Benachteiligung von Marktteilnehmern sowie Verbrauchern führen. Insofern legt die Verbindung der Unlauterkeit mit der Bevorzugung im Wettbewerb nahe, dass die Regeln, die eine Unlauterkeit ausmachen, gerade auch andere am Markt teilnehmende Personen betrifft. Nicht nur die Inbezugnahme der Bevorzugung, sondern auch die gewählte Terminologie spricht für diese These. Der Begriff der Unlauterkeit stammt – ebenso wie die Norm des § 299 StGB – aus dem UWG. Dieses enthält jedoch ausschließlich Regelungen, die Außenmaßnahmen von Unternehmen betreffen. Rein intern wirkende Handlungen werden von den Regelungen des UWG nicht erfasst. Das zeigt sich schon daran, dass die (sog. große) Generalklausel des § 3 Abs. 1 UWG eine spürbare Beeinträchtigung der Interessen von Mitbewerbern, Verbrauchern oder sonstigen Marktteilnehmern voraussetzt.

Somit spricht die Begrifflichkeit „Unlauterkeit" sowie die ursprüngliche Verankerung der Strafnorm der Angestelltenbestechung im UWG[409] dafür, dass es Verstöße gegen Außenregeln sind, welche die Regelwidrigkeit des Tausches bei Korruptionstaten ausmachen.

(4) Zwischenergebnis

Es wurde festgestellt, dass das Wesen der Korruption nur dann in hinreichender Weise durch § 299 StGB bestimmt wird, wenn dieser auch die Regelwidrigkeit zu bestimmen vermag, welche eine korrupte Handlung vom wirtschaftlich gewollten Tausch abgrenzt. Diese Abgrenzungsfunktion kann nur über das Tatbestandsmerkmal der Bevorzugung in unlauterer Weise geschehen. Die Unlauterkeit ist das einzige Merkmal, welches das Potential enthält die Regelwidrigkeit des Tausches zu konkretisieren.[410] Die Unlauterkeit bezieht sich ausdrücklich auf die Bevorzugung im Wettbewerb. Als der relevante Normentypus, welcher eine Wettbewerbshandlung in Form einer Bevorzugung unlauter erscheinen lassen kann, haben sich allein die Außenregeln herausgestellt. Außenregeln sind Normen, die nicht allein die an der Unrechtsvereinbarung oder an dem Beauftragten-/Angestelltenverhältnis Beteiligten betreffen, sondern (zumindest auch) dem Schutz Dritter dienen. Dabei muss bei der Bestimmung der zu schützenden Dritten der Schutzzweck der Angestelltenbestechung berücksichtigt werden.

409 Dieser Bezug sollte durch die Überführung ins StGB auch nicht beseitigt werden. Vielmehr hat der Gesetzgeber ausdrücklich festgestellt, dass der Bezug zum UWG weiterhin in gleicher Weise fortbestehen sollte, siehe FN 399.

410 Ähnlich auch *Rönnau*, StV 2009, 302, 304.

Dieser besteht in dem Schutz des fairen Wettbewerbs sowie (daneben, reflexartig oder sekundär) der Mitbewerber und Verbraucher sowie ggf. anderer Marktteilnehmer.[411] Es bleibt jedoch die Aufgabe, diejenigen (Außen-)Normen zu bestimmen, welche einen solchen Drittschutz vermitteln und somit zur Unlauterkeit einer Bevorzugung im Wettbewerb führen können.

bb) Welche Art von Außenregeln können die Unlauterkeit begründen?

Nachdem festgestellt wurde, dass die Regelwidrigkeit, die einen Austausch korrupt werden lässt, sich aus Verstößen gegen Außenregeln ergibt, ist sodann zu untersuchen, welche Außenregelungen für eine solche Begründung der Regelwidrigkeit in Betracht kommen. Dabei stellt sich zunächst die Frage, welche Regelwerke entsprechende Regeln enthalten. Wie bereits festgestellt, handelt es sich bei Korruption im Kern um die Hervorrufung einer rechtlich nicht gewollten Bevorzugung im Wettbewerb durch eine Vorteilgewährung. Insofern ist nach Normen zu suchen, welche zumindest auch die Freiheit der Entscheidungsfindung von Beeinflussungen in Form von Vorteilsversprechen schützen sollen.[412]

Bevor untersucht wird, ob bestimmte einzelne Normen eben diese Funktion übernehmen können, soll zunächst überlegt werden, welche Gesetze ihrem Zweck und ihrer Funktion nach entsprechende Normen enthalten können. Dabei werden die Gesetze zur Regelung von Wettbewerbshandlungen darauf untersucht, ob sie solche auch in Hinblick auf deren Zustandekommen und deren Wirkung für Dritte regeln sollen und dieses zum Zwecke des Schutzes des Wettbewerbs bzw. der Marktteilnehmer tun. Nachdem auf diese Weise eine Eingrenzung der in Frage kommenden Regelungskomplexe erreicht wurde, sollen im Anschluss die einzelnen Normen ausfindig gemacht werden, deren Verletzung die Unlauterkeit der Bevorzugung im Sinne des § 299 StGB herbeizuführen vermag.

(1) UWG-Normen

Als Quelle für unlauterkeitsbegründende Normen liegt zunächst das UWG nahe. Das Gesetz gegen den unlauteren Wettbewerb erscheint schon deshalb als sinnvolle Quelle für Normen, aus denen sich die Unlauterkeit einer Wettbewerbshandlung ergibt, weil der Begriff der Unlauterkeit aus diesem Gesetz stammt. Aber auch die Herkunft der Norm der Angestelltenbestechung aus § 12 UWG a.F. spricht dafür, dass die Unlauterkeit sich zumindest auch aus Normen des

411 Dazu bereits oben A. I. 1.

412 So auch *Volk* in GS Zipf, S. 419, 422.

UWG ergeben kann. Wie aufgezeigt wurde, spricht auch die Gesetzessystematik dafür, dass der Begriff der Unlauterkeit Bezug nimmt auf die Bestimmung der Unlauterkeit in den §§ 1 ff. UWG.[413]

Letztlich entscheidend dafür, dass ein Gesetz Außenregeln enthält, welche bevorzugende Wettbewerbshandlungen als unlauter im Sinne des § 299 StGB qualifizieren, ist jedoch allein die Zielrichtung des Gesetzes. Das UWG verfolgt ausweislich § 1 UWG den Zweck, Marktteilnehmer vor unlauteren geschäftlichen Handlungen (§ 1 S. 1 UWG) sowie gleichzeitig das Interesse der Allgemeinheit an einem unverfälschten Wettbewerb (§ 1 S. 2 UWG) zu schützen. Der Schutz, der durch das UWG erreicht werden soll, bezieht sich also auf Mitbewerber, Verbraucher sowie sonstige Marktteilnehmer als (juristische oder natürliche) Personen und auf den (lauteren oder fairen) Wettbewerb als Institution.[414] Das von § 299 StGB geschützte Rechtsgut ist ebenfalls der Wettbewerb als solcher sowie dessen Marktteilnehmer, insbesondere die Mitbewerber und der Geschäftsherr.[415] Die Schutzrichtung des UWG schützt damit die von § 299 StGB geschützten Rechtsgüter, geht jedoch in seinem Schutz darüber hinaus. Dabei findet das UWG grundsätzlich nur auf „Wettbewerbshandlungen" oder – seit der UWG-Reform von 2008 – auf sog. „geschäftliche Handlungen" Anwendung.[416] Das UWG bestimmt demnach die Lauterkeit oder die Unlauterkeit von geschäftlichen Handlungen, mithin Handlungen im Wettbewerb. Das UWG ist also eine Rechtsquelle, welche Außenregeln enthält, die eine Unlauterkeit einer Bevorzugung im Wettbewerb herbeiführen können.[417]

Das UWG ist zwar das einzige Gesetz, welches Wettbewerbshandlungen ausdrücklich als unlauter qualifiziert. Daraus alleine kann jedoch nicht zwingend geschlossen werden, dass die Unlauterkeit eine Bevorzugung im Sinne des § 299 StGB nur durch Verstöße gegen UWG-Normen begründet werden kann. Das liegt einerseits daran, dass auch andere Gesetze darauf abzielen, den Wettbewerb und dessen Teilnehmer zu schützen. Zudem eröffnet das UWG durch die Fallgruppe des Vorsprungs durch Rechtsbruch, welche heute ausdrücklich in § 4 Nr. 11 UWG geregelt ist, ein Einfallstor für eine Unlauterkeitsbegründung aufgrund von Verstößen gegen Normen anderer Regelungskomplexe, soweit diese

---

413 Siehe dazu auch C. III. 1. b).

414 Ausführlich zu der Schutzrichtung des UWG vgl. *Emmerich*, Unlauterer Wettbewerb, 1. Kapitel § 3 Rn. 1 ff.

415 Vgl. zum Rechtsgut des § 299 StGB bereits A. I. 1.

416 Vgl. zu den Begriffen der Wettbewerbshandlung sowie der geschäftlichen Handlung und deren Bedeutung *Emmerich*, Unlauterer Wettbewerb, 1. Kapitel § 4 Rn. 1.

417 So wohl nunmehr auch *Tiedemann* in FS Rissing-van Saan, S. 685, 690; ebenso Dannecker in NK, Vor § 298 ff Rn. 18: *„Diese Generalklausel kann durch Rückgriff auf die Fallgruppen der §§ 4 ff UWG konkretisiert werden."*

Normen einen sog. sekundär wettbewerbsschützenden Charakter aufweisen.[418] Diese Norm zeigt, dass auch die Verletzung von Normen außerhalb des UWG zur Unlauterkeit führen kann. Insofern bleibt zu untersuchen, welche anderen Gesetze als Rechtsquellen für Außenregeln in Frage kommen, die eine Unlauterkeit der Bevorzugung im Sinne des § 299 StGB begründen können. Grundvoraussetzung dafür, dass ein Gesetz unlauterkeitsbegründende Außenregeln enthält, ist, dass es Normen enthält, welche über das Einfallstor des § 4 Nr. 11 UWG eine Handlung als unlauter qualifizieren können.

(2) GWB-Normen

Als weiteres wettbewerbsschützendes Gesetz kommt das Gesetz gegen Wettbewerbsbeschränkungen (GWB)[419] in Betracht. Das GWB dient, wie das UWG, dem Schutz des Wettbewerbs. Das GWB enthält das sog. Kartellrecht, dessen Aufgabe es ist, Wettbewerbsbeschränkungen zu verhindern.[420] Zwar wird das GWB häufig als Verfassungsrecht der Wirtschaft bezeichnet. Diese Bezeichnung darf jedoch nicht dazu verleiten, dem GWB gegenüber anderen, die Wirtschaft regelnden Gesetzen eine herausgehobene Stellung zuzusprechen.[421] Vielmehr manifestiert das GWB Wettbewerbsregeln auf gleicher Ebene mit dem UWG.[422] Teilweise kann es auch zu Überschneidungen in den Anwendungsbereichen kommen. Es handelt sich dabei somit um sich ergänzende Regelungen zum Schutze des Wettbewerbs.[423] Das UWG und das GWB schützen beide den Wettbewerb sowie die daran teilnehmenden bzw. davon profitierenden Personen. Aufgrund dieses „Funktionszusammenhangs“[424] erscheint es möglich, dass auch das GWB Normen enthält, die eine Unlauterkeit einer Bevorzugung im Wettbewerb begründen können. Auch ist der Begriff der Lauterkeit dem GWB nicht fremd, wie etwa § 24 Abs. 2 GWB zeigt.

Auf den zweiten Blick zeigt sich jedoch, dass das GWB eine andere Zielrichtung aufweist als das UWG. Das GWB unterscheidet sich vom UWG wesentlich nicht in seinem Schutzgegenstand[425] (Wettbewerb und Marktteilnehmer), sondern in seiner Zielrichtung.[426] Das GWB setzt nicht bei der einzelnen

418 Zum Begriff siehe *Ohly* in Piper/Ohly/Sosnitza, § 4 Rn. 11/5 und 11/14 ff.

419 Das GWB wird auch oft als Kartellgesetz bezeichnet. Hier soll jedoch aus Gründen der Klarheit der gesetzliche Begriff des GWB gebraucht werden.

420 *Bechtold* in Bechtold/Otting, Einführung, Rn. 40.

421 So auch *Bechtold* in Bechtold/Otting, Einführung, Rn. 39.

422 *Köhler*, WRP 2005, 645, 646 f.

423 *Köhler*, WRP 2005, 645.

424 *Köhler* in Köhler/Bornkamm, Einl. Rn. 6.12.

425 Vielmehr schützen sie beide den Wettbewerb, vgl. *Köhler*, WRP 2005, 645, 646.

426 So auch *Koos/Menke/Ring,* Praxis des Wettbewerbsrechts, Rn. I/74.

Handlung eines Marktteilnehmers an und erklärt diese für unlauter, sondern dient der „Sicherung wettbewerblicher Strukturen“[427]. Das GWB schützt den Wettbewerb somit aufgrund wirtschaftspolitischer Gesichtspunkte vor wettbewerbsbeschränkenden Vereinbarungen, Beschlüssen oder abgestimmten Verhaltensweisen von Marktteilnehmern (§§ 1-3 GWB) sowie vor dem Missbrauch von marktbeherrschenden Stellungen innerhalb eines Marktes (§§ 19-21 GWB). Letztlich besteht das Ziel des Kartellrechts darin, Machtkonzentrationen zu verhindern oder deren Bestehen mittels bestimmter Regeln durch Schaffung eines „Als-Ob-Wettbewerbs“[428] in einer Weise zu regulieren, welche wirtschaftspolitisch gewollte Ergebnisse erzielt. Es geht somit dem GWB vor allem um Strukturkontrolle oder Strukturregulierung des Wettbewerbs und nicht um die Sicherstellung der Lauterkeit einzelner Wettbewerbshandlungen. Ein Verstoß gegen eine Norm des Kartellrechts führt ebenso wenig zu der Unlauterkeit der Handlung, wie ein Verstoß gegen eine UWG-Norm einen Kartellrechtsverstoß begründet.[429] Die Normen des GWB stellen somit zwar Außenregeln dar, ein Verstoß gegen diese Normen führt jedoch nicht zu Unlauterkeit einer Wettbewerbshandlung, sondern zu einem Kartellrechtsverstoß. Insofern kommen rein kartellrechtliche Normen als Regeln, die eine Bevorzugung im Wettbewerb unlauter und damit den Tausch zwischen dem Angestellten/Beauftragten und dem Vorteilgeber korrupt erscheinen lassen, nicht in Betracht.[430]

(3) BGB-Normen

Als weiterer im Wirtschaftsverkehr relevanter Normenkomplex ist das BGB zu nennen. Dabei muss zwischen dem Vertragsrecht auf der einen und dem Deliktsrecht auf der anderen Seite unterschieden werden.[431]

(a) Vertragsrecht

Das Vertragsrecht stellt die Grundlage wirtschaftlichen Handelns dar. Insofern besteht ein enger Bezug des Vertragsrechts zum Wettbewerbsrecht. Jedoch ent-

---

427 *Köhler* in Köhler/Bornkamm, Einl. Rn. 6.12.

428 *Bechtold* in Bechtold/Otting, Einführung Rn. 45.

429 Das gilt auch für die Verstöße gegen §§ 19 ff. GWB, vgl. *Köhler* in Köhler/Bornkamm, Einl. Rn. 6.13 ff. („Die Unlauterkeit eines Verstoßes gegen das Missbrauchsverbot lässt sich daher nur aus den Wertungen des Lauterkeitsrechts selbst begründen, aber nicht aus dem Kartellrecht ableiten.“ Rn. 6.18).

430 So ausdrücklich auch *Tiedemann* in FS Rissing-van Saan, S. 685, 694 u. 698.

431 Die übrigen Bücher des BGB, das Sachenrecht, das Familienrecht sowie das Erbrecht enthalten offensichtlich keine wettbewerbsschützenden Außennormen und bleiben daher bei der weiteren Untersuchung unberücksichtigt.

hält das Vertragsrecht des BGB ganz überwiegend Regelungen, die allein eine inter partes Wirkung entfalten. Es handelt sich also um Normen, welche Rechtswirkungen allein für die an dem betreffenden Rechtsgeschäft beteiligten Personen zeitigen. Insofern enthält das Vertragsrecht des BGB zum ganz überwiegenden Teil keine Außennormen. Solche zeichnen sich ja gerade dadurch aus, dass sie Dritte vor Handlungen anderer schützen sollen. Aufgrund der Relativität von Schuldverhältnissen besitzen die Normen des Schuldrechts grundsätzlich keinen solchen drittschützenden Charakter. Im Schuldrecht kommen allein die Normen §§ 134, 138 BGB[432] sowie die Normen des sog. Verbraucherprivatrechts als potentiell unlauterkeitsbegründende Außennormen in Betracht. Diese sollen im Folgenden auf ihre Tauglichkeit in Bezug auf die Begründung einer Unlauterkeit im Sinne des § 299 StGB untersucht werden:

(aa) § 138 BGB als unlauterkeitsbegründende Außennorm?

Die Norm des § 138 Abs. 1 BGB regelt, dass Rechtsgeschäfte nichtig sind, die gegen die guten Sitten verstoßen. Sie zeitigen keinerlei Rechtswirkung. Die Annahme, dass es sich hierbei um eine unlauterkeitsbegründende Außennorm handelt, könnte zunächst darauf gestützt werden, dass die Rechtsprechung die Unlauterkeit stets auch mit der Sittenwidrigkeit gleichgesetzt hat. Allerdings würde eine solche Argumentation übersehen, dass sich die Rechtsprechung dabei nicht auf § 138 BGB, sondern auf § 1 UWG a.F. bezogen hat. Die Sittenwidrigkeit im Rahmen des § 1 UWG a.F. wurde jedoch anders bestimmt als die Sittenwidrigkeit im Rahmen des § 138 BGB.[433] Eine pauschale Annahme, dass ein Verstoß gegen § 138 BGB auch eine Unlauterkeit nach sich zieht, ist demnach verfehlt. Vielmehr regelt § 138 BGB als Norm des Schuldrechts grundsätzlich Verhältnisse von Vertragsparteien. § 138 BGB dient damit zunächst dem Schutz von Vertragsparteien vor sittenwidrigem Verhalten untereinander. Dass in dieser Konstellation der Schwerpunkt der Norm liegt, zeigt bereits der in § 138 Abs. 2 BGB geregelte besondere Fall der Sittenwidrigkeit, der Wucher.[434] § 138 BGB dient in diesen Fällen dazu, die Vertragspartner voreinander zu schützen und Verhandlungsparität zu erreichen. In dieser Funktion beschränkt sich die Schutzrichtung des § 138 BGB auf den Schutz der an dem Vertrag Beteiligten. Ein Schutz von Dritten oder dem Wirtschaftssystem als Ganzem ist damit nicht be-

---

432 Diese Normen befinden sich zwar im ersten Buch des BGB, werden aber allgemein als Normen des Schuldrechts angesehen.

433 So die allgemeine Ansicht, vgl. nur *Schünemann* in Harte-Bavendamm/Henning-Bodwig, § 3 Rn. 123

434 *Heinrichs* in Palandt, § 138 Rn. 24.

zweckt. Es handelt sich also bei § 138 BGB in dieser Form nicht um eine Außenregel.

Allerdings kann die Sittenwidrigkeit im Sinne des § 138 BGB auch aufgrund einer Sittenwidrigkeit des Geschäfts gegenüber der Allgemeinheit oder Dritten begründet werden.[435] Die Norm des § 138 Abs. 1 BGB stellt insoweit ein objektives Ordnungsprinzip dar. Dieses Ordnungsprinzip verweigert solchen Rechtsgeschäften die Wirksamkeit, deren Wirksamkeit für die Rechtsgemeinschaft geradezu unerträglich wäre.[436] Ein solcher Eingriff in die Privatautonomie ist jedoch nur dann gerechtfertigt, wenn das Rechtsgeschäft gegen die aus dem objektiven Recht entnommenen Grundwertungen verstößt. Handlungen, die aufgrund von gesetzlichen Wertungen als zulässig zu bewerten sind oder deren Zulässigkeit innerhalb der Rechtsgemeinschaft umstritten ist, können nicht unter den § 138 BGB subsumiert werden.[437] Insofern sind Fälle nicht denkbar, in denen ein Verstoß gegen § 138 BGB vorliegt, ohne dass eine Unlauterkeit der geschäftlichen Handlung bereits aus dem UWG zu folgern wäre. Die Sittenwidrigkeit im Sinne des § 138 BGB stellt höhere Anforderungen als die Unlauterkeit im Sinne des UWG. Insofern stellen zwar Rechtsgeschäfte, die aufgrund von § 138 BGB nichtig sind, unlautere Geschäftshandlungen dar. Eine originär unlauterkeitsbegründende Funktion kommt dem § 138 BGB jedoch nicht zu.

(bb) § 134 BGB als unlauterkeitsbegründende Außennorm?

Auch durch § 134 BGB werden bestimmte Rechtsgeschäfte als nichtig bestimmt. Nach § 134 BGB ist ein Rechtsgeschäft dann nichtig, wenn es gegen ein gesetzliches Verbot verstößt. Dabei kommt es häufig vor, dass das Verbotsgesetz, gegen welches verstoßen wird, Dritte schützt. Daraus kann jedoch nicht geschlossen werden, dass § 134 BGB eine drittschützende, mithin ggf. unlauterkeitsbegründende Norm darstellt. Das liegt daran, dass die drittschützende Norm das Verbotsgesetz selbst ist. § 134 BGB führt nur dazu, dass in solchen Fällen kein wirksames Vertragsverhältnis zwischen den Vertragsparteien entsteht. Insofern wirkt sich § 134 BGB nur zwischen den Vertragsparteien aus. § 134 BGB erfüllt nur eine „Hilfsfunktion"[438] und stellt somit selbst keine unlauterkeitsbegründende Außennorm da. Vielmehr ist es eine Frage der Einzelnorm, ob ein Verstoß gegen diese die Unlauterkeit begründet, mithin eine (zumindest sekundär) marktschützende Norm im Sinne des § 4 Nr. 11 UWG darstellt.

---

435 *Heinrichs* in Palandt, § 138 Rn. 40.

436 *Armbrüster* in MüKo-BGB, § 138 Rn. 1.

437 *Wendtland* in BeckOK-BGB, § 138 Rn. 18.

438 *Hefermehl* in Soergel, § 134 Rn. 1.

(cc) Normen des sog. Verbraucherprivatrechts im BGB (§ 421a, 661a BGB)

Zuletzt kommen solche Normen des Vertragsrechts als unlauterkeitsbegründende Normen in Betracht, die zwar – dem Gedanken des Vertragsrechts folgend – nur relativ zwischen den betroffenen Personen gelten, jedoch eine wettbewerbsrechtliche Steuerungswirkung entfalten sollen. Es handelt sich um Normen des sog. Verbraucherprivatrechts.[439] Solche Normen wurden – zum Teil aufgrund europäischer Verpflichtungen – mit den §§ 241a, 621a BGB geschaffen.

§ 241a BGB bestimmt, dass durch die Lieferung unbestellter Waren von einem Unternehmer an einen Verbraucher keinerlei Ansprüche des Unternehmers gegen den Verbraucher entstehen. Der *„konsumentenschutzpolitische Normzweck des § 241a besteht darin zu verhindern, dass dem Verbraucher von ihm nicht gewollte Sachen (oder andere Leistungen) aufgedrängt werden"*[440]. Mit dieser Regelung bezweckt der Gesetzgeber die Pönalisierung eines wettbewerbsrechtlich verpönten Vertriebskonzeptes.[441] Neben der relativen zivilrechtlichen Wirkung im Einzelfall ging es dem Gesetzgeber bei der Einführung dieser Verbraucherschutznormen auch und gerade darum, eine „Sanktion"[442] für ein bestimmtes wettbewerbswidriges Verhalten zu schaffen und dadurch eine „Abschreckungswirkung"[443] zu erzielen.[444] Dem § 241a BGB liegt somit zumindest sekundär die Absicht zugrunde, über die zivilrechtliche Anspruchsverwährung den Schutz von Verbrauchern allgemein zu erwirken. Es kann daher nicht verwundern, wenn die Norm des § 241a BGB als „lauterkeitsrechtliches Element im nationalen Schuldrecht"[445] gewertet wird.

Eine ähnliche Norm findet sich in § 661a BGB. Diese Norm ordnet an, dass ein Unternehmer, der Gewinnzusagen oder vergleichbare Mitteilungen an Verbraucher sendet und durch die Gestaltung dieser Zusendungen den Eindruck erweckt, der Verbraucher habe einen Preis gewonnen, dem Verbraucher diesen Preis auch zu leisten hat. Bei der Einführung dieser Vorschrift ging es dem Gesetzgeber ausdrücklich darum, wettbewerbswidrige Gewinnmitteilungen aus

---

439 Dieser Begriff wurde erstmals von *Bülow/Arzt* NJW 2000, 2049 in die wissenschaftliche Diskussion eingebracht und wird seitdem vielfach aufgegriffen, vgl. etwa *Schmidt*, JZ 2007, 78. Teilweise wird statt dessen von „rechtsgeschäftlichem oder vertraglichem Verbraucherschutz" gesprochen, so etwa *Eppe*, WRP 2005, 808, 809.

440 *Kramer* in MüKo-BGB, § 241a Rn. 3.

441 *Kramer* in MüKo-BGB, § 241a Rn. 3; *Schmidt*, JZ 2007, 78, 81.

442 BT-Drucks. 14/2658.

443 BT-Drucks. 14/3195.

444 Ausführlich dazu siehe *Berger*, Jus 2001, 649 ff.

445 *Schmidt*, JZ 2007, 78, 81.

dem Geschäftsverkehr zu eliminieren.[446] *„§ 661a BGB verfolgt das überindividuelle ordnungspolitische Anliegen, unlauterer Geschäftsanbahnung durch Gewinnversprechen vorzubeugen.“*[447]

Beiden Normen liegt das gesetzgeberische Ziel zugrunde, ungewollte Geschäftspraktiken durch zivilrechtliche Sanktionen derart unprofitabel zu gestalten, dass Unternehmer von diesen Abstand nehmen.[448] Der Gesetzgeber erstrebt, Marktteilnehmer vor dieser Art der Wettbewerbshandlungen zu schützen. Das Privatrecht verfolgt mit diesen Normen präventive, *„letztlich überindividuelle ordnungspolitische Zwecke. (...) Privates Verbraucherrecht ist bei dieser Perspektive wesentlich als Marktrecht zu werten.“*[449] Teilweise wird daher auch die Verortung dieser Normen im BGB kritisiert und eine Verortung im UWG gefordert.[450] Insofern liegt der Schluss nahe, dass es sich bei den Normen des Verbraucherprivatrechts um unlauterkeitsbegründende Außennormen handelt.

Indes ist zu berücksichtigen, dass diese Geschäftspraktiken unzweifelhaft bereits unlauter im Sinne des UWG sind.[451] Die vertragsrechtlichen Sonderregelungen verlängern und individualisieren[452] vielmehr nur den präventiven Schutz des UWG in die privatrechtlichen Beziehungen. Insofern bedarf es einer Begründung der Unlauterkeit über diese Normen des Verbraucherprivatrechts nicht, um die Wettbewerbshandlung als unlauter zu klassifizieren. Dass der Existenz dieser Normen über die zivilrechtliche Wirkung im Einzelfall eine präventive Funktion zukommt, ist für das BGB kein Novum (ähnliche Funktion hat z.B. auch § 817 S. 2 BGB)[453] und nimmt den Normen auch nicht ihre für das

446 BT-Druchs. 14/2658, 46 f.; vgl dazu auch *Schmidt*, JZ 2007, 78, 81.

447 *Meller-Hannich*, NJW 2006, 2516, 2520.

448 *Meller-Hannich*, NJW 2006, 2516 bezeichnet den durch § 661a BGB gewährten Anspruch daher treffend als „zu überwindendes Zwischenziel mit der letztlich gewollten Folge, dass derartige Praktiken nicht mehr stattfinden und sich der individuelle Anspruch sozusagen von selbst erledigt.“

449 *Meller-Hannich*, NJW 2006, 2516; ähnlich auch *Sosnitza*, BB 2000, 2317, 2323, der von „rein lauterkeitsrechtlich motivierter Präventionsfunktion“ spricht.

450 So z.B. *Flume*, ZIP 2000, 1427, 1429; *Casper* ZIP 2000, 1602, 1606.

451 So auch *Sosnitza*, BB 2000, 2317 (allerdings noch unter der Geltung des alten UWG); das gleich gilt jedoch auch für das UWG 2004: vgl. für § 661a BG ausdrücklich *Meller-Hannich* NJW 2006, 2516 m.w.N.; für § 241a BGB siehe *Schmidt*, JZ 2007, 78, 81

452 Diese für das BGB typische Individualisierung fehlt im UWG. Dieses gewährt dem einzelnen Verbraucher keinen individuellen Anspruch. Vielmehr sind im Rahmend es UWG Verbraucherschutzverbände oder die Mitbewerber für die Geltendmachung von Ansprüchen aufgrund von Verstößen gegen die Normen des Lauterkeitsrechts zuständig.

453 Vgl. dazu auch *Sosnitza*, BB 2000, 2317, 2320.

Vertragsrecht typische, rein relative Wirkungsweise.[454] Letztlich kann die Tatsache, dass Verbraucher zivilrechtlich in Fällen bestimmter Geschäftspraktiken besonders behandelt werden, nicht in die lauterkeitsrechtliche Beurteilung einer Wettbewerbshandlung einfließen.[455]

Dem Verbraucherprivatrecht kommt daher, wie dem Vertragsrecht insgesamt, keine originäre unlauterkeitsbegründende Funktion zu.

(b) Deliktsrecht

Das Deliktrecht des BGB besitzt traditionell eine enge Verbindung zum UWG. Das liegt daran, dass das UWG – zumindest in ursprünglicher Form – als Sonderdeliktsrecht ausgestaltet ist.[456] Das Deliktsrecht schützt wie das Lauterkeitsrecht Dritte vor schädigenden Handlungen. Eine Unlauterkeitsbegründung über die § 823 ff. BGB scheitert nicht daran, dass das UWG als Sonderdeliktsrecht die Anwendung der § 823 ff. BGB in Fällen geschäftlicher Handlung generell ausschließt. Vielmehr ist das Deliktsrecht des BGB ergänzend heranzuziehen. Insbesondere die Normen §§ 824, 826 BGB, nach herrschender Meinung aber auch der § 823 Abs. 1 BGB, sind auch im Falle der Eröffnung des Anwendungsbereichs des UWG weiterhin anwendbar.[457] Allein eine Anspruchsbegründung über § 823 Abs. 2 BGB in Verbindung mit UWG-Normen scheidet aus, da es sich bei den UWG-Normen um ein abgeschlossenen System handelt, welches die Rechtsfolgen abschließend festlegt.[458]

Der Unterschied zwischen dem Deliktsrecht des BGB und dem Lauterkeitsrecht besteht grundsätzlich in der Schutzrichtung. Dem Deliktsrecht des BGB liegt ein individueller Schutzgedanke zugrunde, während das UWG (zumindest auch) kollektiven Schutz betreibt.[459] Dabei kommt dem Deliktsrecht jedoch – entgegen dem Vertragsrecht – bereits originär eine Präventivfunktion zu.[460] Insofern ähnelt die Zielrichtung des Deliktsrechts dem des UWG. Diese Verwandtschaft kann auch dadurch verdeutlicht werden, dass die Zulässigkeit von

---

454 *Eppe*, WRP 2005, 808, 812.

455 *Eppe*, WRP 2005, 808, 812.

456 *Koos/Menke/Ring*, Praxis des Wettbewerbsrechts, Rn I/48; *Köhler* in Köhler/Bornkamm, Einl Rn. 7.1.

457 *Koos/Menke/Ring*, Praxis des Wettbewerbsrechts, Rn I/48; *Köhler* in Köhler/Bornkamm, Einl Rn. 7.2.

458 So auch die Gesetzesbegründung BT-Drucks. 15/1487, S. 22; *Koos/Menke/Ring*, Praxis des Wettbewerbsrechts, Rn I/54; a.A. allerdings ausdrücklich gegen den Willen des Gesetzgebers *Keßler*, WRP 2005, 264, 273; ebenfalls kritisch *Sack*, WRP 2009, 1330,1332.

459 *Bunte*, Lexikon, S. 305.

460 *Wagner* in MüKo-BGB, Vor § 823 ff., Rn. 40.

Wettbewerbshandlungen vor der Einführung des UWG im Jahre 1909 mittels des Tatbestandes des § 826 BGB bewertet wurde. Dieser stellte sich jedoch schnell als nicht weitgehend genug zur Erfassung aller unlauteren Geschäftspraktiken heraus. Es gilt aber weiterhin, dass alle geschäftlichen Handlungen, die von § 826 BGB erfasst werden, stets auch unlauter im Sinne des UWG sind. Diese Unlauterkeit ergibt sich bereits aus dem UWG selbst, welches geringere Anforderungen stellt, als der § 826 BGB.[461] Die Bewertung, ob noch immer § 826 BGB eine unlauterkeitsbegründende Norm darstellt oder nicht, ist letztlich nur theoretischer Natur. Aber auch § 823 Abs. 1 BGB wird bei den infrage stehenden Konstellationen selten weiterhelfen. So führen Bevorzugungen im Wettbewerb selten zu Verletzungen absoluter Rechte im Sinne des § 823 Abs. 1 BGB. Vielmehr werden dadurch potentielle Geschäftsmöglichkeiten zerstört. Eine Eigentumsverletzung der Mitbewerber oder Verbraucher aufgrund einer Bevorzugung eines anderen Mitbewerbers wird regelmäßig nicht eintreten. Eine Verletzung des Rechts am eingerichteten und ausgeübten Gewerbebetrieb durch geschäftliche Handlungen kann neben dem diesbezüglich abschließenden UWG aufgrund der Subsidiarität dieses Rechts keinen Anspruch aus § 823 Abs. 1 BGB begründen.[462]

Zusammenfassend lässt sich festhalten, dass Verletzungen deliktsrechtlicher Normen zwar grundsätzlich dazu geeignet sind, die Unlauterkeit von bevorzugenden Wettbewerbshandlungen zu begründen. Jedoch sind keine Fälle denkbar, in denen ein Tatbestand der §§ 823 ff. BGB durch eine bevorzugende Wettbewerbshandlung erfüllt wird, ohne dass gleichzeitig ein Tatbestand des UWG eingreift. Eine selbstständige unlauterkeitsbegründende Funktion kommt dem Deliktrecht somit nicht zu.

(c) Zwischenergebnis

Das BGB enthält weder im Vertragsrecht noch im Deliktsrecht originär unlauterkeitsbegründende Normen.

(4) Spezielle Wettbewerbsnormen

Das UWG als allgemeines Lauterkeitsrecht wird durch verschiedene Gesetze ergänzt. Zu diesen Ergänzungen gehören einerseits diejenigen Regelwerke, welche ergänzend zum UWG bestimmte wettbewerbliche Verhaltensweisen regeln, wie z.B. die Zugabeverordnung, das Rabattgesetz oder die

461 *Köhler* in Köhler/Bornkamm, Einl Rn. 7.7.

462 So ausdrücklich *Köhler* in Köhler/Bornmann, Einl Rn. 7.4.

Preisangabenverordnung. Diese Gesetze werden auch als „Nebengesetze des UWG“ bezeichnet.[463]

Andererseits gehört dazu das Berufsrecht, Regelungskomplexe also, die – entgegen dem UWG – nicht für alle Berufsgruppen gelten, sondern spezifisch auf bestimmte Wettbewerbsbereiche zugeschnittene Berufsregeln enthalten, wie z.B. das Heilmittelwerbegesetz (HWG), das Apothekengesetz oder die Berufsordnungen.

(a) Berufsübergreifende Ergänzungen des UWG (Nebengesetze des UWG)

(aa) Rabattgesetz und Zugabeverordnung (jeweils nicht mehr in Kraft)

Als berufsübergreifende Regelungen, die das UWG ergänzen, sind in erster Linie die – inzwischen abgeschafften – Regelungen des Rabattgesetzes und der Zugabeverordnung zu nennen.

Das **Rabattgesetz** wurde 1933 eingeführt und galt bis zum Jahre 2001. Inhalt des Gesetzes war ein grundsätzliches Verbot von Rabattgewährungen im Verhältnis vom Unternehmer zum Endverbraucher, also im B2C Bereich (auf der letzten Umsatzstufe), soweit es sich um Waren des täglichen Gebrauchs handelte.[464] Zu diesem Verbot enthielt das Rabattgesetz sodann eine Reihe von Ausnahmetatbeständen. Das Gesetz sollte den Preisnachlass als Mittel des Wettbewerbs auf ein angemessenes Maß beschränken und Missbräuche ausschalten. Das Rabattgesetz diente nach Auffassung des BGH dazu, Wettbewerber davon abzuhalten *„durch übermäßige, wirtschaftlich nicht vertretbare Nachlässe Käufer anzulocken und auf diese Weise zum Nachteil auch der Mitbewerber den Preiswettbewerb zu verzerren“*[465]. Das Gesetz besaß einen „gewerbepolizeilichen Charakter“ und griff regelnd und ordnend in das Wettbewerbsverhalten der in der letzten Umsatzstufe sich betätigenden Unternehmer ein.[466] Es handelte sich somit um ein Instrument der Wettbewerbspolitik. Sowohl der Schutzzweck (Mitbewerber und Verbraucher) als auch die überindividuelle Lenkungswirkung des Gesetzes stimmen mit der Funktion des UWG überein. Das Rabattgesetz ergänzte somit das UWG in der Frage, inwiefern im auf letzter Umsatzstufe betriebenen Wettbewerb Rabattgewährungen zulässig waren.[467] Diese Ergänzung, welche in gleicher Weise auch im UWG selbst hätte geregelt werden können,[468]

463 *Vogt*, NJW 1994, 2509, 2513; ebenso *Fikentscher*, GRUR Ausl 1966, 181, 183.

464 Vgl. § 1 I Rabattgesetz.

465 BGH, GRUR 1977, 264, 265.

466 *Hoth*, GRUR 1977, 233, 235

467 *Pfeiffer*, WRP 2000, 371, 373.

468 So enthielt das UWG von 1896 noch Regelungen, die Rabatte und Zugaben verboten. Auch im Rahmen der Einführung des UWG 1909 wurde eine solche Verankerung im

stellt somit einen Normenkomplex dar, welcher wie das UWG die Unlauterkeit einer Wettbewerbshandlung begründen konnte.[469]

Die **Zugabeverordnung,** Geltungszeitraum 1932 bis 2001, sah ein grundsätzlicheres Verbot von Zugaben auf allen Umsatzstufen, also sowohl im B2C als auch im B2B Verhältnis, vor.[470] Der Regelungsbereich der Zugabeverordnung war somit erheblich weiter als der des Rabattgesetzes. Zum Einen erstreckte sich die Wirkung auch auf den B2B-Bereich, zum Anderen erfasste das Zugabeverbot nicht nur Waren des täglichen Gebrauchs, sondern alle Waren und Dienstleistungen. Entsprechend der Regelungspraxis des Rabattgesetzes sah die Zugabeverordnung einige Ausnahmetatbestände zu dem grundsätzlichen Verbot des § 1 Abs. 1 ZugabeVO vor. Die Zugabeverordnung diente, wie das Rabattgesetz, dem Schutz der Verbraucher und der Mitbewerber und ergänzte so das UWG.[471] Letztlich stellen das Rabattgesetz und die Zugabeverordnung nur die jeweilige Kehrseite derselben Medaille dar, da es wirtschaftlich oft keinen Unterschied macht, ob ein Rabatt gewährt oder eine Zugabe hinzugegeben wird.[472] Auch die Zugabeverordnung enthielt demnach Normen, die Mitbewerber und Verbraucher vor bestimmten wettbewerblichen Handlungen schützen und dadurch den lauteren Wettbewerb sicherstellen sollten.

Sowohl das Rabattgesetz als auch die Zugabeverordnung stellten zu Zeiten ihrer Geltung Nebengesetze des UWG dar, da ihre Schutzrichtung und Normausgestaltung dem allgemeinen Lauterkeitsrechts des UWG entsprach.[473] Beide Normenkomplexe enthielten somit Normen, die wettbewerbliches Handeln als schädlich für Verbraucher oder Mitbewerber qualifizierten und diese daher im Interesse des Schutzes des lauteren Wettbewerbs verboten. Die Zugabeverord-

---

UWG diskutiert. Das Absehen hatte keine systematischen Gründe, sondern wurde damit begründet, dass ein solches generelles Verbot nicht sinnvoll sei, vgl. dazu *Meyer*, GRUR 2001, 98, 102 f.

469 Auch *Meyer*, GRUR 2001, 98, 101 stellt fest, dass das Rabattgesetz und das UWG sich ergänzende Normenkomplexe darstellten, welche nicht trennscharf voneinander abzugrenzen waren.

470 Vgl. § 1 Abs. 1 ZugabeVO.

471 *Pfeiffer*, WRP 2000, 371, 372.

472 *Meyer*, GRUR 2001, 98, 100.

473 Dieser Gleichlauf wird auch dadurch deutlich, dass Rabatte und Zugaben nach Abschaffung dieser Normenkomplexe unstreitig nach dem UWG beurteilt werden. Auch eine rechtvergleichende Sicht auf das Österreichische Vorgehen zeigt diese Verbindung des UWG mit dem Rabattgesetz und der Zugabeverordnung. So wurden dort diese Gesetze ebenfalls abgeschafft, jedoch wurden vergleichbare Normen – in abgeschwächter Form – ins ÖsterUWG eingefügt, vgl. dazu *Heil/Dübbers*, ZRP 2001, 207, 209.

nung und das Rabattgesetz wiesen eine „unmittelbare Wettbewerbsbezogenheit" auf und enthielten somit unlauterkeitsbegründende Normen.[474]

(bb) Preisangabenverordnung

Die Preisangabenverordnung stellt ebenfalls eine – im Gegensatz zum Rabattgesetz und zur Zugabeverordnung noch immer rechtsgültige – Ergänzung des UWG dar. Sie regelt, dass Preise für beworbene Produkte klar und verständlich dem Verbraucher präsentiert werden müssen. Die Normen dieser Verordnung weisen, wie der BGH inzwischen ausdrücklich festgestellt hat, Wettbewerbsbezug in dem Sinne auf, dass ein Verstoß gegen die Preisangabenverordnung zu einer Unlauterkeit im Sinne des UWG führt.[475] Diese Unterlauterkeit muss seit der Geltung des UWG 2004 nicht mehr über die Generalklausel begründet werden, sondern ergibt sich nunmehr aus § 4 Nr. 11 UWG in Verbindung mit der Preisangabenverordnung.

(b) Berufsspezifische Ergänzungen des UWG

Das allgemeine Lauterkeitsrecht des UWG und seiner Nebengesetze stellt allgemeine Regeln für Wettbewerbsverhalten auf. Es gibt jedoch Berufsgruppen, die am Wettbewerb teilnehmen, für die darüber hinaus besonderen Regelungen gelten. Diese besonderen Regelungen für bestimmte Berufszweige finden sich entweder in (formellen) Gesetzen oder in Berufsordnungen. Gesetzliche Regelungen finden sich beispielsweise im Heilmittelwerbegesetz (HWG) und im Apothekengesetz (ApoG). Für viele freie Berufe existieren zudem Berufsordnungen, welche zumeist durch die Länderkammern (teilweise nach dem Vorbild einer Musterberufsordnung des Bundes) oder die Bundeskammern erstellt werden. Solche Berufsordnungen existieren beispielsweise für Ärzte, Rechtsanwälte, Steuerberater oder Architekten.

Diese berufsspezifischen Normen setzen die Regelungen fest, welche diese Berufe bei ihrer wettbewerblichen Tätigkeit einzuhalten haben. Solche berufsspezifischen Regelungen ergänzen das UWG in Bezug auf Verhaltensnormen, die die Angehörigen der jeweiligen Berufe einzuhalten haben, wenn sie im

474 *Doepner*, WRP 1980, 473, 474.

475 So BGH GRUR 2003, 971 allerdings noch unter Geltung des alten UWG. Seit der UWG-Reform 2004 dürfte sich die Unlauterkeit von Verstößen gegen die Preisangabenverordnung aus § 4 Nr. 11 UWG ergeben. Insofern ist die Feststellung des Wettbewerbsbezugs bzw. Marktbezugs dieser Normen, die der BGH vorgenommen hat, auch im aktuellen Recht noch relevant, weil erst dadurch die Normen der Preisangabenverordnung zu wettbewerbsschützenden Normen im Sinne des § 4 Nr. 11 UWG werden (so auch *v. Jagow* in Harte-Bavendamm/Henning-Bodewig, § 4 Rn. 118).

Rahmen ihrer beruflichen Tätigkeit handeln. Sie dienen dem Schutz und der Bewahrung bestimmter berufsethischer Standards, deren Einhaltung das besondere Vertrauen rechtfertigen soll, welches diesen Berufsträgern entgegengebracht wird. Diese Sonderregelungen stellen Normen dar, die die Lauterkeit der Berufsausübung in dem jeweiligen Beruf definieren. Verstöße gegen diese Normen durch Berufsträger führen somit zu Unlauterkeit der Handlung. Dass den Vorschriften solcher Berufsordnungen eine zumindest sekundär marktregelnde Tendenz zukommt, entspricht der einhelligen Auffassung in Rechtsprechung[476] und Literatur[477]. Insofern begründen Verstöße gegen Berufsordnungen oder berufsspezifische Gesetze der genannten Art zumindest über § 4 Nr. 11 UWG die Unlauterkeit der Handlung.[478]

(5) Zusammenfassung

Es wurde aufgezeigt, dass als Rechtsquellen für Regelungen, welche die Unlauterkeit einer Bevorzugung im Wettbewerb begründen können, allein das Lauterkeitsrecht im weiteren Sinne, mithin das UWG und seine Nebengesetze sowie die wettbewerbsrechtlichen Sonderregelwerke für einzelne Berufsgruppen in Frage kommen.

d) Ergebnis der Auslegung

Die Auslegung des Merkmals der Unlauterkeit im Rahmen des § 299 StGB hat gezeigt, dass dieses Merkmal einen Rückbezug auf die Normen des Wettbewerbsrechts enthält. Dieser Rückbezug führt dazu, dass der Tatbestand des § 299 StGB nur dann erfüllt ist, wenn die angestrebte Bevorzugung im Wettbewerb unlauter ist, also gegen die Normen des Lauterkeitsrechts verstößt. Der Begriff der Unlauterkeit besitzt demnach eine eigenständige Bedeutung, indem er die Prüfung des Verstoßes gegen Wettbewerbsnormen durch die (angestrebte) bevorzugende Handlung des Angestellten vorschreibt. Durch diese Verweisung

---

476 Dieses voraussetzend BGH, NJW 2000, 2745; BGH, DB 2010, 439; OLG Düsseldorf, GRUR-RR 2009, 179.

477 Siehe etwa *Ohly* in Piper/Ohly/Sosnitza, § 4 Rn. 11.38 ff.; *Wirtz*, GRUR 1985, 485, 487 m.w.N.

478 Es ist unstreitig, dass auch Berufsordnungen, die in Satzungen der Berufskammern geregelt sind, gesetzliche Vorschriften im Sinne des § 4 Nr. 11 UWG sind, vgl. für viele *v. Jagow* in Harte-Bavendamm/Henning-Bodewig, § 4 Nr. 11 Rn. 28; *Bieber*, WRP 2008, 723, 724.

auf das Lauterkeitsrecht gewinnt der § 299 StGB blankettartigen Charakter und weist somit eine Wettbewerbsrechtsakzessorietät auf.[479]

2. Bestimmung der Wettbewerbsregeln, die die Unlauterkeit begründen können

Aus dem Vorhergegangenen ist deutlich geworden, dass der Begriff der Unlauterkeit nur durch eine wettbewerbsrechtliche Akzessorietät genauer bestimmt werden kann. Die Normen, die das Vorliegen einer unlauteren Bevorzugung bestimmen, finden sich somit im Wettbewerbsrecht, genauer gesagt im Lauterkeitsrecht im weiteren Sinne. Bevor das allgemeine Lauterkeitsrecht sowie die spezialgesetzlichen Wettbewerbsregelungen darauf hin untersucht werden, welche ihrer Normen tatsächlich zur Konkretisierung des Begriffs der Unlauterkeit im Rahmen von § 299 StGB beizutragen vermögen, soll zunächst dargelegt werden, wie eine solche Norm ausgestaltet sein muss, um diese Funktion zu erfüllen.

a) Prototyp einer die Unlauterkeit der Bevorzugung im Sinne des § 299 StGB begründenden Norm

Begibt man sich auf die Suche nach Normen, die Bevorzugungen im Wettbewerb mit dem Prädikat der Unlauterkeit versehen, so muss zunächst eine Idee davon verdeutlicht werden, wie eine solche Norm ausgestaltet sein muss.

Man könnt denken, dass eine Norm, die die Unlauterkeit in § 299 StGB ausfüllen soll, wie folgt auszusehen habe:

> *„Unlauter handelt, wer als Angestellter oder Beauftragter eine Wettbewerbshandlung herbeiführt, die einen Marktteilnehmer im Wettbewerb beim Bezug von Waren oder gewerblichen Leistungen bevorzugt."*

Gäbe es eine solche Norm, so wäre diese tatsächlich der Prototyp der hier gesuchten Norm. Dass es diese Norm im Wettbewerbsrecht jedoch nicht gibt, hat seinen guten Grund. Es gibt eine Vielzahl unterschiedlicher Bevorzugungen, die aufgrund von Vorteilsversprechen an Angestellte oder Beauftragte geschäftlicher Betriebe hervorgerufen werden. Viele von diesen sind nicht wettbewerbswidrig. Vielmehr beruht das dem Wettbewerb zugrunde liegende Leistungsprinzip gerade darauf, dass derjenige bevorzugt wird, welcher die meis-

479 Zur Frage, ob es sich tatsächlich um ein Blankett im eigentlichen Sinne oder um einen Tatbestand mit einem unbestimmten Tatbestandsmerkmal handelt, siehe C. IV. 1. b).

ten/größten Vorteile anbietet.[480] Insofern ist es nur folgerichtig, dass eine Norm wie die oben genannte nicht existiert und im Rahmen der Wettbewerbsordnung auch nie existiert hat.

Eine Norm, die annähernd einen vergleichbaren Inhalt besaß, fand sich bis zu ihrer Abschaffung in § 1 Abs. 1 S. 1 ZugabeVO. Diese Norm lautete:

> „Es ist verboten, im geschäftlichen Verkehr neben einer Ware oder einer Leistung eine Zugabe (Ware oder Leistung) anzubieten, anzukündigen oder zu gewähren."

Ersetzt man den Begriff der Zugabe durch den des Vorteils (was sich inhaltlich weitestgehend entspricht), so stellt man fest, dass aufgrund der Regelung des § 1 Abs. 1 S. 1 ZugabeVO das Anbieten oder Gewähren von Vorteilen grundsätzlich verboten war. Zwar enthielt die Zugabeverordnung Ausnahmetatbestände zu diesem generellen Verbot. Dennoch ging das Wettbewerbsrecht davon aus, dass Vorteilgewährungen zur Förderung des eigenen wettbewerblichen Fortkommens im Regelfall unzulässig seien.

Von dieser Regelung des § 1 Abs. 1 S. 1 ZugabeVO in Bezug auf die Vorteilgewährung war es nur noch ein kleiner Schritt dahin anzunehmen, dass auch Wettbewerbshandlungen, die ein Angestellter oder Beauftragter aufgrund einer solchen Vorteilsgewährung vornahm, unzulässig und mithin unlauter waren. So scheint die herrschende Meinung diese Wertung des § 1 Abs. 1 S. 1 ZugabeVO in den Unlauterkeitsbegriff des § 299 StGB übernommen zu haben. Bevorzugungen, die aufgrund von (nach der Zugabeverordnung unzulässigen) Vorteilsgewährungen geschahen, waren nach dieser Ansicht stets unlauter. Daher ging die herrschende Lehre davon aus, dass dem Merkmal der Unlauterkeit keine oder nur eine sehr begrenzte Funktion zukam. Die Übernahme der Wertung aus der Zugabeverordnung in den § 299 StGB wird auch dadurch deutlich, dass einige Autoren die Ausnahmetatbestände, die die Zugabeverordnung ausdrücklich nannte, in den § 299 StGB projizierten. So entspricht die Aussage einiger Autoren, dass kleine Werbegeschenke den Tatbestand des § 299 StGB mangels Unlauterkeit nicht erfüllen können,[481] dem Regelungsgehalt des Ausnahmetatbestands des § 1 Abs. 2 lit. a ZugabeVO, der die Gewährung von „Reklamegegenständen von geringem Wert" für zulässig erklärte.

Nach Abschaffung der Zugabeverordnung existiert nunmehr jedoch keine allgemeine wettbewerbsrechtliche Norm mehr, welche Vorteilgewährungen oder Bevorzugungen auf Grund eben solcher als generell unzulässig bestimmt. Die Abschaffung der Zugabeverordnung ist vielmehr die Folge eines – europarecht-

---

480 Vgl. *Koepsel*, Bestechlichkeit, S. 100 ff.

481 So *Dölling*, 61.DJT, S. 88; *Tiedemann* in LK, § 299 Rn. 28.

lich angetriebenen – Verständniswandels. Das Regel-Ausnahme-Verhältnis bei Zugabengewährungen hat sich dadurch umgekehrt.[482] Diese Entwicklung ist Ausdruck einer zunehmenden Liberalisierung des Wettbewerbsrechts, welche bereits in den 1990er Jahren begann und durch die Abschaffung der Zugabeverordnung und des Rabattgesetzes sowie durch die UWG-Novellen 2004 und 2008 ihren Höhepunkt erreicht hat. Dieses liberalisierte Verständnis des Gesetzgebers davon, was wettbewerbsrechtlich zulässig ist, wurde von der Rechtsprechung noch zu Zeiten vor den wesentlichen Gesetzesänderungen vorweggenommen und wurde zusätzlich durch europarechtliche Vorgaben beschleunigt.[483]

Allerdings sind Vorteilgewährungen und darauf beruhende Wettbewerbshandlungen heute trotz Abschaffung der Zugabeverordnung nicht schrankenlos zulässig. Es existieren vielmehr zahlreiche Normen, die in bestimmten Geschäftsbereichen oder für bestimmte Berufsgruppen die Gewährung und die Entgegennahme von Vorteilen aus übergeordnetem Interesse verbieten. Teilweise wird ausdrücklich festgestellt, dass auch die auf solchen Vorteilgewährungen beruhenden Wettbewerbshandlungen unzulässig sind. Ein charakteristisches Beispiel für eine solche Regelung stellt § 34 Abs. 1 der Musterberufsordnung für Ärzte (MBO-Ä)[484] dar. Dieser lautet wie folgt:

> *§ 34 Verordnungen, Empfehlungen und Begutachtung von Arznei-, Heil- und Hilfsmitteln*
>
> *(1) Ärztinnen und Ärzten ist es nicht gestattet, für die Verordnung von Arznei-, Heil- und Hilfsmitteln oder Medizinprodukten eine Vergütung oder andere Vorteile für sich oder Dritte zu fordern, sich oder Dritten versprechen zu lassen oder anzunehmen.*

Diese Regelung macht deutlich, dass es Ärzten verwehrt ist, die Verordnung von Arznei-, Heil- und Hilfsmitteln oder Medizinprodukten deshalb vorzunehmen, weil ihnen dafür ein Vorteil versprochen wurde. Diese Norm stellt den

---

482 *Dörre* in Loschelder/Erdmann, § 4 Rn. 126; *Cordes*, WRP 2001, 867, 868; *Herrmann*, WRP 2001, 855, 860.

483 *Cordes*, WRP 2001, 868, 869

484 Diese Musterberufsordnung weißt zwar selbst keinen Normcharakter auf, sondern ist nur ein nicht bindender Vorschlag der Bundesärztekammer. Jedoch sind die Landesberufsordnungen an diese Musterberufsordnung angelehnt und enthalten durchweg eine dem § 34 MBO-Ä entsprechende Regelung. Aus Gründen der Übersichtlichkeit soll hier von dem § 34 MBO-Ä und nicht den jeweiligen Landesregelungen ausgegangen werden.

Prototypen für eine Regelung dar, welche eine Bevorzugung im Wettbewerb (hier eines Arzneimittelproduzenten durch Ärzte) unlauter werden lässt, weil diese aufgrund einer Vorteilgewährung geschehen ist. Es sind solche Normen, nach denen im Folgenden zu suchen sein wird. § 34 Abs. 1 MBO-Ä beruht auf dem Gedanken, dass die ärztliche Beratung des Patienten objektiv zu sein hat und allein dem Gesundheitsinteresse des Patienten dienen soll. Sie soll damit den Patienten schützen und gleichzeitig dazu beitragen, dass eine zügellose Marketingstrategie der Arzneimittelhersteller verhindert wird, die das Vertrauen in die Ärzteschaft nachhaltig beschädigen und somit den Wettbewerb im Gesundheitswesen zu Lasten der Allgemeinheit gefährden könnte. Es kann daher nicht verwundern, dass dieser Norm[485] von der einhelligen Auffassung in Rechtsprechung[486] und Literatur[487] zumindest sekundärer Marktbezug zugesprochen wird, sodass ein Verstoß gegen diese Vorschrift zur Unlauterkeit nach § 4 Nr. 11 UWG führt.

Nicht in allen Normen, die im Folgenden untersucht werden, tritt der unlauterkeitsbegründende Charakter so klar zu Tage, wie bei § 34 MBO-Ä. Im Kern muss eine Norm darauf abzielen, die Entscheidungsfindung im Wettbewerb von Beeinflussung von verbotenen Vorteilgewährungen frei zu halten. Eben diesem Zweck dient auch der § 34 MBO-Ä, der sicherstellen soll, dass die Entscheidung des Arztes über die Vorordnung von Arzneimittelen nicht durch Vorteilgewährungen der Arzneimittelhersteller beeinflusst ist, sondern vielmehr allein am Wohl des Patienten ausgerichtet wird.

Es geht somit darum, Normen des Wettbewerbsrechts zu ermitteln, welche durch Vorteilgewährungen beeinflusste Entscheidungen als unzulässig bestimmen. Da das Wettbewerbsrecht ein sich stetig wandelndes Rechtsgebiet darstellt, welches nicht nur aufgrund von nationalen Initiativen, sondern vermehrt auch aufgrund von europarechtlichen Vorgaben Änderungen unterworfen ist, soll im Folgenden das aktuelle Wettbewerbsrecht auf Normen untersucht werden, die diesem Prototypen einer unlauterkeitsbegründenden Norm entsprechen. Dabei zielt diese Untersuchung nicht auf eine vollständige Auflistung aller unlauterkeitsbegründenden Normen ab, sondern soll anhand der Auflistung wichtiger Beispiele verdeutlichen, nach welchem Normtypus gesucht werden muss, wenn die Unlauterkeit der Bevorzugung durch den Angestellten oder Beauftragten im Rahmen des § 299 StGB begründet werden soll.

485 Auch die Gereichte weisen darauf hin, dass nicht die Norm des § 34 MBO-Ä, sondern die jeweiligen Landesregelungen ausschlaggebend sind, welche jedoch dem § 34 MBO-Ä entsprechen, vgl. etwa BGH, NJW 2000, 2745.

486 Das wird z.B. vom BGH vorausgesetzt, vgl. BGH, NJW 2000, 2745.

487 *Finn*, PharmR 2009, 481; *Backhaus*, PharmR 2000, 362, 367.

b) Unlauterkeitsbegründende Normen des UWG

Bevor spezialgesetzliche Regelungen des beschriebenen Normtypus ausfindig gemacht werden, soll das allgemeine Lauterkeitsrecht des UWG darauf hin untersucht werden, ob es Normen enthält, welche Wettbewerbshandlungen deshalb für unlauter erklären, weil sie durch Vorteilgewährungen zustande gekommen sind. Dabei werden hier nur diejenigen Normen besprochen, welche potentiell dafür in Frage kommen.

aa) § 4 Nr. 1 UWG

Als Norm des UWG, welche die freie Entscheidungsfindung von geschäftlichen Handlungen schützen soll, kommt zunächst § 4 Nr. 1 UWG in Betracht. § 4 Nr. 1 UWG bestimmt, dass unlauter handelt, wer *„geschäftliche Handlungen vornimmt, die geeignet sind, die Entscheidungsfreiheit der Verbraucher oder sonstiger Marktteilnehmer durch Ausübung von Druck, in menschenverachtender Weise oder durch sonstigen unangemessenen unsachlichen Einfluss zu beeinträchtigen"*. Diese Norm schützt die Wahl- und Entscheidungsfreiheit der Marktteilnehmer. Darüber hinaus soll sie durch die Sicherstellung der Entscheidungsfreiheit der Marktteilnehmer mittelbar die Mitbewerber und das Interesse der Allgemeinheit an einem funktionierenden Wettbewerb schützen.[488] Dieser Schutz soll dadurch verwirklicht werden, dass die Entscheidungsfindung bei geschäftlichen Entscheidungen von bestimmten Beeinflussungen verschont bleibt. Denn der Wettbewerb kann nur dann seine wirtschaftspolitische Ordnungsfunktion wahrnehmen, wenn die Marktteilnehmer ihre Entscheidungen frei fällen können.[489]

Während ein menschenverachtendes Verhalten oder eine Druckausübung in Fällen der Korruption ausscheidet, kann darüber nachgedacht werden, ob nicht eine sonstige unangemessene unsachliche Beeinflussung der Entscheidung des Geschäftsherrn des Angestellten oder der Verbraucher erfolgt. Es liegt nahe, dass sowohl der Angestellte oder Beauftragte als auch der Bestechende Einfluss auf die Entscheidung des Geschäftsherrn nehmen. Einem Angestellten oder Beauftragten, der keinerlei Einfluss hat bzw. zu haben scheint, wird keine Bestechungszahlung versprochen. Schon aus der Notwendigkeit der Unrechtsvereinbarung ergibt sich, dass der Angestellte und der Vorteilgewährende davon ausgehen, dass der Angestellte Einfluss auf die Entscheidung des Geschäftsherrn,

488 Vgl. *Dörre* in Loschelder/Erdmann, § 4 Rn. 1; *Köhler* in Köhler/Bornkamm, § 4 Rn. 1.2, 1.5.

489 *Köhler* in Köhler/Bornkamm, § 4 Rn. 1.2.

mithin auf die Bevorzugung im Wettbewerb hat.[490] Der Vorteilgeber wiederum beeinflusst den Angestellten, indem er ihm einen Vorteil in Aussicht stellt, welchen sich dieser durch ein bestimmtes Verhalten verdienen kann. Da es die Bevorzugung im Wettbewerb ist, welche im Rahmen von § 299 StGB in unlauterer Weise geschehen muss,[491] kommt es in diesem Rahmen vor allem auf das Verhalten des Angestellten an. Dieser beeinflusst in Korruptionsfällen die Entscheidung des Geschäftsherrn entweder indem er die Entscheidung tatsächlich selber für den Geschäftsherrn als dessen Vertreter trifft oder faktisch, indem er den Geschäftsherrn in entsprechender Weise berät. Ob und in welchen Konstellationen diese Beeinflussung unsachlich und unangemessen ist, soll später untersucht werden. Hier soll allein festgehalten werden, dass § 4 Nr. 1 UWG eine Norm ist, deren Verstoß zu einer Unlauterkeit der Bevorzugung im Sinne des § 299 StGB führen kann. Voraussetzung dafür ist, dass die Handlung des Angestellten eine unsachliche unangemessene Beeinflussung der Entscheidungsfreiheit des Geschäftsherrn darstellt.[492] Dass durch Bestechungsabreden eine unsachliche und unangemessene Beeinflussung des Geschäftsherrn des Angestellten im Sinne des § 4 Nr. 1 Var. 3 UWG möglich ist, wird auch in der Literatur anerkannt.[493]

Auch eine Beeinflussung von Verbrauchern durch den Angestellten ist denkbar. So kann die Empfehlung eines Angestellten faktisch die Entscheidung von Verbrauchern beeinflussen. Eine solche wird nicht stets unangemessen und unsachlich sein. Sollte jedoch im Einzelfall eine Unsachlichkeit und Unangemessenheit der Beeinflussung der Verbraucher durch den Angestellten aufgrund der Vorteilgewährung bestehen, so begründet § 4 Nr. 1 Var. 3 UWG die Unlauterkeit dieser Bevorzugung.[494]

Die Erfassung von Vorteilgewährungen und daraus resultierende Bevorzugungen durch § 4 Nr. 1 Var. 3 UWG zeigt sich auch daran, dass diese Norm nunmehr zur Bewertung von Zugaben herangezogen wird, welche bis 2001 an der Zugabeverordnung gemessen wurden.[495] Es bleibt festzuhalten, dass § 4 Nr. 1 UWG eine Norm darstellt, die bevorzugende Wettbewerbshandlungen, die

490 *Tiedemann* in LK, § 299 Rn. 11 m.w.N.

491 Zum Bezugspunkt für die Unlauterkeit im Rahmen des § 299 StGB siehe bereits C. III. 1. b) aa).

492 Wann ein solches Verhalten des Angestellten unsachlich und unangemessen ist, wird unter C. IV. 2. a) aa) erörtert.

493 *Herrmann*, WRP 2006,

494 So auch *Köhler* in Köhler/Bornkamm, § 4 Rn. 1.84; *Steinbeck* in Fezer, § 4-1 Rn. 226 ff.

495 *Dörre* in Loschelder/Erdmann, § 4 Rn. 123; *Köhler* in Köhler/Bornkamm, § 4 Rn. 1.79 ff.

aufgrund von Vorteilgewährungen durch Angestellte beeinflusst werden, als unlauter zu kennzeichnen vermag.[496]

bb) § 4 Nr. 3 UWG – Verschleierung von Werbecharakter

Darüber hinaus ist zu untersuchen, ob die Unlauterkeit einer bevorzugenden Handlung durch den Angestellten oder Beauftragten wegen Verstoßes gegen § 4 Nr. 3 UWG unlauter sein kann. Das erscheint in Konstellationen denkbar, in denen der Angestellte oder Beauftragte von dem Vorteilgeber durch den Vorteil dazu animiert wird, das Produkt des Vorteilgebers zu bewerben und dadurch die Entscheidung des von der Werbung betroffenen Marktteilnehmers (regelmäßig der Verbraucher) zu beeinflussen. § 4 Nr. 3 UWG dient dem Schutz von Verbrauchern und sonstigen Marktteilnehmer vor einer Täuschung über die wahren, nämlich kommerziellen Absichten des Handelnden.[497]

Ein Verstoß gegen § 4 Nr. 3 UWG durch den Angestellten setzt zunächst voraus, dass die Bevorzugung gerade in einer geschäftlichen Handlung mit Werbecharakter liegt. Werbecharakter hat eine geschäftliche Handlung, wenn sie zumindest mittelbar dazu beiträgt, den Absatz oder Bezug eines Unternehmens zu fördern.[498] Insoweit kann einer Empfehlung eines herstellerfremden Verkaufsangestellten unter Umständen ein Werbecharakter zukommen.[499]

Zusätzlich setzt das Element des Verschleierns eine Täuschung über den Werbecharakter voraus. Eine solche Täuschung kann jedoch nur dann angenommen werden, wenn eine Aufklärungspflicht in Bezug auf den Werbecharakter besteht. Da bei Austauschverträgen in der Regel keine Pflicht zur objektiven Beratung besteht, kann auch keine Aufklärungspflicht in Bezug auf die Gründe der jeweiligen Beratung angenommen werden.[500] Etwas anderes kann jedoch da gelten, wo eine bevorzugende Empfehlung aufgrund einer Prämie gesetzlich verboten ist. In solchen Fällen kann ein Vertrauen der Verbraucher und sonstigen Marktteilnehmer auf die Werbefreiheit der geschäftlichen Handlung des Angestellten bestehen, welches eine Aufklärungspflicht über den Werbecharakter der Handlung begründet. Ist dies der Fall, so verstößt der Angestellte oder Beauftragte gegen § 4 Nr. 3 UWG und handelt somit unlauter. Bei § 4 Nr. 3 UWG handelt es sich somit um eine Norm, die eine Unlauterkeit nach § 299 StGB in bestimmten Konstellationen zu begründen vermag.[501]

---

496 So auch *Tiedemann* in FS Rissing-van Saan, § 685, 698.

497 *Köhler* in Köhler/Bornkamm, § 4 Rn. 3.2.

498 *Köhler* in Köhler/Bornkamm, § 4 Rn. 3.10.

499 *Köhler* in Köhler/Bornkamm , § 4 Rn. 3.48

500 So wohl auch *Köhler* in Köhler/Bornkamm, § 4 Rn. 3.48.

501 Zu einem Beispielsfall für solche Konstellationen siehe C. IV. 2. b) cc) (2).

cc) *§ 3 Abs. 3 UWG i.V.m. Nr. 11 des Anhangs zu § 3 Abs. 3 UWG*

Ein Sonderfall einer Verschleierung einer Werbemaßnahme ist in dem Anhang zu § 3 Abs. 3 UWG geregelt. Dessen Nr. 11 bestimmt, dass „der vom Unternehmer finanzierte Einsatz redaktioneller Inhalte zu Zwecken der Verkaufsförderung, ohne dass sich dieser Zusammenhang aus dem Inhalt oder aus der Art der optischen oder akustischen Darstellung eindeutig ergibt (als Information getarnte Werbung)" stets unlauter ist. Der Anhang des § 3 Abs. 3 UWG beruht auf der UGP-Richtlinie der EG[502]. Der deutsche Gesetzgeber hat sich dazu entschlossen, weitestgehend die in dem Anhang zur Richtlinie genannten Unlauterkeitsbeispiele in den Anhang zu § 3 Abs. 3 UWG aufzunehmen und als Fälle zu benennen, die stets zur Unlauterkeit der geschäftlichen Handlung führen. Die Besonderheit dieses Anhangs liegt darin begründet, dass in den einschlägigen Fällen keine weitere Relevanzprüfung stattfindet.[503]

Nr. 11 des Anhangs zu § 3 Abs. 3 UWG bestimmt, dass als Information getarnte Werbung in redaktionellen Inhalten unlauter ist. Die Norm bestimmt somit ausdrücklich, dass nicht nur die Bezahlung/Finanzierung[504] für die getarnte Werbung unlauter ist, sondern auch die Werbemaßnahme selbst. Wird somit ein Unternehmer aufgrund von Vorteilgewährungen bei dem Einsatz von redaktionellen Mitteln bevorzugt, so ergibt sich die Unlauterkeit dieser bevorzugenden Maßnahme aus § 3 Abs. 3 UWG in Verbindung mit Nr. 11 des Anhangs zu § 3 Abs. 3 UWG. Es handelt sich dabei somit um eine potentiell unlauterkeitsbegründende Norm.

dd) *§ 4 Nr. 10 UWG – gezielte Behinderung von Mitbewerbern*

Des Weiteren könnte daran gedacht werden, die Unlauterkeit einer bevorzugenden Maßnahme mit einem Verstoß gegen § 4 Nr. 10 UWG zu begründen. Diese Norm bestimmt, dass unlauter handelt, wer Mitbewerber gezielt behindert. Es ist unzweifelhaft, dass Wettbewerber, die Korruption als Mittel einsetzen, um an Aufträge zu gelangen, die Mitbewerber gezielt behindern, die mit fairen Mitteln um die Aufträge konkurrieren. Zu beachten ist jedoch, dass sich im Rahmen des § 299 StGB die Unlauterkeit nicht auf die Schmiergeldzahlung, sondern auf die

---

502 ABl. Nr. L 149 S. 22, ber. ABl. 2009 Nr. L 253 S. 18)EU-Dok.-Nr. 3 2005 L 0029.

503 *Sosnitza* in Piper/Ohly/Sosnitza, Anhang zu § 3 Abs. 3, Rn. 3.

504 Hier weicht die Nr. 11 des Anhangs zu § 3 Abs. 3 UWG von der Formulierung der Richtlinie ab. Diese spricht - anders als die deutsche Regelung – nicht von Finanzierung durch den Unternehmer, sondern von der Bezahlung des Unternehmers für die als Information getarnte Werbung. Die deutsche Regelung wird hier im Zweifel europarechtskonform auszulegen sein, vgl. dazu auch *Sosnitza* in Piper/Ohly/Sosnitza, Anhang zu § 3 Abs. 3, Rn. 29.

Bevorzugung im Wettbewerb bezieht.[505] Diese Bevorzugung wird jedoch vom Angestellten oder Beauftragten vorgenommen. Dieser steht jedoch mit den durch die Korruptionstat Behinderten nicht in einem konkreten Wettbewerbsverhältnis. Ein solches ist jedoch Voraussetzung für die Eigenschaft als Mitbewerber, was sich ausdrücklich aus der Legaldefinition des § 2 Abs. 1 Nr. 3 UWG ergibt. Ein konkretes Wettbewerbsverhältnis besteht nur zwischen dem Vorteilgeber und den dessen Mitbewerbern. Das Unternehmen des Angestellten stellt die Marktgegenseite dar und steht mit den Mitbewerbern des Vorteilgebers gerade nicht in einem konkreten Wettbewerbsverhältnis. Es ist jedoch einhellige Auffassung, dass von § 4 Nr. 10 UWG nur die Behinderung von eigenen Mitbewerbern erfasst ist.[506] Nach dieser Norm mag daher das Verhalten des Vorteilgebers unlauter sein. Eine Unlauterkeit der Handlung des Angestellten oder Beauftragten kann mittels des § 4 Nr. 10 UWG nicht begründet werden.

ee) § 4 Nr. 11 UWG

Der § 4 Nr. 11 UWG bestimmt, dass derjenige Marktteilnehmer unlauter handelt, der „einer gesetzlichen Vorschrift zuwiderhandelt, die auch dazu bestimmt ist, im Interesse der Marktteilnehmer das Marktverhalten zu regeln“. Die Norm des § 4 Nr. 11 UWG ist die Nachfolgevorschrift für die durch die Rechtsprechung im Rahmen von § 1 UWG a.F. entwickelten Fallgruppe des Vorsprungs durch Rechtsbruch. Auch im Rahmen des UWG 1909 war anerkannt, dass es unlauter ist, wenn sich ein Marktteilnehmer einen Wettbewerbsvorsprung dadurch ermöglicht, dass er gegen ein gesetzliches Verbot verstößt.[507] Im Rahmen der UWG Reform im Jahre 2004 wurde diese Fallgruppe ausdrücklich geregelt. Jedoch verzichtet diese Regelung des § 4 Nr. 11 UWG auf das Merkmal des Vorsprungs und lässt es genügen, dass ein Verstoß gegen eine Norm vorliegt, die zumindest sekundär den Schutz des Marktes und seiner Teilnehmer bezweckt.[508] Die Vorschrift des § 4 Nr. 11 UWG selbst enthält somit nur eine Rechtsfolge, die bei Verstößen gegen bestimmte Normen (zusätzlich zu deren Rechtsfolgen) eintritt. Als reine Rechtsfolgennorm kann § 4 Nr. 11 UWG selbst keine unlauterkeitsbegründende Funktion übernehmen. Diese Funktion kommt § 4 Nr. 11 UWG immer nur in Verbindung mit der Norm zu, gegen die verstoßen wird. Insofern ergibt sich die Unlauterkeit zwar aus § 4 Nr. 11 UWG, ob

---

505 Zum Bezugspunkt der Unlauterkeit im Rahmen von § 299 StGB siehe ausführlich bereits C. III. 1. b) aa).

506 *Omsels* in Harte-Bavendamm/Henning/Bodewig, § 4 Nr. 10 Rn. 13.

507 Siehe dazu beispielhaft die ausführlichen Ausführungen zu dieser Fallgruppe des § 1 UWG a.F. bei *Eichmann*, GRUR 1967, 564 ff.

508 *Ohly* in Piper/Ohly/Sosnitza, § 4 Rn. 11.5

jedoch eine Relevanz für die Bestimmung der Unlauterkeit im Rahmen von § 299 StGB besteht, kann stets nur anhand der Analyse der sekundär marktschützenden Norm beurteilt werden. Allein die Norm des § 4 Nr. 11 UWG kann somit die Unlauterkeit der Bevorzugung im Rahmen von § 299 StGB nicht begründen.[509]

ff) § 3 Abs. 1 UWG

Fraglich ist, ob eine Begründung der Unlauterkeit im Rahmen des § 299 StGB auch durch die Annahme des Tatbestandes der Generalklausel des § 3 Abs. 1 UWG möglich ist. Der Verweis einer Strafnorm auf eine Generalklausel setzt sich automatisch verfassungsrechtlicher Bedenken in Bezug auf die Bestimmtheit der Strafnorm im Sinne von Art. 103 Abs. 2 GG aus.[510]

Solche Bedenken ergeben sich insbesondere dann, wenn man in § 299 StGB aufgrund des Merkmals der Unlauterkeit einen Blanketttatbestand erblickt. In diesem Falle würden sich die Bestimmtheitsanforderungen des Art. 103 Abs. 2 GG auch auf den ausfüllenden Tatbestand, in diesem Fall auf § 3 Abs. 1 UWG beziehen.[511] Diesen Bestimmtheitsanforderungen kann die Generalklausel des § 3 Abs. 1 UWG jedoch zumindest zum jetztigen Zeitpunkt nicht genügen. Das liegt daran, dass für die noch junge Generalklausel des § 3 Abs. 1 UWG noch keine durch die Rechtsprechung in hinreichender Weise konkretisierten Fallgruppen bestehen, welche zu einer Bestimmung der von § 3 Abs. 1 UWG erfassten Verhaltensweisen beizutragen vermag.[512] Vielmehr hat der Gesetzgeber die

---

509 Das ist auch der Grund dafür, warum sich die Unlauterkeit in diesen Fällen nicht aus § 4 Nr. 11 UWG i.V.m. § 299 StGB ergibt. Eine solche Begründung wäre ohnehin zirkulär, da es nach der hier vertretenen Auffassung gerade darum geht, die Erfüllung des Tatbestandes des § 299 StGB zu überprüfen. Insofern kann über eine Begründung der Unlauterkeit über § 4 Nr. 11 UWG i.V.m. § 299 StGB überhaupt nur dann nachgedacht werden, wenn sich die Unlauterkeit (im Sinne des § 299 StGB) bereits aus einer anderen Norm ergibt oder wenn man – wie etwa *Pfuhl* in seinen Ausführungen zu dieser Frage (vgl. *Pfuhl*, Verkaufsförderung, S. 140 ff.)– dem Merkmal der Unlauterkeit in § 299 StGB entgegen der hier vertretenen Auffassung keine eigenständige Bedeutung zumisst.

510 *Klug*, GRUR 1975, 289, 291; *Ulsenheimer*, wistra 1983, 12, 16; auch *Nestoruk*, Strafrechtliche Aspekte, S. 64 f. allerdings noch zur alten Generalklausel.

511 BVerfG, NJW 1956, 1025; *Enderle*, Blankettstrafgesetze, S. 228; vergleichbare Überlegungen werden zur Bestimmtheit der Norm des § 266 StGB angestellt, soweit dieser auf die unbestimmte Norm des § 93 Abs. 2 AktG verweist, vgl. *Rönnau/Hohn*, NStZ 2004, 113, 118.

512 Eine solche Konkretisierung hält der BGH jedoch für notwendig, um bei einem Verweis auf eine Generalklausel oder eine Norm mit unbestimmten Rechtsbegriffen einen Verstoß gegen Art. 103 Abs. 2 GG zu vermeiden, vgl. etwa BGH 3 StR 217/81 = wistra 1982, 108; (in diesem Punkt) zustimmend *Ulsenheimer*, wistra 1983, 12, 16.

anerkannten Fallgruppen in den Jahren 2004 und 2008 in den Fallgruppen der §§ 4-6 UWG ausdrücklich geregelt. Bekannte Geschäftspraktiken, welche der Gesetzgeber bewusst nicht in die Beispielsfälle der §§ 4 ff. UWG aufgenommen hat, sollen daher von § 3 Abs. 1 UWG nicht erfasst werden.[513] Die Generalklausel des § 3 Abs. 1 UWG dient hingegen der Weiterentwicklung und stetigen Anpassung des Wettbewerbsrechts an die Entwicklungen des Wirtschaftsrechts und der Moralvorstellungen. Insofern kommt – zumindest zum jetzigen Zeitpunkt – der Generalklausel keine wesentliche Bedeutung neben den exemplarischen Fallgruppen der §§ 4-6 UWG zu.[514] Aus Art. 103 Abs. 2 GG ergibt sich jedoch, dass sich eine Strafbarkeit aufgrund derartiger Generalklauseln nur ergeben kann, wenn allgemein anerkannte Fallgruppen existieren.[515]

Diese reine lückenfüllende und rechtsfortbildende Funktion der Generalklausel führt dazu, dass dem § 3 Abs. 1 UWG keine nennenswerte unlauterkeitsbegründende Funktion im Rahmen des § 299 StGB zugesprochen werden kann. Das gilt auch für den Fall, dass § 299 StGB nicht als Blankett, sondern als wettbewerbsrechtsakzessorische Regelung begriffen wird. Denn auch in diesem Fall ist aufgrund der rein lückenfüllenden und rechtsfortbildenden Funktion zumindest zum heutigen Zeitpunkt eine Unlauterkeitsbegründung über § 3 Abs. 1 UWG praktisch nicht relevant.[516] Vielmehr bleibt neben dem § 4 Nr. 1 UWG keine Möglichkeit der Unlauterkeitsbegründung von Einflussnahmen auf die Entscheidungsprozesse von Marktteilnehmern. Deren wettbewerbsrechtliche Zulässigkeit bemisst sich nach § 4 Nr. 1 UWG. Liegen dessen Voraussetzungen nicht vor, können diese nicht dadurch umgangen werden, dass ein Rückgriff auf § 3 Abs. 1 UWG erfolgt. Dieser dient allein der Erfassung von Fallgruppen, welche in den Katalogen der §§ 4 ff. UWG deshalb nicht erfasst sind, weil sie zum Zeitpunkt des Erlasses noch nicht existierten. Zudem würden strafrechtlich die Irrtumsregelungen dazu führen, dass eine strafrechtliche Verurteilung aufgrund eines nur nach § 3 Abs. 1 UWG unlauteren Verhaltens regelmäßig nicht möglich wäre.[517]

---

513 *Bieber*, WRP 2008, 723, 724.

514 *Sosnitza* in Piper/Ohly/Sosnitza, § 3 Rn. 62 spricht treffend davon, dass der Anwendungsbereich der Generalklausel des § 3 Abs. 1 UWG neben den in den § 4 ff. UWG geregelten Fallgruppen „bisher nicht geklärt" sei.

515 *Tiedemann*, NJW 1980, 1557, 1559; zur Bedeutung von durch die Rechtsprechung entwickelten Fallgruppen für die Strafbarkeit siehe auch BVerfG vom 23.06.2010 2 - BvR 2559/08, 2 BvR 105/09, 2 BvR 491/09.

516 So auch *Lubberger* in Loschelder/Erdmann, § 44 Rn. 4.

517 Zur Behandlung von Irrtümern bei verweisenden Normen siehe *Enderle*, Blankettstrafgesetze, S. 342 ff.

Es bleibt demnach festzuhalten, dass unabhängig von der Frage, ob § 299 StGB aufgrund des Rückbezugs der Unlauterkeit einen Blanketttatbestand darstellt oder nur eine Wettbewerbsrechtsakzessorietät aufweist,[518] die Inbezugnahme der Generalklausel des § 3 Abs. 1 UWG für eine Begründung der Unlauterkeit im Rahmen des § 299 StGB solange nicht in Betracht kommt, wie es an klaren, durch die Rechtsprechung konkretisierten Fallgruppen mangelt.[519]

gg) § 3 Abs. 2 UWG

Durch UWG-Novelle 2008 hat der Gesetzgeber aufgrund europarechtlicher Vorgaben für die B2C-Ebene spezielle Regelungen ins UWG eingeführt. Neben dem § 3 Abs. 3 UWG und dessen Anhang hat der Gesetzgeber in § 3 Abs. 2 UWG eine sog. Verbrauchergeneralklausel geschaffen. Diese bestimmt, dass geschäftliche Handlungen gegenüber Verbrauchern unzulässig sind, „wenn sie nicht der für den Unternehmer geltenden fachlichen Sorgfalt entsprechen und dazu geeignet sind, die Fähigkeit des Verbrauchers, sich auf Grund von Informationen zu entscheiden, spürbar zu beeinträchtigen und ihn damit zu einer geschäftlichen Entscheidung zu veranlassen, die er andernfalls nicht getroffen hätte". Diese zweite Generalklausel gilt nach dem klaren Gesetzeswortlaut und dem Willen des Gesetzgebers nur für geschäftliche Handlungen gegenüber Verbrauchern. Diese müssen durch die Handlung unmittelbar betroffen sein, eine mittelbare Betroffenheit reicht nicht aus.[520]

Rechtsfolge des § 3 Abs. 2 UWG ist die Unzulässigkeit der Handlung. Insofern spricht § 3 Abs. 2 UWG nicht von Unlauterkeit. Dabei umfasst das Unzulässigkeitsurteil des § 3 Abs. 2 UWG jedoch das Unlauterkeitsurteil. Das ergibt sich schon daraus, dass die Unlauterkeit im Rahmen des UWG eine notwendige – wenn auch nicht hinreichende – Bedingung für die Unzulässigkeit geschäftlicher Handlungen ist. § 3 Abs. 1 UWG bestimmt nämlich, dass eine unlautere Handlung dann unzulässig ist, wenn sie geeignet ist, die Interessen von Marktteilnehmern spürbar zu beeinträchtigen. Diese spürbare Beeinträchtigung, mithin der Ausschluss von Bagatellfällen, wird durch § 3 Abs. 2 UWG selbst geregelt, sodass bei Einschlägigkeit des § 3 Abs. 2 UWG von Unzulässigkeit gesprochen werden kann. Der Begriff der Unzulässigkeit ist im Rahmen des UWG ein zweigliedriger und vereint das Urteil der Unlauterkeit mit dem der Spürbarkeit

518 Dazu ausführlich C. IV. 1. b).

519 Dass die Entwicklung von Fallgruppen durch die Rechtsprechung zur Bestimmtheit einer Norm beizutragen vermag, ist allgemein anerkannt, vgl. jüngst BVerfG vom 23.06.2010 2 - BvR 2559/08, 2 BvR 105/09, 2 BvR 491/09.

520 *Schöttle*, GRUR 2009, 546, 548.

der Beeinträchtigung.[521] Deshalb gilt, dass jede nach § 3 Abs. 2 UWG unzulässige Handlung stets auch unlauter ist.

Allerdings stellt sich auch im Rahmen dieser Generalklausel das Problem der Bestimmtheit. Nimmt der § 299 StGB auf den § 3 Abs. 2 UWG Bezug, so muss aus dem Zusammenspiel dieser Normen ein strafrechtliches Verbot folgen, welches den Anforderungen des Art. 103 Abs. 2 GG genügt. Anders als die „große" Generalklausel des § 3 Abs. 1 UWG weist die Verbrauchergeneralklausel jedoch ein höheres Maß an Bestimmtheit auf. Das liegt daran, dass in § 3 Abs. 2 UWG ausdrücklich klar gestellt wird, dass es bei Handlungen mit Verbraucherbezug unzulässig ist, mittels Verstoß gegen die fachliche Sorgfalt die Fähigkeit des Verbrauchers zu beschränken, sich aufgrund von Informationen frei zu entscheiden. Damit ähnelt der § 3 Abs. 2 UWG dem § 4 Nr. 1 UWG insoweit sich dieser auf das B2C-Verhältnis bezieht. Zur Bestimmtheit des § 3 Abs. 2 UWG trägt auch der § 3 Abs. 3 UWG mit seinem Anhang bei. In diesem Anhang sind Verhaltensweisen aufgeführt, die beispielhaft vor Augen führen, welche Art der Beeinflussung der Verbraucherentscheidungsfreiheit durch den § 3 Abs. 2 UWG geschützt wird. Diese Konkretisierungen der Generalklausel lassen diese bestimmt genug erscheinen, um den strafrechtlichen Begriff der Unlauterkeit in § 299 StGB zu konkretisieren, ohne dass ein Verstoß gegen Art. 103 Abs. 2 GG angenommen werden kann.

Es ist jedoch zu beachten, dass der Anwendungsbereich des § 3 Abs. 2 UWG eher gering sein dürfte. Das liegt daran, dass die typischen Fälle der unzulässigen Beeinträchtigung der Entscheidungsfreiheit von Verbrauchern bereits durch die im Anhang zu § 3 Abs. 3 UWG aufgeführten Fälle erfasst werden. Zudem dürfte die Einführung der Verbrauchergeneralklausel gegenüber der vorherigen Rechtslage keine materiellen Änderungen hervorrufen, da bereits über die Anwendung des § 4 Nr. 1 UWG vergleichbarer Schutz gewährleistet wurde.[522] In den wenigen verbleibenden Fällen, in denen sich die Unlauterkeit einer bevorzugenden Wettbewerbshandlung aufgrund des Verbraucherbezuges aus § 3 Abs. 2 UWG ergibt, vermag diese Norm jedoch die Unlauterkeit der Bevorzugung im Sinne des § 299 StGB zu begründen.

521 So ausdrücklich *Schünemann* in Harte-Bavendamm/Henning-Bodewig, § 3 Rn 58.

522 So auch *Schünemann* in Harte-Bavendamm/Henning-Bodewig, § 3 Rn. 434; *Köhler* in Köhler/Bornkamm, § 3 Rn. 32, 53

c) Unlauterkeitsbegründende Normen des speziellen Wettbewerbsrechts

aa) Allgemeine Ergänzungen des UWG

Zwar existieren Gesetze, welche das UWG allgemein, also für alle Berufsgruppen, ergänzen, wie etwa die Preisangabenverordnung.[523] Jedoch existiert seit der Abschaffung der Zugabeverordnung und des Rabattgesetzes kein Gesetz, welches allgemein für alle Berufszweige die Gewährung von Zuwendungen zum Erhalt von Bevorzugungen im Wettbewerb verbietet. Ein solches allgemeines Verbot von Vorteilgewährungen als Mittel der Absatzförderung findet sich im heutigen Wettbewerb nicht mehr. Vielmehr hat der Gesetzgeber durch Abschaffung dieser allgemeinen Zuwendungsverbote den Willen zum Ausdruck gebracht, dass Vorteilgewährungen im allgemeinen Wettbewerbsrecht grundsätzlich zulässig sind und nur in besonderen Ausnahmefällen unlauter sein sollen.

bb) Berufsspezifische Ergänzungen des UWG

Neben den allgemeinen Ergänzungen des UWG existiert eine Vielzahl von berufsspezifischen Regelungen, die für bestimmte Berufsgruppen besondere Wettbewerbsregelungen vorsehen. Traditionell existieren diese Regelungen für die freien Berufe, wobei dessen Berufsregeln zum Teil gesetzlich geregelt, zum Teil in Berufsordnungen festgelegt sind. Im Folgenden sollen einige Beispiele solcher berufsrechtlichen Regelungen dargestellt werden, die eine Unlauterkeit im Sinne von § 299 StGB begründen können. Ein Anspruch auf Vollständigkeit kann und soll nicht erhoben werden. Vielmehr soll unternommen werden, durch exemplarisches Aufzeigen unlauterkeitsbegründender Berufsregelungen den Normtypus aufzuzeigen, welcher den Begriff der Unlauterkeit in diesem Zusammenhang zu konkretisieren vermag. Dazu wird der Bereich der Gesundheitswirtschaft in Besonderem untersucht. Die Besonderheit dieses Bereichs liegt darin, dass aufgrund des hohen Stellenwertes, welcher der Gesundheit eingeräumt wird, dort eine besonders hohe Regelungsdichte existiert. Nachdem am Beispiel der Gesundheitswirtschaft die Art der Berufsregelung, die eine unlauterkeitsbegründende Funktion übernehmen kann, bestimmt wurde, soll für andere Berufsgruppen auf vergleichbare Regelungen hingewiesen werden, um aufzuzeigen, dass sich unlauterkeitsbegründende Berufsregelungen nicht allein für Fachkreise der Gesundheitswirtschaft, sondern auch in anderen Wirtschaftsbereichen finden.

---

523 Zur Preisangabenverordnung siehe bereits oben C. III. 1. c) bb) (4) (a) (bb).

(1) Normen der Gesundheitswirtschaft

Die Gesundheitswirtschaft stellt einen Bereich dar, welcher in besonderem Maße berufsrechtlichen Vorgaben unterliegt. In der Arzneimittelversorgung sowie der ärztlichen Beratung bedarf es aufgrund des Schutzgegenstandes der menschlichen Gesundheit strengeren Vorschriften als im allgemeinen Wettbewerbsrecht. Diesem höheren Schutzbedürfnis sind der Gesetzgeber durch Erlass des Heilmittelwerbegesetzes, des Arzneimittelgesetzes und des Apothekengesetzes und die Berufskammern durch den Erlass von sog. Berufsordnungen nachgekommen. Diese Regelungen sollen vor allem die unabhängige Beratung durch Ärzte und Apotheker gewährleisten. Insofern liegt diesen Regelungen weitgehend der in § 4 Nr. 1 UWG verankerte Gedanke zugrunde, dass eine unangemessene und unsachliche Beeinflussung der Entscheidung des Arztes oder des Apothekers bzw. der Verbraucher vermieden werden soll. Nur wird die Unangemessenheit und Unsachlichkeit aufgrund des überragend wichtigen Schutzgutes der Gesundheit enger verstanden und klarer definiert.

(a) § 34 Abs. 1 MBO-Ä

Ein Beispiel für solche eine Norm, die Handlungen von Ärzten oder Apothekern aufgrund von Vorteilsgewährungen durch Dritte für wettbewerbswidrig, mithin unlauter erklärt, wurde mit § 34 Abs. 1 MBO-Ä bereits dargestellt.[524]

(b) § 34 Abs. 5 i.V.m. § 32 MBO-Ä

§ 34 Abs. 5 MBO-Ä schreibt vor, dass es Ärzten nicht gestattet ist, Patienten ohne hinreichenden Grund an bestimmte Apotheken, Geschäfte oder Anbieter von gesundheitlichen Leistungen zu verweisen. Aus § 32 MBO-Ä ergibt sich, dass Geschenke von Anderen (zum Beispiel Apothekeninhabern oder anderen Anbietern gesundheitlicher Leistungen) keine hinreichenden Gründe darstellen können, da deren Annahme Ärzten grundsätzlich untersagt ist, sobald diese Geschenke eine Bagatellgrenze überschreiten. Aus diesem Normzusammenhang ergibt sich somit, dass Verweisungen von Patienten an Apotheken oder andere Anbieter gesundheitlicher Leistungen unzulässig und somit unlauter sind, solange sie aufgrund von Vorteilgewährungen an den Berufsträger vorgenommen werden.[525] Auch die Rechtsprechung geht einhellig davon aus, dass ein Arzt, der einen Patienten an eine bestimmte Apotheke verweist, weil diese ihm dafür ei-

---

524 Siehe dazu oben C. III. 2. a).

525 *Ratzel/Knüpper* in Ratzel/Luxenburger, § 5 Rn. 163.

nen Vorteil gewährt, gegen § 34 Abs. 5 MBO-Ä verstößt und deshalb gemäß § 34 Abs. 5 MBO-Ä in Verbindung mit § 4 Nr. 11 UWG unlauter handelt.[526]

(c) § 31 MBO-Ä

Eine ähnliche Norm enthält § 31 MBO-Ä. Diese Norm bestimmt, dass es Ärzten nicht gestattet ist, für die Zuweisung von Patienten oder Untersuchungsmaterial ein Entgelt oder andere Vorteile sich versprechen oder gewähren zu lassen oder selbst zu versprechen oder zu gewähren. Schutzgut des § 31 MBO-Ä ist somit die Unabhängigkeit der ärztlichen Entscheidung gegenüber Vorteilgewährungen von Dritten.[527] Bei dieser Norm handelt es sich um eine „besondere Ausgestaltung des Gebots des fairen Wettbewerbs", die – entgegen dem allgemeinen Wettbewerbsrecht – eine Vorteilgewährung von dritter Seite stets als unzulässig erachtet.[528] Eine bevorzugte Zuweisung von Patienten oder Untersuchungsmaterial aufgrund von Vorteilsgewährungen durch Ärzte ist somit unlauter.[529] Diese enge Verknüpfung von § 31 MBO-Ä und den Korruptionsdelikten wird auch in der medizinrechtlichen Literatur erkannt. So wird darauf hingewiesen, dass bei einem beim Verstoß gegen § 31 MBO-Ä gleichzeitig der objektive Tatbestand des § 331 StGB erfüllt wird.[530]

(d) § 7 Abs. 1 i.V.m. § 15 Abs. 1 Nr. 4a Heilmittelwerbegesetz (HWG)

Ein gesetzliches Verbot von Vorteilannahmen enthält auch der § 7 Abs. 1 HWG, welcher nach allgemeiner Ansicht eine Marktverhaltensregelung darstellt und somit eine Norm im Sinne des § 4 Nr. 11 UWG ist.[531] Diese Norm schreibt vor, dass es unzulässig ist, Vorteilgewährungen zur Werbung für Heilmittel einzusetzen. Mit dieser Norm korrespondiert das Verbot der Angehörigen der Fachkreise

526 BGH vom 24.06.2010 – I ZR 182/08; OLG Düsseldorf, WRP 2009, 652; OLG Koblenz, WRP 2008, 145.

527 *Lippert* in Ratzel/Lippert, Vorbem. Zu § 30 ff. Rn. 1 f.

528 *Lippert* in Ratzel/Lippert, § 31 Rn. 2

529 Die Unlauterkeit der bevorzugenden Handlung des Arztes führt jedoch nicht automatisch zur Strafbarkeit nach § 299 StGB. Vielmehr müssen dessen übrigen Voraussetzungen ebenfalls vorliegen. Der Arzt müsste als Angestellter oder Beauftragter eines geschäftlichen Betriebes sein und es müsste ein Bezug von Waren oder gewerblichen Leistungen vorliegen, was in den hier einschlägigen Fällen nicht stets der Fall sein dürfte. Siehe zur ausführlicheren Besprechung eines ähnlichen Falls unten C. IV. 2. c) bb) (2).

530 *Ratzel* in Ratzel/Lippert, § 31 Rn. 16 ff. Die Beschränkung auf § 331 StGB ist jedoch nicht zwingend. Auch der § 299 StGB rückt in diesem Zusammenhang nicht zuletzt aufgrund der zunehmenden Privatisierung der Krankenhäuser vermehrt in den Blick.

531 *Ohly* in Piper/Ohly/Sosnitza, § 4 Rn. 4.11; *Biber*, WRP 2008, 723, 725.

des Heilmittelmarktes[532], solche Vorteilgewährungen anzunehmen, welches in § 15 Abs. 1 Nr. 4a HWG als Ordnungswidrigkeit ausgestaltet ist. Die Angehörigen dieser Fachkreise sollen sich in ihren Handlungen nicht durch Vorteile von dritter Seite, sondern allein von der Sorge um das Wohl der Patienten leiten lassen. § 7 Abs. 1 HWG ist somit die Fortführung des zuvor als generelles Verbot ausgestalteten Zugabeverbot des § 1 Abs. 1 ZugabeVO. Der Gesetzgeber hielt es im Rahmen der Abschaffung der ZugabeVO für angebracht, im Bereich der Heilmittel ein generelles Verbot von Zugabengewährungen aufrecht zu erhalten. Daher beschloss er im Gesetz zur Abschaffung der ZugabeVO gleichzeitig eine dahingehende Änderung des § 7 Abs. 1 HWG.[533] § 7 Abs. 1 HWG soll eine unangemessene und unsachliche Beeinflussung verhindern[534], sodass es sich im Ergebnis um eine Konkretisierung des § 4 Nr. 1 UWG für einen bestimmten Bereich wirtschaftlichen Handelns handelt. Insofern gilt für § 7 Abs. 1 HWG insbesondere in Verbindung mit § 15 Abs. 1 Nr. 4a HWG dasselbe wie für Verstöße gegen die Zugabeverordnung oder gegen § 4 Nr. 1 UWG: Handlungen, die von Angehörigen dieser Fachkreise vorgenommen werden, weil ihnen dafür von dritter Seite eine Zuwendung oder sonstige Werbegabe versprochen oder gewährt wurde, sind unlauter.[535]

(e) § 11 Abs. 1 i.V.m. § 25 Abs. 1 Nr. 2 Apothekengesetz (ApoG)

Eine dem Prototyp einer unlauterkeitsbegründenden Norm entsprechende Regelung findet sich auch im Berufsrecht für Apotheker. § 11 Abs. 1 ApoG bestimmt, dass Erlaubnisinhaber und Personal von Apotheken mit Ärzten oder anderen Personen, die sich mit der Behandlung von Krankheiten befassen, keine Rechtsgeschäfte vornehmen oder Absprachen treffen dürfen, die eine bevorzugte Lieferung bestimmter Arzneimittel, die Zuführung von Patienten, die Zuweisung von Verschreibungen oder die Fertigung von Arzneimitteln ohne volle Angabe der Zusammensetzung zum Gegenstand haben. Diese Vorschrift soll die Unabhängigkeit des Apothekers gegenüber den anderen Heilberufen sichern und die freie Apothekenwahl der Patienten gewährleisten.[536] § 25 Abs. 1 Nr. 2 ApoG bestimmt sodann, dass derjenige, der als Erlaubnisinhaber oder als Angestellter des Erlaubnisinhabers entgegen § 11 Abs. 1 ApoG eine solche bevorzugte Lieferung oder Zuführung ausführt, ordnungswidrig handelt. Aus § 25 Abs. 1 Nr. 2

532 Der Terminus der Fachkreise wird in § 2 HWG legal definiert.

533 *Möller*, WRP 2006, 428, 429; *Kieser*, PharmR 2004, 129, 130.

534 So auch *Greiff* in Ratzel/Luxenburger, § 33 Rn. 60.

535 Zur Unlauterkeitsbegründung wegen Verstößen gegen die ZugabeVO vgl. bereits oben C. III. 1. c) bb) (4) (aa).

536 *Wiesener* in Ratzel/Luxenburger, § 32 Rn. 24.

ApoG wird deutlich, dass Apotheker und deren Angestellte unlauter handeln, wenn sie aufgrund von Vorteilgewährungen von dritter Seite Kunden bevorzugt bestimmte Ärzte oder Gesundheitseinrichtungen empfehlen.

(f) Zusammenfassung für den Gesundheitsbereich

Im Rahmen der Gesundheitswirtschaft gibt es Vorschriften, welche eine Bevorzugung von Pharmaunternehmen, Arzneimittelherstellern oder sonstigen Erbringern von Gesundheitsleistungen durch Angehörige der Fachkreise aufgrund von Vorteilgewährungen dieser Unternehmen verbietet und für unzulässig erklärt. Bei diesen Vorschriften handelt es sich um Normen, welche die Unlauterkeit der Bevorzugung im Sinne des § 299 StGB zu begründen vermögen.

(2) Weitere unlauterkeitsbegründende Berufsregelungen

Neben der Gesundheitswirtschaft kennen auch viele andere Berufszweige Sonderregelungen, die vor Beeinflussungen durch Vorteile von Dritten schützen und somit die Unabhängigkeit der Berufsangehörigen sicherstellen sollen. Ohne Anspruch auf Vollständigkeit sollen im Folgenden entsprechende Regelungen dargestellt werden. Diese weisen stets eine vergleichbare Struktur auf, wie die Normen, die im Bereich des Gesundheitswesens existieren.

(a) § 2 Abs. 2 S. 2 Steuerberaterberufsordnung (BOStB)

Auch für Steuerberater existiert eine Regelung, welche den Berufsangehörigen verbietet, Vorteile von Dritten anzunehmen. Diese Regelung findet sich in § 2 Abs. 3 S. 2 BOStB. Sie soll die Unabhängigkeit (§ 2 Abs. 1 BOStB) und Sachlichkeit (§ 5 BOStB) von Steuerberatern sichern. Werden Entscheidungen des Steuerberaters durch nach § 2 Abs. 3 S. 2 BOStB verbotene Vorteilgewährungen beeinflusst, so verstößt dieser dadurch gegen die Pflicht zur Unabhängigkeit und Sachlichkeit und handelt unlauter. Die Unlauterkeit ergibt sich zumindest aus § 4 Nr. 11 UWG in Verbindung mit den Vorschriften der BOStB.[537]

(b) § 19 Abs. 2 Nr. 4 Hamburger Architektengesetz (HambArchG)

Das Hamburger Architektengesetz enthält in § 19 Abs. 2 Nr. 4 HambArchG eine Vorschrift, die die Entgegennahme von Zahlungen von Dritten durch Architek-

537 *Von Jagow* in Harte-Bavedamm/Henning-Bodewig, § 4 Nr. 11 Rn. 79

ten verbietet.[538] Diese Vorschrift entspricht ihrem Gehalt nach der Vorschrift des § 2 Abs. 3 S. 2 BOStB. Auch diese Regelung dient der Wahrung der Unabhängigkeit des Architekten, der allein nach den Wünschen des Bauherrn tätig werden soll. Handlungen, die aufgrund von nach § 19 Abs. 2 Nr. 4 HambArchG unzulässigen Vorteilgewährungen vorgenommen werden, verstoßen gegen die berufsrechtliche Pflicht des Architekten und sind demnach unlauter.

(c) § 10 des Hamburger Landespressegesetz (HambPressG)

In § 10 HambPressG und den korrespondierenden Regelungen der übrigen Landespressegesetze ist geregelt, dass Veröffentlichungen, für die ein Entgelt bezahlt wurde, als Anzeigen zu bezeichnen sind. Diese Regelung enthält also das Gebot der klaren Trennung von Anzeigenteil und redaktionellem Teil. Dieser Regelung des § 10 HambPressG kommt nach allgemeiner Auffassung eine wettbewerbsrechtliche Funktion dahingehend zu, dass es die Lauterkeit des Wettbewerbs im Rahmen der Freiheit der Presse bestimmt. Der § 10 HambPressG ist die einzige Norm des Presserechts, welche als Schutznorm gegen den unlauteren Wettbewerb angesehen wird. Wird gegen diese Norm verstoßen, so ist die Handlung unlauter, § 4 Nr. 11 UWG in Verbindung mit § 10 HambPressG.[539] Nimmt demnach ein Verleger einen Vorteil dafür an, dass er für ein bestimmtes Unternehmen wirbt, ohne diese Werbung als Anzeige zu deklarieren, so ist diese Handlung des Verlegers aufgrund eines Verstoßes gegen § 10 HambPressG unlauter.[540]

d) Ergebnis

Es wurde gezeigt, dass es sich bei den Normen, die eine Unlauterkeit im Sinne des § 299 StGB begründen können, um Normen des Wettbewerbsrechts im weiten Sinne handeln muss. Der Inhalt dieser Normen muss gerade die Beeinflussung einer bevorzugenden Wettbewerbsentscheidung aufgrund einer Vorteilgewährung für unlauter bzw. unzulässig erklären. Solche Normen existieren sowohl im allgemeinen Wettbewerbsrecht des UWG als auch in berufsrechtlichen

538 Die Architektengesteze bzw. die Landesberufsordnungen der anderen Bundeslänger enthalten vergleichbare Vorschriften, so etwa in § 13 Abs. 2 Nr. 9 BremArchG, § 22 Abs. 2 Nr. 9 BauKaG NRW, § 3 Abs. 1 Nr. 4 SchHArchG

539 *Sedelmeier* in Löffler, § 10 Rn. 11.

540 Eine andere Frage ist es, ob der Verleger einer Zeitung eine Tat nach § 299 StGB begehen kann. Diese Frage hängt zum Einen davon ab, ob er gewerbliche Leistungen erbringt und zum Anderen, ob das Merkmal „beim Bezug von Waren oder gewerblichen Leistungen“ erfüllt ist. Da es hier nur um die Frage der Unlauterkeit der Wettbewerbshandlung geht, soll darauf nicht weiter eingegangen werden.

Regelungen für bestimmte Berufe. Charakteristisch für diese Normen ist stets, dass sie bezwecken, wettbewerbsrechtlich relevante Entscheidungen von der Beeinflussung aufgrund von Vorteilgewährungen frei zu halten.

Eine Strafbarkeit nach § 299 StGB setzt die positive Bestimmung der Unlauterkeit der Bevorzugung voraus, es muss daher in jedem Einzelfall untersucht werden, ob ein Verstoß gegen eine unlauterkeitsbegründende Norm vorliegt.

3. Ergebnis der Neubestimmung der Unlauterkeit

Die Auslegung des Merkmals der Unlauterkeit hat ergeben, dass diesem Merkmal eine strafbarkeitseinschränkende Funktion zukommt. Mittels Rückbezugs auf das Wettbewerbsrecht stellt dieses Merkmal sicher, dass nur solche Vorteilsgewährungen den Tatbestand des § 299 StGB erfüllen, welche auf eine Bevorzugung abzielen, die den Wettbewerb zu verzerren vermag. Eine solche Wettbewerbsverzerrung droht nur dann, wenn die angestrebte Bevorzugung gegen Normen des Wettbewerbsrechts verstößt. Die positive Feststellung dieser Wettbewerbswidrigkeit der Bevorzugung ordnet das Merkmal der Unlauterkeit in § 299 StGB an. Im Folgenden wird nun dargestellt, wie sich diese Neubestimmung der Bedeutung des Merkmals der Unlauterkeit auf das Normverständnis sowie die praktische Anwendung der Korruptionsvorschrift auswirkt.

IV. Folgen der (Neu-)Bestimmung der Unlauterkeit

Nachdem das Merkmal der Unlauterkeit neu bestimmt und dessen Bedeutung geklärt wurde, sollen im diesem Teil der Arbeit die Folgen dieser Neubestimmung für den Tatbestand und dessen Reichweite dargestellt werden. Dazu wird zunächst auf die theoretischen Folgen der Neubestimmung eingegangen (dazu C. IV. 1.), bevor die praktischen Auswirkungen sowohl in Bezug auf den Standardfall der Bestechung als auch auf atypische Konstellationen aufgezeigt werden (dazu D. IV. 2.).

1. Folgen für den Tatbestand (theoretische Folgen)

a) Funktion des Merkmals der Unlauterkeit

Die Funktion des Merkmals der Unlauterkeit der Bevorzugung in § 299 StGB besteht in einem Rückbezug auf die Normen des Wettbewerbsrechts. Dieser Rückbezug dient der Anbindung der Strafnorm der Angestelltenbestechung an die Entwicklungen des Wettbewerbsrechts. Als eine Norm, die den Wettbewerb als Institution schützen soll, darf § 299 StGB nur solche Verhaltensweisen sanktionieren, welche unzweifelhaft wettbewerbsrechtlich unzulässig sind. Dem Merkmal der unlauteren Bevorzugung kommt demnach eine strafbarkeitseinschränkende Funktion dahingehend zu, dass nur solche Vorteilsgewährungen vom Tatbestand erfasst werden, welche auf eine Wettbewerbsverzerrung, nämlich eine wettbewerbswidrige, also unlautere Bevorzugung abzielen.[541] Eben in dieser Wettbewerbswidrigkeit der angestrebten Handlung besteht die Gefährdung des Wettbewerbs, welche durch § 299 StGB verhindert werden soll. Das Merkmal der Unlauterkeit der Bevorzugung garantiert somit die Begrenzung des Tatbestandes auf wettbewerbswidrige Verhaltensweisen mittels eines Rückbezugs auf das Lauterkeitsrecht.[542]

b) Blankett oder Vollstrafgesetz mit unbestimmtem Tatbestandsmerkmal

Nachdem festgestellt wurde, dass die Funktion des Merkmals der Unlauterkeit in einer Begrenzung des Tatbestandes auf wettbewerbswidrige Verhaltensweisen mittels eines Rückbezugs auf die Normen des Wettbewerbsrechts besteht, stellt sich die Frage, wie dieser Rückbezug des Merkmals der Unlauterkeit tatbestandstypologisch einzuordnen ist. Bei Normen, die einen Bezug zu anderen, außerhalb des Strafrechts zu findenden Normen herstellen, ist zwischen Blanketttatbeständen und Vollstrafgesetzen mit unbestimmten Tatbestandsmerkmalen zu unterscheiden.[543]

Blankettstrafgesetze sind grundsätzlich solche, die als Tatbestand das strafbare Verhalten nicht vollständig beschreiben, sondern bei denen die Ausfüllungsnorm hinzugezogen werden muss, um einen vollständigen Tatbestand zu erhalten.[544] **Vollstrafgesetze** mit unbestimmten Tatbestandsmerkmalen verweisen ebenfalls auf außerstrafrechtliche Wertungen, beinhalten jedoch bereits ohne

541 Auch *Park* geht davon aus, dass dem Merkmal der Unlauterkeit eine strafbarkeitsbeschränkende Funktion zukommt. Allerdings will er diese nicht mittels Rückbezugs auf das Wettbewerbsrecht, sondern auf die aus dem Steuerrecht stammende Figur des Fremdvergleiches stützen, vgl. *Park*, wistra 2010, 321. Dieser Vorschlag verkennt jedoch, dass es im Wettbewerb Regeln gibt, die Vorteilsgewährungen regeln, sodass nicht auf einen diffusen Fremdvergleich abzustellen ist, sondern auf die Verletzung wettbewerbsrechtlicher Normen.

542 Diese Funktion wurde bereits im Rahmen der Neubestimmung der Unlauterkeit dargelegt, vgl. C. III.

543 Vgl. zu dieser Unterscheidung sowie zur Terminologie ausführlich *Weidenbach*, Blankettstrafgesetze, S. 21 ff.

544 *Weidenbach*, Blankettstrafgesetze, S. 21; *Enderle*, Blankettstrafgesetze, S. 225.

diese eine vollständige Unrechtsvertypung.[545] Die Abgrenzung dieser beiden Tatbestandstypen ist im Detail seit langem umstritten. In Fällen, in denen die Wertungen, auf die in der Strafnorm verwiesen wird, in Rechtsnormen festgelegt sind, wird die Abgrenzung dieser beiden Tatbestandstypen besonders schwierig.[546]

Als Kriterium für die Differenzierung zwischen Blankettstrafgesetzen und Vollstrafgesetzen mit unbestimmten Tatbestandsmerkmalen hat sich ein materielles Kriterium aus der wissenschaftlichen Diskussion heraus kristallisiert: das der Vollständigkeit bzw. der Erschließung des Sinngehalts aus dem Tatbestand. Insbesondere *Enderle* hat verdeutlicht, dass es für die Beantwortung der Frage, ob ein Tatbestand ein Blankett oder ein Vollstrafgesetz darstellt, entscheidend darauf ankommt, ob auch ohne die Ausfüllungsnormen ein vollständiger Tatbestand vorliegt.[547] Eine solche Vollständigkeit des Tatbestandes soll nach Ansicht des BVerfG[548] sowie Teilen der Literatur[549] dann vorliegen, wenn sich der Unrechtssinn bereits aus der Strafnorm selbst ergibt. Einen eigenständigen Unrechtssinn enthält eine Strafnorm, welche das strafbare Verhalten als solches beschreibt, sich also nicht allein auf die Sanktionierung einer Zuwiderhandlung gegen eine außenstehende Norm beschränkt.[550] Daraus ergibt sich, dass Strafgesetze, die das strafbare Verhalten hinreichen genau beschreiben und nur bezüglich einer bestimmten Bewertung auf außerstrafrechtliche Wertungsergebnisse zurückgreifen, keine Blankette sondern Vollstrafgesetze mit normativen Tatbestandsmerkmalen darstellen. So hat das BVerfG entschieden, dass es sich bei dem Merkmal der Pflichtwidrigkeit in § 266 StGB nicht um ein Blankett, sondern um ein (komplexes) normatives Tatbestandsmerkmal handelt.[551]

Bei dem Merkmal der Unlauterkeit in § 299 StGB handelt es sich um ein Merkmal, welches eine Bewertung des angestrebten Wettbewerbseinflusses vornimmt. Das eigentliche Ver- bzw. Gebot, Vorteilgewährungen zur Beeinflussung des Marktgeschehens zu unterlassen, ist bereits in der Strafnorm des § 299 StGB hinreichend beschrieben. Der Begriff der Unlauterkeit übernimmt allein das Wertungsergebnis des Wettbewerbsrechts. Der Unrechtssinn des § 299 StGB, dass der Wettbewerb nicht durch wettbewerbswidrige Vorteilgewährungen und -annahmen beeinflusst werden soll, ergibt sich bereits aus dem Tatbe-

---

545 *Enderle*, Blankettstrafgesetze, S. 225.

546 So auch *Weidenbach*, Blankettstrafgesetze, S. 21.

547 Vgl. *Enderle*, Blankettstrafgesetze, 110 ff.

548 BVerfGE 78, 374; auch BVerfG, NZG 2010, 1143; ebenso BGH, NStZ 1993, 594.

549 *Puppe*, NStZ 1993, 595; *Enderle*, Blankettstrafgesetze, S. 234.

550 *Enderle*, Blankettstrafgesetze, S. 235, 238; BVerfG vom 23.06.2010 2 - BvR 2559/08, 2 BvR 105/09, 2 BvR 491/09.

551 BVerfG, NZG 2010, 1143.

stand des § 299 StGB. Es handelt sich bei § 299 StGB somit um ein Vollstrafgesetz mit einem unbestimmten Tatbestandsmerkmal und nicht um ein Blankettstrafgesetz.

c) Relevanter Zeitpunkt des Vorliegens der Unlauterkeit

Im Anschluss an die Frage des Normtypus des § 299 StGB kann nunmehr untersucht werden, auf welchen Zeitpunkt es bei der Bewertung der Unlauterkeit der angestrebten Bevorzugung ankommt. Dabei geht es um die Frage, ob aufgrund des Rückbezugs des Merkmals der Unlauterkeit Veränderungen im Wettbewerbsrecht Auswirkungen auf die Strafbarkeit zeitigen. Dabei muss zwischen folgenden Konstellationen unterschieden werden:

aa) Durchgängig unveränderte Rechtslage

Für den Fall, dass die wettbewerbsrechtliche Einordnung zum Zeitpunkt der Tathandlung, der (geplanten) Vornahme der Bevorzugung durch den Angestellten oder Beauftragten sowie der Aburteilung durch den Strafrichter identisch ist, ist unproblematisch auf eben diese wettbewerbsrechtliche Rechtslage abzustellen.

bb) Veränderung der Rechtslage zwischen Vorteilsgewährung und Bevorzugung

Verändert sich die wettbewerbsrechtliche Bewertung im Zeitraum zwischen der Vorteilsgewährung und der Bevorzugung dahingehend, dass die angestrebte Bevorzugung im Zeitpunkt der Bevorzugung nicht mehr wettbewerbswidrig ist, so ändert diese Tatsache an der Erfüllung des objektiven Tatbestandes nichts. Das liegt daran, dass der § 299 StGB als abstraktes Gefährdungsdelikt ausgestaltet ist und einen Erfolg in Form einer tatsächlich wettbewerbsverzerrenden Bevorzugungshandlung nicht voraussetzt.[552] Der Tatbestand ist somit bereits mit Vornahme der Tathandlung vollendet. Eine Änderung der wettbewerbsrechtlichen Rechtslage zwischen Vorteilsgewährung und Bevorzugung ändert an der objektiven Bewertung demnach nichts.

Zu beachten ist jedoch, dass Fälle denkbar sind, in denen aufgrund der Gesetzesänderung bereits der Vorsatz in Bezug auf die Bevorzugung *in unlauterer Weise* entfällt. So fehlt es am Vorsatz bezüglich der Unlauterkeit, wenn die Handelnden bereits von der bevorstehenden Gesetzesänderung wissen und die Bevorzugung somit nach Vorstellung der Handelnden nicht unlauter sein soll.

---

552 So die allgemeine Ansicht, vgl. dazu bereits oben A. I. 2. f). siehe für diese h.M. nur *Tiedemann* in LK, § 299 Rn. 6 ff.

cc) *Veränderung der Rechtlage zwischen Bevorzugung und Strafurteil*

Zuletzt stellt sich die Frage, ob eine Veränderung der wettbewerbsrechtlichen Lage vor der Bewertung des Geschehens durch ein Strafgericht Auswirkungen auf die Strafbarkeit einer Handlung nach § 299 StGB haben kann.

Man könnte zunächst geneigt sein, einen solchen Einfluss von nachträglichen Veränderungen des Wettbewerbsrechts auf die Strafbarkeit deshalb anzunehmen, weil das angestrebte Verhalten durch den Gesetzgeber nachträglich als nicht wettbewerbsschädigend eingestuft wird. Eine solche Argumentation kann jedoch nicht überzeugen. Das liegt daran, dass der Unrechtsgehalt des § 299 StGB gerade in dem korrupten Verhalten als Angriffsweg auf den Wettbewerb liegt. Der Einsatz von Vorteilgewährungen zur Erreichung von wettbewerbswidrigen Handlungen soll sanktioniert werden. Ob eine Handlung jedoch wettbewerbswidrig ist, ist eine Frage, die nur zu dem Zeitpunkt ihrer Vornahme getätigt werden kann. Das zeigt schon die Überlegung, dass zu dem Zeitpunkt der Vornahme den anderen Mitbewerbern der Abschluss vergleichbarer Vereinbarungen rechtlich nicht erlaubt war. Bei dem Schutz des Wettbewerbs geht es jedoch darum, die existierenden Wettbewerbsregeln als Leitmaximen im Wettbewerb zu sichern. Das Wettbewerbsrecht stellt Regeln auf, welche von den Marktteilnehmern zu befolgen sind. Ein Verstoß gegen dieses Regelwerk wird nicht dadurch beseitigt, dass die Regel nachträglich geändert oder abgeschafft wird.[553] Insofern ändert eine nachträgliche Veränderung der wettbewerbsrechtlichen Rechtslage nichts an dem wettbewerbsschädigenden Verhalten.

Auch rein dogmatisch ist dieses Ergebnis zwingend. Bei der Frage, ob Rechtsänderungen in dem Zeitraum zwischen der Tathandlung und dem Urteilsspruch Auswirkungen auf die Strafbarkeit haben, geht es darum zu ermitteln, welches Recht anwendbar ist. Beantwortet wird diese Frage grundsätzlich durch den § 2 StGB. Danach gilt in Fällen von Veränderungen der Rechtslage nach der Tathandlung und vor dem Entscheidungszeitpunkt das sog. Meistbegünstigungsprinzip.[554] Es ist demnach das Gesetz anzuwenden, welches für den Beschuldigten am günstigsten ist. Indes meint § 2 StGB, soweit es von Gesetz spricht, das Strafgesetz.[555] Da es sich bei § 299 StGB um ein Vollstrafgesetz handelt,[556] findet eine relevante Gesetzesänderung im Sinne des § 2 Abs. 2 und 3

553 Diese Konsequenz kann durch einen Vergleich mit dem Sport verdeutlicht werden. Im Sport existieren in gleicher Weise Regeln, wie im Wettbewerb. Niemand würde auf die Idee kommen, die Ergebnisse heutiger Fußballspiele zu korrigieren, wenn sich die Regelkommission in zwei Jahren dazu entschließen sollte, die Regeln zu ändern.

554 Ausführlich dazu *Schmitz* in MüKo, § 2 Rn. 17 ff.

555 *Schmitz* in MüKo, § 2 Rn. 2.

556 Vgl. dazu C. IV. 1. b).

StGB in Fällen der Gesetzesänderung im Wettbewerbsrecht jedoch gar nicht statt. Es ist allgemein anerkannt, dass Änderungen von außerstrafrechtlichen Normen nur dann relevante Gesetzesänderungen im Sinne des § 2 StGB sein können, wenn diese durch ein Blankettstrafgesetz Teil der Strafnorm sind. Handelt es sich, wie bei § 299 StGB, um ein Vollstrafgesetz, welches ein ausfüllungsbedürftiges unbestimmtes Tatbestandsmerkmal besitzt, so haben Veränderungen von außerstrafrechtlichen Normen keinen Einfluss auf das anwendbare Recht nach § 2 StGB.[557]

dd) Ergebnis

Es kann somit festgehalten werden, dass Änderungen des Lauterkeitsrechts, die der Gesetzgeber nach der Tathandlung vornimmt, keinen Einfluss auf die Strafbarkeit des Verhaltens haben. Vielmehr kommt es in Bezug auf die Bewertung der Unlauterkeit der Bevorzugung allein darauf an, ob diese zu dem (von den Beteiligen geplanten) Zeitpunkt unlauter gewesen ist bzw. wäre. Nachträgliche Änderungen des Wettbewerbsrechts haben keinen Einfluss auf die Strafbarkeit.

2. Praktische Folgen der (Neu-)Bestimmung

Eine theoretische Neubestimmung der Unlauterkeit allein kann jedoch nicht ausreichen; vielmehr muss diese Neubestimmung dazu führen, dass auch in der praktischen Anwendung die bisher bestehenden Wertungswidersprüche beseitigt werden. Es wird daher im Folgenden aufgezeigt, dass durch die Neubestimmung die typischen, unstreitig strafbaren Korruptionssachverhalte den so gewonnen Tatbestand erfüllen (dazu C. IV. 2. a)) und dieser gleichzeitig auch in den atypischen Fallkonstellationen der entschleierten Schmiergelder (dazu C. IV. 2. b)) sowie der Vorteilgewährungen an den geschäftlichen Betrieb selbst (dazu C. IV. 2. c)) eine widerspruchsfreie Trennung von straflosen und strafbaren Verhaltensweisen ermöglicht.

557 Für diese einhellige Ansicht siehe *Schmitz* in MüKo, § 2 Rn. 31 m.w.N.; siehe zu dieser Thematik auch ausführlich *Samson*, wistra 1983, 235, 236 ff., der zudem zutreffend darauf hinweist, dass auch im Rahmen von Blankettstraftatbeständen eine differenzierende Betrachtung der Einstufung der Ausfüllungsnormen als Gesetze im Sinne des § 2 StGB geboten ist.

a) Folgen der (Neu-)Bestimmung für den Standardfall der Bestechung und Bestechlichkeit im geschäftlichen Verkehr

Anhand des Standardfalls der Bestechung und Bestechlichkeit im geschäftlichen Verkehr soll zunächst aufgezeigt werden, dass auch nach der (Neu-)Bestimmung klassische Bestechungsabreden den Tatbestand des § 299 StGB erfüllen. Der Standardfall der Bestechung besteht in Konstellationen, in denen verschleierte Schmiergelder dem Angestellten oder Beauftragten selbst gewährt werden. Dieser Standardfall lag der Konzeption des § 12 UWG a.F. zugrunde. Die Erweiterung auf Drittvorteile sowie die Diskussion um die Auswirkungen der Entschleierung der Schmiergelder wurden erst im Laufe der Zeit relevant. Als Standardfall der Bestechung und Bestechlichkeit im geschäftlichen Verkehr kann somit folgender Beispielsfall angesehen werden[558]:

Beispielsfall 6: Standardfall der Bestechung

Hersteller H verspricht dem für den Ankauf von Waren zuständigen Mitarbeiter M des Supermarktbetreibers S einen bestimmten Geldbetrag, wenn dieser die Produkte des H den vergleichbaren (ggf. sogar günstigeren) Produkten der Konkurrenzhersteller K1 und K2 vorzieht. M nimmt den Geldbetrag an und bevorzugt den H ohne Wissen des S.

Die Tatbestandsvoraussetzungen, welche die herrschende Meinung zur Erfüllung des § 299 StGB fordert, liegen allesamt vor. Bei M handelt es sich um einen Angestellten, dem eine materielle Besserstellung dafür versprochen wird, dass er H beim Bezug von Waren im Wettbewerb bevorzugt. Für die herkömmliche Auffassung, wonach die Unlauterkeit sich bereits aus der Unrechtsvereinbarung ergibt,[559] liegt eine Strafbarkeit demnach unzweifelhaft vor.

Die Neubestimmung der Unlauterkeit hat jedoch gezeigt, dass das Vorliegen einer Unlauterkeit der angestrebten Bevorzugung stets positiv festzustellen ist, da dieses Merkmal eine strafbarkeitseinschränkende Funktion mittels Rückkopplung an das Wettbewerbsrecht erfüllt.[560] Es ist demnach nach einer wettbewerbsrechtlichen Norm zu suchen, die das Verhalten des Angestellten (hier M) im Standardfall der Bestechung für unlauter erklärt.

558 Ebenfalls von einem ähnlichen Standardfall der Bestechung ausgehend *Koepsel*, Bestechlichkeit, S. 113.

559 Zu dieser herkömmlichen Ansicht siehe bereits A. I. 4.

560 Siehe dazu bereits ausführlich C. III.

aa) Unlauterkeit aufgrund eines Verstoßes gegen § 4 Nr. 1 Var. 3 UWG wegen Beeinflussung der Entscheidung des Geschäftsinhabers

Nach § 4 Nr. 1 Var. 3 UWG handelt unlauter, wer in unsachlicher unangemessener Weise die Entscheidungsfreiheit von Marktteilnehmern oder Verbrauchern beeinflusst. Im Regelfall der Bestechung und Bestechlichkeit kommt eine Beeinflussung der Entscheidung des Geschäftsinhabers in Betracht.

(1) Geschäftsherr als Marktteilnehmer

Marktteilnehmer sind gemäß § 2 Nr. 2 UWG alle Personen, die als Anbieter oder Nachfrager von Waren oder Dienstleistungen tätig sind. Die Entscheidung, welche im Standardfall der Bestechung und Bestechlichkeit beeinflusst wird, ist die Bevorzugung im Wettbewerb. Diese Entscheidung wirkt für und wider den geschäftlichen Betrieb (hier dem Geschäftsbetrieb des S). Der geschäftliche Betrieb als Geschäftsherr des Angestellten ist entweder nachfragend oder anbietend am Markt tätig. Bei dem geschäftlichen Betrieb, bei welchem der Angestellte angestellt oder der Beauftragte beauftragt ist, handelt es sich somit stets um einen Marktteilnehmer im Sinne des § 2 Nr. 2 UWG.

(2) Beeinflussung der Entscheidungsfreiheit des Geschäftsherrn

In die Entscheidungsfreiheit des S, welche dieser ausübt, indem er seinen Angestellten (A) aufgrund der Regelungen im Arbeitsvertrag und mittels Weisungen in seinem Sinne einsetzt, greift nun der Vorteilgeber (im Ausgangsbeispiel H) ein. Er setzt einen Anreiz dafür, dass der Angestellte seine Funktion als verlängerter Arm des Geschäftsherrn nicht mehr wahrnimmt, sondern nunmehr aus eigennützigen Motiven eine (ggf. andere) Entscheidung trifft.[561] Im Regelfall der verdeckten Schmiergelder an Angestellte hinter dem Rücken des Geschäftsherrn wird dessen Entscheidungsfreiheit beeinflusst, indem auf den Angestellten eingewirkt wird. Der Angestellte wird entgegen der eigentlich bestehenden arbeitsrechtlichen Verpflichtung gegenüber dem Geschäftsherrn durch die Zuwendung dazu verleitet, nicht der arbeitsrechtlichen Verpflichtungen, sondern des Vorteils wegen tätig zu werden. Es wird somit auf den Entscheidungsprozess innerhalb des Unternehmens Einfluss ausgeübt, indem in dessen Struktur eingegriffen und die Prinzipal-Agent-Trennung ausgenutzt wird.[562]

561 *Ottofülling*, DS 2009, 103, 104.

562 So auch *Nestoruk*, Strafrechtliche Aspekte, S. 151; *Pfuhl*, Verkaufsförderung, S. 126 f.; Diese Prinzipal-Agent-Trennung ist für das deutsche Korruptionsverständnis geradezu elementar, vgl. dazu auch bereits oben B. II. 2.

Nun ist jedoch zu beachten, dass nicht der Vorteil in unlauterer Weise gewährt werden muss, sondern die Bevorzugung in unlauterer Weise zu geschehen hat. Der Bezugspunkt der Unlauterkeit ist nach dem insoweit klaren Wortlaut des § 299 StGB die Bevorzugung, nicht der Vorteil.[563] Fraglich ist also, ob die Bevorzugung aufgrund des Vorteils gegen § 4 Nr. 1 Var. 3 UWG verstößt. Man scheint zunächst versucht zu sein, allein den Prozess des Vorteilgewährens/-annehmens als unlauter nach § 4 Nr. 1 UWG zu werten. Jedoch beeinflusst auch der Angestellte durch seine Orientierung an dem Vorteil und nicht an dem Leistungsprinzip die Entscheidungsfreiheit des Geschäftsherrn maßgeblich. Der Angestellte beeinflusst die Entscheidung des Geschäftsherrn entweder tatsächlich, indem er die Entscheidung selbst für den Geschäftsherrn als dessen Vertreter trifft, oder faktisch, indem er den Geschäftsherrn in entsprechender Weise berät.[564]

(3) Unsachlichkeit und Unangemessenheit der Beeinflussung

Jedoch ist nicht jede Beeinflussung der Entscheidungsfreiheit unlauter im Sinne des § 4 Nr. 1 Var. 3 UWG. Vielmehr muss die Beeinflussung unsachlich und unangemessen sein. Die wettbewerbsrechtliche Literatur fordert für die Unangemessenheit und Unsachlichkeit einer Beeinflussung, dass durch diese die Rationalität der Wettbewerbsentscheidung völlig in den Hintergrund tritt.[565] Die bevorzugende Entscheidung des Geschäftsherrn beruht auf rationalen Erwägungen, wenn sie auf dem Leistungsprinzip beruht, mithin dem Willen und Interesse des Geschäftsherrn entspricht.[566] In solchen Fällen wird dem Willen des Geschäftsherrn entsprochen, sodass keine unsachliche Beeinflussung der Entscheidungsfreiheit desselben vorliegt. Unsachlich wird sie hingegen, wenn die Entscheidung des Geschäftsherrn faktisch oder tatsächlich durch den Angestellten getroffen wird, welcher sich an dem ihm versprochen Vorteil orientiert.[567] In diesen Fällen wird die Rationalität der Wettbewerbsentscheidung des Geschäftsherrn durch den Angestellten beseitigt, da dieser die Entscheidung aufgrund eines eigenen Vorteils beeinflusst. Der Angestellte verhält sich in diesen Konstellationen funktionswidrig, indem er gerade nicht dem Interesse des Prinzipals

563 Siehe dazu bereits ausführlich oben unter C. III. 1. b) aa).

564 Siehe dazu auch bereits oben C. IV. 2. a) aa).

565 Vgl. dazu *Köhler* in Köhler/Bornkamm, § 4 Rn. 1.34, 1.42 m.w.N.; *Köhler*, GRUR 2003, 729, 736; *Lettl*, GRUR 2004, 449, 452.

566 Eben in diesem Leistungsprinzip als Entscheidungsgrundlage beruht das Prinzip des Wettbewerbs, vgl. *Koepsel*, Bestechlichkeit, S. 100 ff.

567 So auch *Ottofülling*, DS 2009, 103, 104.

folgt, sondern sein Handeln am eigenen Interesse ausrichtet.[568] Eben diese sachwidrige Orientierung des Angestellten an dem eigenen Vorteil führt zu einer Verzerrung des Wettbewerbs und somit zur Gefährdung von Mitbewerbern und Verbrauchern. Somit ist eine gegen den Willen des Geschäftsherrn vorgenommene, an dem Vorteil und nicht am Leistungsprinzip ausgerichtete Beeinflussung einer Wettbewerbsentscheidung durch einen Angestellten unsachlich und unangemessen, mithin unlauter im Sinne des § 4 Nr. 1 Var. 3 UWG.

(4) Ergebnis

Die Unlauterkeit der Bevorzugung ergibt sich im Standardfall der Bestechung und Bestechlichkeit aus einem Verstoß gegen die Norm des § 4 Nr. 1 Var. 3 UWG.[569] Dieses führt im Ergebnis dazu, dass nicht nur die Einwirkung des Vorteilgebers auf den Angestellten, sondern auch dessen Herbeiführung der Bevorzugung aufgrund der wettbewerbswidrigen Orientierung am eigenen Vorteil als unlauter anzusehen ist.[570] Im Standardfall der Bestechung und Bestechlichkeit im geschäftlichen Verkehr geschieht die Bevorzugung des Vorteilgebers aufgrund eines Verstoßes gegen § 4 Nr. 1 Var. 3 UWG in unlauterer Weise.

bb) Verstoß gegen andere wettbewerbsrechtliche Normen

Neben § 4 Nr. 1 Var. 3 UWG sind weitere Wettbewerbsregeln denkbar, welche es dem Angestellten verbieten, seine Einflussnahme auf die Entscheidung des Geschäftsinhabers an einem eigenen Vorteil auszurichten. Solche speziellen wettbewerbsrechtlichen Verbote wurden bereits dargestellt[571] und werden in den atypischen Fällen der Bestechung und Bestechlichkeit noch relevant werden.[572] Da sich im Standardfall der Bestechung und Bestechlichkeit die Unlauterkeit stets bereits aus § 4 Nr. 1 Var. 3 UWG ergibt, bedarf es für diesen Fall einer gesonderten Untersuchung dieser weiteren Wettbewerbsregeln nicht.

---

568 Dabei handelt es sich um eine klassische Prinzipal-Agent-Problematik, welche in der Betriebs- und Volkwirtschaftslehre weitreichend diskutiert wird. Zur Problematik siehe *Gabler* VWL-Lexikon S. 7 ff., „Agency-Theorie".

569 Ebenfalls den Maßstab des § 4 Nr. 1 UWG ansetzend *Ottofülling*, DS 2009, 103, 104; *Rengier* in FS Tiedemann, 837, 842; auch *Tiedemann* hält einen Verstoß gegen diese Norm als indiziell für das Vorliegen der Unlauterkeit im Sinne des § 299 StGB, siehe *Tiedemann* in FS Rissing-van Saan, S. 385, 398.

570 Ähnlich auch *Möller,* GRUR 2006, 292, 298.

571 Vgl. C. III. 2. c).

572 Siehe C. IV. 2. b) und c).

cc) *Ergebnis der Neubestimmung für den Standardfall der Bestechung und Bestechlichkeit*

Es konnte aufgezeigt werden, dass sich die Unlauterkeit der Bevorzugung im Standardfall der Bestechung und Bestechlichkeit, also in Fällen verschleierter Schmiergelder an den Angestellten oder Beauftragten, stets aus einem Verstoß gegen § 4 Nr. 1 Var. 3 UWG ergibt. Solche Konstellationen werden demnach bereits durch das allgemeine Lauterkeitsrecht für unlauter erklärt. Die vom Gesetzgeber vorgesehene und dem § 299 StGB zugrunde liegende Standardkonstellation wird folglich auch nach der Neubestimmung der Unlauterkeit weiterhin von § 299 StGB erfasst.

b) *Unlauterkeitsbegründung bei entschleierten Schmiergeldern (gleichzeitig Auflösung des Wertungswiderspruchs 1)*

Als eine der atypischen Konstellationen, in denen eine Strafbarkeit wegen § 299 StGB kontrovers diskutiert wird, wurden die sog. entschleierten Schmiergelder identifiziert.[573] Bei der Diskussion um die Strafbarkeit oder Straflosigkeit von entschleierten Schmiergeldern geht es um die Frage, welchen Einfluss das Wissen und die Billigung des Geschäftsherrn auf die Tatbestandserfüllung haben. Da nach der zutreffenden herrschenden Meinung das Rechtsgut des § 299 StGB der Wettbewerb ist, scheidet eine Rechtfertigung aufgrund der Einwilligung des Geschäftsherrn aus.[574] Es stellt sich daher die Frage, ob in bestimmten Konstellationen ein Tatbestandsauschluss aufgrund der Billigung der Vorteilgewährungen seitens des Geschäftsherrn in Betracht kommt. Ein solcher Tatbestandsausschluss wird in Teilen der Literatur gefordert, weil durch die Erfassung von entschleierten Schmiergeldern ein Wertungswiderspruch zwischen externen entschleierten Schmiergeldern und internen Vorteilgewährungen entsteht.[575] Während ein Teil der Literatur entschleierte Schmiergelder aufgrund einer teleologischen Reduktion aus dem Tatbestand herausnehmen will[576], geht die herrschende Meinung[577] seit der Entscheidung des Reichsgerichts im Korkengeldfall[578] von der Strafbarkeit von entschleierten Schmiergeldern und somit der Irrelevanz der Entschleierung der Schmiergelder aus. Hier soll nun, dem in dieser Arbeit entwickelten Ansatz folgend, untersucht werden, ob eine Lösung des Problems

---

573 Zum Begriff siehe A. II. 1.

574 Dazu bereits A. I. 1.

575 Siehe zu diesem Wertungswiderspruch A. II. 1.

576 So *Wollschläger*, Täterkreis, S. 80 f.; *Keopsel*, Bestechlichkeit, S. 163 ff.; im Ergebnis auch *Sahan* in G/J/W/, § 299 Rn. 48 f.

577 *Diemer/Krick* in MüKo, § 299 Rn. 19 m.w.N.

578 RGSt 48, 291.

mittels der Neubestimmung des Merkmals der Unlauterkeit vorgenommen werden kann. Dabei ist zwischen entschleierten Schmiergeldern im Rahmen von normalen Austauschverhältnissen auf der einen und entschleierten Schmiergeldern in Konstellationen mit besonderer Drittverantwortlichkeit auf der anderen Seite zu unterscheiden.[579]

aa) Begründung der Unlauterkeit entschleierter Schmiergelder in normalen Austauschverhältnissen

Zunächst stellt sich die Frage, ob bevorzugende Wettbewerbshandlungen, die aufgrund entschleierter Schmiergelder im Rahmen von normalen Austauschverhältnissen vorgenommen werden, gegen Normen des Wettbewerbsrechts verstoßen und somit unlauter sind. Unter dem Begriff des normalen Austauschverhältnisses sind Vertragsbeziehungen zu verstehen, welche unmittelbaren Einfluss allein auf die Vertragsparteien haben, in denen somit keine Drittverantwortlichkeit einer Vertragspartei für einen Außenstehenden besteht.[580]

(1) Kein Verstoß gegen § 4 Nr. 1 Var. 3 UWG

(a) Beeinflussung der Entscheidungsfreiheit des Geschäftsherrn

Zunächst kann festgestellt werden, dass eine Unlauterkeitsbegründung von aufgrund entschleierter Schmiergeldzahlungen getätigten Wettbewerbsentscheidungen im Rahmen von normalen Austauschverhältnissen mittels einer Beeinflussung des Geschäftsherrn im Sinne des § 4 Nr. 1 Var. 3 UWG nicht in Betracht kommt. Darin ist der wesentliche Unterschied zwischen der Fallgruppe der entschleierten Schmiergelder und dem Standardfall der Bestechung zu sehen. In letzterem ergibt sich die Unlauterkeit bereits aus der unsachlichen und unangemessenen Beeinflussung der Entscheidungsfreiheit des Geschäftsinhabers durch den Angestellten.[581] Von einer solchen unsachlichen und unangemessenen Beeinflussung kann in Fällen der entschleierten Schmiergelder schon deshalb keine Rede sein, weil der Geschäftsinhaber es selbst in der Hand hat, dem Angestell-

---

579 Diese Unterscheidung wird im Rahmen der Diskussion über die Strafbarkeit entschleierter Schmiergelder regelmäßig vorgenommen, so ausdrücklich und anschaulich bei *Steinbeck*, GRUR 2005, 15 ff., ebenfalls *Rönnau* in A/R, Kap. III 2 Rn. 37 ff.; *Heermann*, WRP 2006, 8, 11 ff; *Huber*, Anlocken, S. 207 ff.; *Matern*, WRP 2008, 575, 580 ff.; *Pragal*, Korruption, S. 210 ff. und 217 ff.; *Koepsel*, Bestechlichkeit, S. 190 ff.; *Fischer*, Entscheidungsfreiheit, S. 164 ff

580 Zum Begriff und zu Konstellationen der Drittverantwortlichkeit siehe unten C. IV. 2. b) bb).

581 Siehe dazu bereits C. IV. 2. a) aa).

ten oder Beauftragten die Entscheidungskompetenz zu entziehen und sich nicht von diesem beeinflussen zu lassen.[582]

Wettbewerbsrechtlich ist eine solche Bewertung von Zuwendungsversprechen zur Verkaufsförderung im Geschäftsverkehr bereits anerkannt. Vorteilgewährungen zur Verkaufsförderung (also Rabatte und Zugaben) werden seit Abschaffung des Rabattgesetzes und der Zugabeverordnung mittels des § 4 Nr. 1 Var. 3 UWG auf ihre Wirksamkeit überprüft. Während solche Konstellationen zunächst mittels der Fallgruppe des übertriebenen Anlockens teilweise als wettbewerbswidrig angesehen wurden, herrscht heute weitestgehend Einigkeit darüber, dass zumindest in normalen Austauschverträgen diese Fallgruppe des übertriebenen Anlockens keine unlauterkeitsbegründende Funktion mehr ausübt.[583] Zumindest im geschäftlichen Verkehr zwischen Kaufleuten kann heute nicht mehr davon ausgegangen werden, dass Vorteilgewährungen eine unlautere Methode zur Erlangung des Abschlusses eines Vertrages zwischen Kaufleuten darstellen. Da der Geschäftsherr bei entschleierten Schmiergeldern von diesen weiß, kann er diese und ihre Wirkung auf den Abgestellten/Beauftragten mit einkalkulieren. Seine Entscheidung erfolgt daher auf vollständig freier, umfänglich informierter Basis. Weiß der Geschäftsinhaber von dem versprochenen Vorteil und billigt diesen, so scheidet eine Unlauterkeitsbegründung wegen unlauterer Beeinflussung der Entscheidung des Geschäftsinhabers nach § 4 Nr. 1 UWG folglich aus.[584]

(b) Beeinflussung der Entscheidungsfreiheit von Dritten

Eine Unlauterkeitsbegründung über § 4 Nr. 1 Var. 3 UWG kommt grundsätzlich auch dann in Betracht, wenn nicht die Entscheidungsfreiheit des Geschäftsherrn

582 In den Fällen der entschleierten Schmiergelder fehlt es an der notwendigen sog. „hidden action“, sodass gerade kein Verstoß gegen § 4 Nr. 1 Var. 3 UWG vorliegt, so ausdrücklich auch *Pfuhl*, Verkaufsförderung, S. 126 f.

583 So ausdrücklich das OLG Karlsruhe, GRUR-RR 2002, 168: *„Das Unlauterkeitskriterium des übertriebenden Anlockens hat grundsätzlich ausgedient.“*; ebenfalls *Steinbeck*, GRUR 2005, 15, 17; *Heermann*, WRP 2006, 8. 20; *Köhler*, GRUR 2003, 729, 736.

584 Diese Ansicht ist im Wettbewerbsrecht heute unbestritten, vgl. etwa *Pfuhl*, Verkaufsförderung, S. 126 f. Zu Zeiten der Geltung der Zugabeverordnung wurde wettbewerbsrechtlich eine andere Wertung vorgenommen. Seit Abschaffung dieses Sondergesetzes und der Liberalisierung des Wettbewerbsrechts in dem vergangen Jahrzehnt hat sich jedoch die Meinung durchgesetzt, dass Vorteilsgewährungen grundsätzlich zulässig sind und nur in extremen Ausnahmefällen eine unsachliche und unangemessene Beeinflussung darstellen, vgl. etwa BGH, GRUR 2003, 890, 891; *Steinbeck*, GRUR 2005, 15, 16; *Fischer*, Entscheidungsfreiheit, S. 130, 193 m.w.N.

sondern die von Dritten, etwa Verbrauchern, beeinflusst wird.[585] Fälle solcher Drittverantwortlichkeit werden noch dargelegt.[586] Im Rahmen von hier interessierenden, normalen Austauschverhältnissen besteht keine Pflicht zur Objektivität gegenüber Dritten, da eine solche Pflicht zur Objektivität im allgemeinen Wettbewerbsrecht nicht existiert.[587] Insoweit scheidet eine nach § 4 Nr. 1 Var. 3 UWG unzulässige Beeinflussung der Entscheidungsfreiheit von Dritten im Rahmen von normalen Austauschgeschäften aus.

(2) Kein Verstoß gegen zugabe- oder rabattrechtliche Sondergesetze

Seit der Abschaffung der Zugabeverordnung und des Rabattgesetzes liegt in der Gewährung von zusätzlichen Vorteilen auch nicht mehr stets ein Verstoß gegen lauterkeitsrechtliche Sondergesetze vor.[588] Während zur Geltung der Zugabeverordnung noch viele Vorteilgewährungen unlauter und somit auch darauf beruhende Bevorzugung im Wettbewerb lauterkeitsrechtlich unzulässig waren, sind Vorteilgewährungen heute prinzipiell zulässig.[589] Dabei macht es lauterkeitsrechtlich keinen Unterschied, ob die Zugaben an den Geschäftsinhaber oder mit dessen Wissen an einen Dritten gezahlt werden. Sondergesetze, die Zugabengewährungen allgemein verbieten, existieren nicht mehr, vielmehr wird die Zulässigkeit nunmehr über das UWG, insbesondere mittels § 4 Nr. 1 Var. 3 UWG überprüft.[590]

(3) Kein Verstoß gegen andere wettbewerbsrechtliche Normen

Andere wettbewerbsrechtliche Normen, die Bevorzugungen für unlauter erklären, weil sie aufgrund von entschleierten Schmiergeldern vorgenommen wurden, sind in normalen Austauschverhältnissen nicht ersichtlich. Das Wettbewerbsrecht kennt insbesondere kein Verbot untypischer Gegenleistungen oder gemischter Verträge[591], vielmehr sind Kopplungsangebote im geschäftlichen Verkehr heute allgemein zulässig.[592]

---

585 Vgl. *Matern*, WRP 2008, 575, 595.

586 Siehe C. IV. 2. b) bb).

587 *Köhler* in Köhler/Bornkamm, § 4 Rn. 3.48; ebenfalls bereits *v . Harder*, GRUR 1967, 182, 185; *Lettl*, GRUR 2004, 449, 452.

588 Diese Relevanz der Abschaffung der Zugabeverordnung und des Rabattgesetzes für die Auslegung des § 299 StGB wird auch in der strafrechtlichen Literatur zunehmend erkannt, siehe etwa *Sahan* in G/J/W, § 299 Rn. 48; *Erb* in FS Geppert, S. 97, 99 f.

589 BGH, GRUR 2002, 976; *Lettl*, BB 2004, 1913, 1914.

590 *Fischer*, Entscheidungsfreiheit, S. 116 ff., 128 ff.

591 *Samson* stellt richtiger Weise fest, dass Vorteilsgewährungen, die mit Wissen des Geschäftsinhabers dessen Angestellten versprochen werden, nichts anderes darstellen als

bb) Begründung der Unlauterkeit bei entschleierten Schmiergeldern in Fällen von Drittverantwortlichkeit

(1) Bestimmung des Begriffs der Drittverantwortlichkeit

Neben normalen Austauschverträgen existieren jedoch auch Vertragsbeziehungen, in welchen zumindest einer Partei eine besondere Verantwortung gegenüber Dritten zukommt. Dabei handelt es sich um Konstellationen, in denen der Vorteil dafür gewährt wird, dass der Angestellte oder Beauftragte gegenüber Dritten werbend tätig wird. Solche Konstellationen hat *Steinbeck* mit dem Begriff der Dreieckskopplung umschrieben.[593] In der Literatur wurde jedoch zu Recht darauf hingewiesen, dass dieser Begriff missverständlich ist.[594] Es soll daher im Folgenden der Terminologie von *Köhler* folgend von „Werbung gegenüber drittverantwortlichen Marktteilnehmern" gesprochen werden.[595] Der Begriff der Drittverantwortlichkeit soll dabei inhaltlich nicht von dem durch *Steinbeck* geprägten Begriff der Dreieckskopplung abweichen, entspricht jedoch eher der wettbewerbsrechtlichen Terminologie.[596]

Die Drittverantwortlichkeit eines Marktteilnehmers setzt voraus, dass dieser Dritten gegenüber aus einem besonderen Grund zur Objektivität verpflichtet ist.[597] Typisch für diese Art der Fälle ist, dass der Adressat des Vorteilversprechens Einfluss auf das Kaufverhalten eines Dritten – in der Regel durch Beratung – nimmt. Es geht um Dreipersonenverhältnisse im Stufenwettbewerb, bei denen der Zwischenhändler, der letztlich das Produkt nicht für sich selbst erwirbt, durch die Vorteilgewährung als Verkaufsmittler für den Hersteller fungiert.[598] Bereits in den 60er und 70er Jahren wurde diese Art der Verkaufsförderung wettbewerbsrechtlich kontrovers diskutiert.[599] Sie wird ebenso in der neueren wettbewerbsrechtlichen Literatur problematisiert.[600]

---

gemischte Verträge, *Samson* in FS Sootak, S. 225, 236. Auch das OLG Oldenburg spricht von solchen Vorteilsgewährungen als „Teil des Entgelts", OLG Oldenburg, GRUR-RR 2004, 209, 210.

592 BGH, GRUR 2002, 976.

593 *Steinbeck*, GRUR 2005, 15, 17 ff.

594 *Heermann*, WRP 2006, 8; *Matern*, WRP 2008, 575, 580; *Huber*, Anlocken, S. 207.

595 *Köhler*, GRUR 2003, 729, 738.

596 So auch *Heermann*, WRP 2006, 8; *Huber*, Anlocken, S. 207.

597 *Heermann*, WRP 2006, 8; *Köhler*, GRUR 2003, 729, 728.

598 *Steinbeck*, GRUR 2005, 15, 17.

599 *Harder*, GRUR 1967, 182; *Hiersemann*, WRP 1964, 222; *Leo*, WRP 1966, 153; *Heiseke*, WRP, 362.

600 *Steinbeck*, GRUR 2005, 15, 17 ff.; *Heermann*, GRUR 2006, 8, 11 ff.; *Matern*, WRP 2008, 575, 576.

Aus welchen Gründen sich nun eine wettbewerbsrechtlich relevante Pflicht zur Objektivität gegenüber Dritten herleiten lässt, wird nicht einheitlich beantwortet. Viele Äußerungen der Rechtsprechung und der Literatur zu dieser Frage beruhen auf nunmehr überkommenen wettbewerbsrechtlichen Wertungen und haben aus diesem Grunde über die aktuelle Bewertung der Verkaufsfördermaßnahmen nur sehr begrenzte Aussagekraft.[601] Im Kern geht es um die Frage, welche Marktteilnehmer auf die Beeinflussung von Dritten abzielende Vorteilgewährungen annehmen dürfen. In der strafrechtlichen Diskussion wird diese Fragestellung häufig bei der Frage diskutiert, ob Vorteilgewährungen an Geschäftsinhaber de lege ferenda strafbar sein sollten.[602] Die gleiche Problematik stellt sich jedoch nach der hier vorgeschlagenen Interpretation des § 299 StGB bereits de lege lata in Fällen entschleierter Schmiergelder. Im Folgenden wird daher untersucht, woraus sich eine solche besondere Drittverantwortlichkeit (also die Pflicht zur Objektivität gegenüber Dritten) von Marktteilnehmern ergeben kann.

(2) Quellen der Drittverantwortlichkeit

(a) Allgemeines Wettbewerbsrecht (UWG)

In reinen Austauschverhältnissen besteht keine Drittverantwortlichkeit. Trifft beispielsweise ein Angestellter eines Automobilherstellers mit Wissen der Unternehmensführung die Entscheidung, aufgrund einer ihm versprochenen Vorteilgewährung die für die Autoherstellung notwendigen Bremsen bei Zulieferfirma X und nicht bei Zulieferfirma Y zu beziehen, so besteht für den Automobilhersteller keine Pflicht zu objektivem Verhalten gegenüber irgendeinem Dritten. Vielmehr ist das Unternehmen in seiner Wahl frei und kann zwischen X und Y wählen. Der versprochene Vorteil stellt einen Teil des Entgelts dar und fließt in den Entscheidungsprozess mit ein. Die Bevorzugung des X aufgrund des Vorteils ist vertragsrechtlich und wettbewerbsrechtlich zulässig und somit lauter.

(b) Spezielle Wettbewerbsregeln

Anders stellt sich die Situation dar, wenn ein Angestellter einer Apotheke auf Frage der Kunden stets ein bestimmtes Arzneimittel empfiehlt, weil er vom Hersteller für dieses Verhalten einen Vorteil versprochen bekommen hat. In diesem Fall besteht ein berechtigtes Vertrauen darauf, dass der Angestellte der Apotheke seiner Pflicht zur objektiven Beratung nachkommt, frei von Beeinflussung durch fremde Zuwendungsversprechen. Dieses Vertrauen des Kunden ist berechtigt, weil wettbewerbsrechtliche Normen existieren, welche dem Angestell-

601 *Matern*, WRP 575, 595; *Berlit*, WRP 2001, 349, 354.

602 So beispielsweise bei *Koepsel*, Bestechlichkeit, S. 190 ff.

ten die Annahme von Vorteilen von anderer Seite verbieten (siehe § 11 Abs. 1 i.V.m. § 25 Abs. 1 Nr. 2 ApoG).[603]

Der Grund dafür, dass dem Angestellten der Apotheke ein erhöhtes Vertrauen in Bezug auf seine Objektivität entgegengebracht wird, liegt in der besonderen Bedeutung der Apotheken für die Gesundheitsversorgung. Diese ist durch das Apothekengesetz vom Gesetzgeber anerkannt. Aufgrund der Regelungen dieses Gesetzes besteht ein berechtigtes Vertrauen der Kunden darauf, dass die Beratung in einer Apotheke objektiv in ihrem Interesse geschieht und nicht durch Orientierung an irgendwelchen gesetzlich verbotenen Vorteilen beeinflusst ist.

Weitere Beispiele für derartige gesetzliche Verbote wurden bereits dargestellt.[604] Es kann daher festgehalten werden, dass immer dann, wenn gesetzliche Bestimmungen die Annahme von Vorteilen zur Beeinflussung von Beratungsleistungen verbieten, ein berechtigtes Vertrauen der Beratenen dahingehend besteht, dass der Beratende seiner gesetzlichen Pflicht nachkommt. In Fällen gesetzlicher Vorteilannahmeverbote besteht somit eine Drittverantwortlichkeit des Annehmenden.[605]

(c) Faktisches Vertrauen

Fraglich ist, ob auch ein rein faktisches, nicht aufgrund von gesetzlichen Normen stabilisiertes Vertrauen von Verbrauchern eine Quelle für die Drittverantwortlichkeit darstellen kann. Es existieren Berufsgruppen, denen faktisch ein höheres Vertrauen entgegen gebracht wird, als durchschnittlichen Angestellten normaler Betriebe. Eine solche erhöhte Erwartungshaltung des Kunden bzw. Verbraucher wird beispielsweise gegenüber Reisebüroangestellten[606], Journalisten[607] oder beratenden Bankmitarbeitern[608] angenommen. Ob jedoch faktisches Vertrauen für die Begründung von Drittverantwortlichkeit ausreichen kann, wird unterschiedlich beurteilt:

---

603 Zu diesen Normen siehe bereits C. III. 2. c) bb) (1) (e).

604 Siehe C. III. 2. c) bb).

605 Auch *Köhler* geht davon aus, dass solche spezialgesetzlichen Regelungen die Drittverantwortlichkeit begründen können, vgl. *Köhler*, GRUR 2003, 729, 738; vgl. auch *Heermann*, WRP 2006, 8.

606 *Huber*, Anlocken, S. 208; *Matern*, WRP 2008, 575, 582.

607 *Pragal*, Korruption, S. 210 ff.

608 So der BGH, der eine Aufklärungspflicht der Bankmitarbeiter über Rückvergütungen von Fondsgesellschaften annimmt, vgl. BGHZ 170, 226; konkretisiert in BGH, WM 2009, 2306 ff.; Auch *Dannecker* sieht bei Anlageberatern eine Drittverantwortlichkeit als gegeben an, vgl. *Dannecker* in NK, § 299 Rn. 27a.

(aa) Extensives Verständnis des Begriffs der Drittverantwortlichkeit

In der wettbewerbsrechtlichen Literatur wird teilweise vertreten, dass solche faktisch bestehenden, erhöhten Vertrauenserwartungen der Verbraucher bereits ausreichen, um eine unsachliche und unangemessene Beeinflussung der Verbraucher durch an eigenen Vorteilen orientierter Beratung anzuerkennen.[609] Nach dieser Ansicht reicht demnach das Vorliegen eines besonderen faktischen Vertrauens zur Begründung einer Drittverantwortlichkeit aus. Diese Autoren unterscheiden jedoch zwischen grundsätzlich zulässigen Vorteilgewährungen an Geschäftsinhaber und grundsätzlich unzulässigen (entschleierten) Vorteilgewährungen an Angestellte des Geschäftsinhabers.[610] Der Grund für diese Differenzierung durch Teile der wettbewerbsrechtlichen Literatur besteht darin, dass nach deren Ansicht ein Geschäftsinhaber aufgrund des auf ihm lastenden Reputationsdrucks weniger geneigt sei als seine Angestellten, sich durch Vorteilgewährungen leiten zu lassen.[611]

Auch die Zivilgerichte gehen teilweise von einem weiten Verständnis des Begriffs der Drittverantwortlichkeit aus. So begründete das LG Frankfurt seine Entscheidung, in der es die Werbung einer Raststätte mit einem Rabatt für (angestellte) Busfahrer in Fällen der Zuführung von Busreisenden für unlauter erklärte, damit dass durch diese Rabattgewährung die Entscheidung der Busreisenden, welche auf die Kompetenz des Busfahrers vertrauten, in unsachlicher Weise beeinflusst werde.[612] Das OLG Frankfurt[613] entschied, dass Verbraucher

609 So *Matern*, WRP 2008, 575, 595; *Heermann* spricht davon, dass sich eine Drittverantwortlichkeit aus rechtlichen oder sonstigen Gründen ergeben könne, *Heermann*, WRP 2006, 8.

610 Für diese Differenzierung siehe *Heermann*, WRP 2006, 8, 20; *Steinbeck*, GRUR 2006, 15, 20.

611 Das OLG Hamburg, GRUR-RR 2004, 117 führt für diese Ansicht beispielhaft aus: *„Der Kunde weiß zwar, dass ein Reisebüro Provisionen für die Vermittlung von Reiseleistungen erhält, und wird auch in Rechnung stellen, dass diese bei verschiedenen Reiseveranstaltern differieren können, so dass er keine im strengen Sinne gänzlich objektive Beratung erwartet. Dieses allgemeine kaufmännische Interesse des Inhabers eines Reisebüros an möglichst hoher Gewinnerzielung hat aber nicht die Qualität von Einzelvergünstigungen an die einzelnen Angestellten. Denn während der Inhaber eines Reisebüros als der verantwortliche Unternehmer „über den Tellerrand“ schauen muss und auch einmal eine weniger hohe Provision in Kauf nehmen wird, um den Kunden zufriedenzustellen und längerfristig an sich zu binden, besteht bei den Angestellten viel eher die Gefahr, dass sie den kurzfristigen Vorteil für sich anstreben und den Kunden einseitig beraten.“*

612 LG Frankfurt, GRUR.RR 2002, 205, 206; einen vergleichbaren Fall hat das OLG München, WRP 2001, 979 in gleicher Weise entschieden; kritisch zu diesen Entscheidungen *Heermann*, WPR 2006, 8, 14.

in wettbewerbswidriger Weise (§ 4 Nr. 1 UWG) unsachlich beeinflusst werden, wenn eine Fluglinie für Reisebüros einen Buchungswettbewerb veranstaltet, bei dem die zehn Reisebüros, die in einem festgelegten Zeitraum die meisten Flüge dieser Fluglinie buchen, einen Gewinn in Form eines Einkaufsgutscheins über € 5.000 erhalten. Das OLG Hamburg[614] entschied einen vergleichbaren Fall, wobei sich das Prämiensystem nicht an Reisebüros selbst, sondern an die darin tätigen Mitarbeiter wendete.

Sowohl in der Rechtsprechung als auch in der Literatur wird zur Begründung für dieses extensive Verständnis der Drittverantwortlichkeit vorgebracht, der Verbraucher vertraue zwar nicht auf eine gänzliche Objektivität von bestimmten Berufsgruppen, es bestehe jedoch ein Vertrauen darauf, dass diese sich nicht durch Vorteilsversprechen Dritter beeinflussen lassen.[615]

(bb) Restriktives Verständnis des Begriffs der Drittverantwortlichkeit

Eine solche extensive Auslegung wird jedoch zunehmend kritisiert. Die Liberalisierung des Wettbewerbsrechts sowie die durch europäische Vorgaben beeinflussten Veränderungen der Maßstäbe des Verbraucherleitbildes haben nach einer im Vordringen befindlichen Ansicht in der wettbewerbsrechtlichen Literatur und Rechtsprechung Einfluss auf die Frage, ob eine durch Vorteilgewährungen von dritter Seite beeinflusste Einflussnahme auf Entscheidungen von Verbrauchern unlauter ist.

So hält das OLG Oldenburg den extensiven, der bisherigen Rechtsprechung zugrundeliegenden rechtlichen Ansatz für „überprüfungsbedürftig". [616] Aufgrund der Liberalisierung des Wettbewerbsrechts und der Veränderungen des Verbraucherleitbildes seien solche Verkaufsfördermaßnahmen auch im Stufenwettbewerb nicht grundsätzlich unzulässig. Vielmehr stellten Vorteilgewährungen an den Geschäftsinhaber (oder mit dessen Wissen an dessen Mitarbeiter) einen „Teil des Entgelts für die von diesem auf seiner Handelsstufe erbrachte (Verkaufs-) Leistung"[617] dar. Das extensive Verständnis des Begriffs der Drittverantwortlichkeit werde den heutigen wirtschaftlichen Verhältnissen nicht mehr gerecht und lege Vorstellungen und Erwartungen des Verbrauchers zu Grunde, die unter den heutigen Verhältnissen ein informierter, aufmerksamer und verständiger Durchschnittsverbraucher gar nicht habe.

---

613 OLG Frankfurt - 6 U 48/08.

614 OLG Hamburg - 5 U 17/03.

615 *Steinbeck*, GRUR, 2005, 15, 18 f.; OLG Hamburg, GRUR-RR 2004, 117.

616 OLG Oldenburg, GRUR-RR 2004, 209, 210.

617 OLG Oldenburg, GRUR-RR 2004, 209, 210.

Auch in der Literatur wird diese zumindest ehemals herrschende wettbewerbsrechtliche Rechtsprechung kritisiert.[618] *Heermann* weist darauf hin, dass diese Rechtsprechung aufgrund der Änderungen des Wettbewerbsrechts zum Teil überholt sei und regelmäßig eine überzeugende Begründung der Drittverantwortlichkeit vermissen lasse.[619]

Die Vertreter dieses restriktiven Verständnisses gehen davon aus, dass es im heutigen Wettbewerbsrecht kein allgemeines berechtigtes Vertrauen in die objektive, von eigenen wirtschaftlichen Vorteilen freie Beratungsleistung von Angestellten oder Geschäftsinhabern gebe. Ein verständiger Verbraucher wisse, dass der Geschäftsinhaber und (durch diesen dazu motiviert) auch der Angestellte sehr wohl das wirtschaftliche Eigeninteresse im Blick habe. Werden von dritter Seite Angestellten mit Wissen des Geschäftsinhabers Vorteile für einen erhöhten Absatz versprochen, so hätten diese Vorteilsversprechen durch die Zustimmung des Geschäftsinhabers „innerbetrieblichen Charakter"[620]. Ein rein faktisches Vertrauen reiche daher im heutigen Wirtschaftsleben für die Begründung einer Drittverantwortlichkeit nicht (mehr) aus.[621]

(cc) Stellungnahme

Die ehemals herrschende Ansicht, welche eine Drittverantwortlichkeit auch schon bei Bestehen von faktischem Vertrauen von Dritten angenommen hat, kann unter Zugrundelegung der Veränderungen im Wettbewerbsrecht und insbesondere des veränderten Verbraucherleitbildes nicht mehr überzeugen. So ist für eine Vielzahl der aufgeführten Fälle bereits fraglich, ob überhaupt ein faktisches Vertrauen der betroffenen Dritten in die Objektivität des „Beratenden" besteht. Ein solches Vertrauen in das Urteil eines Busfahrers in Bezug auf die Qualität des Essens an einer Raststätte[622] kann mit guten Gründen bezweifelt werden.

Aber selbst in Fällen, in denen ein faktisches Vertrauen der Verbraucher tatsächlich besteht, reicht ein solches für die Begründung der Drittverantwortlichkeit nicht aus. Das liegt daran, dass ein verständiger Durchschnittsverbraucher damit rechnen muss, dass sein Vertragspartner eigene wirtschaftliche Interessen verfolgt. Geht ein Verbraucher in ein Geschäft und lässt sich in diesem beraten,

---

618 So *Heermann*, WRP 2006, 8, 17; *Rengier*, Korkengelder, S. 836, 843 ff.

619 *Heermann*, WRP 2006, 8, 17.

620 *Rengier* in FS Tiedemann, S. 836, 845; zustimmend *Rönnau*, StV 302, 305.

621 So fordert *Köhler*, dass die umworbene Person „aus Rechtsgründen" zur Objektivität verpflichtet sein muss (*Köhler*, GRUR 2003, 729, 738). Auch das LG München betont die Relevanz derartiger Rechtnormen (LG München – 1 HK O 13279/07.

622 So angenommen vom LG Frankfurt, GRUR.RR 2002, 205, 206; OLG München, WRP 2001, 979.

so kann er nicht davon ausgehen, dass die Beratung frei von eigenen wirtschaftlichen Erwägungen des Beratenden ist. Das gilt unabhängig davon, ob der Beratende gerade der Geschäftsinhaber ist, welcher aufgrund einer höheren Gewinnspanne Produkt X eher zu empfehlen geneigt ist als Produkt Y, oder ob es sich um einen Angestellten handelt, welcher – mit Wissen seines Geschäftsinhabers – eher Produkt X empfiehlt, da er bei Verkauf dieses Produktes eine Prämie vom Hersteller erhält.[623] Eine verlässliche Grenze, welche tatsächliches Vertrauen als berechtigt klassifiziert, kann durch die Vertreter der extensiven Ansicht nicht vorgebracht werden. Es ist kein Kriterium ersichtlich, welches überzeugend darlegt, warum einem Angestellten in einem Elektronikfachmarkt kein besonderes Vertrauen entgegengebracht werden kann, während bei einem Angestellten eines Reisebüros ein solches Vertrauen berechtigter Weise bestehen soll. In beiden Fällen sind Vorteilgewährungen an den Geschäftsherrn oder mit dessen Wissen an die Angestellten wettbewerbsrechtlich zulässig. Der Verbraucher wird vor Täuschungen bereits ausreichend durch zivilrechtliche Folgen (Anfechtungsrecht nach § 123 BGB, Schadenersatzansprüche, etc.) sowie strafrechtlich durch die Vermögensdelikte geschützt.[624] Überschreitet jedoch die Vertriebsmethode diese Grenzen nicht, so handelt es sich um zulässige Verkaufsfördermaßnahmen, vor denen der Wettbewerb nicht geschützt zu werden braucht.

Es muss daher festgestellt werden, dass eine Drittverantwortlichkeit nur dann angenommen werden kann, wenn das dem Angestellten oder Beauftragten entgegengebrachte Vertrauen auf gesetzlichen Wertungen beruht, mithin ein rechtlich begründetes Vertrauen darstellt. Aus rein faktischen Hoffnungen in die Objektivität von Marktteilnehmern kann eine Drittverantwortung nicht hergeleitet werden.

(3) Unlauterkeitsbegründung in Fällen existierender, d.h. gesetzlich verankerter, Drittverantwortlichkeit

Nachdem die Quellen für eine Drittverantwortlichkeit ausgemacht wurden, soll nun dargestellt werden, woraus sich die Unlauterkeit von Bevorzugungen im Sinne des § 299 StGB ergeben kann, wenn dem Versprechensempfänger, also dem Angestellten oder Beauftragten, eine Drittverantwortlichkeit zukommt.

623 Wie hier auch *Rengier* in FS Tiedemann, S. 836, 845.

624 So auch OLG Oldenburg, GRUR-RR 2004, 209, 210.

(a) Verstoß gegen § 4 Nr. 1 Var. 3 UWG

(aa) Beeinflussung der Entscheidungsfreiheit des Geschäftsherrn

Bei entschleierten Schmiergeldern ergibt sich die Unlauterkeit nicht aus der Beeinflussung der für und wider den Geschäftsinhaber wirkenden Entscheidung durch den Angestellten oder Beauftragten. Da der Geschäftsinhaber von den Schmiergeldern weiß, fließen diese in seinen Entscheidungsprozess ein, sodass dieser selbst oder vermittelt durch seinen Angestellten eine Entscheidung auf umfänglich informierter Basis trifft. Die Rationalität seiner Entscheidung ist daher nicht beeinträchtigt.[625]

(bb) Beeinflussung der Entscheidungsfreiheit von Dritten (insb. Verbrauchern)

Da es sich jedoch in Fällen der Drittverantwortlichkeit um Konstellationen handelt, in denen der Angestellte oder Beauftragte auch Einfluss auf die Entscheidung Dritter hat, kommt eine Unlauterkeit dadurch in Betracht, dass der Angestellte auf diese Dritten (zumeist Verbraucher) in unsachlicher und unangemessener Weise Einfluss nimmt. Voraussetzung ist zum Einen, dass der Angestellte oder Beauftragte nach dem Willen der an der Unrechtsvereinbarung Beteiligten Einfluss auf die Entscheidung eines Dritten nimmt. Zum Anderen muss diese Einflussnahme unsachlich und unangemessen sein, somit die Rationalität der Wettbewerbsentscheidung völlig in den Hintergrund treten.[626] Das setzt wiederum voraus, dass ein berechtigtes Vertrauen in die Objektivität der Beeinflussung durch den Angestellten oder Beauftragten besteht. Ein solches Vertrauen ist nur dann berechtigt, wenn ein verständiger Durchschnittsverbraucher mit einer objektiven Beratung rechnen kann, was – wie dargelegt – nur dann der Fall ist, wenn dieses gesetzlich vorgeschrieben ist. Existieren also gesetzliche Verbote der Vorteilannahme für Angestellte oder Beauftragte bestimmter Berufsgruppen und wird gegen diese verstoßen, so kann in der aufgrund dieses Verstoßes vorgenommenen bevorzugten Einflussnahme auf den Dritten eine unsachliche und unangemessene Beeinflussung im Sinne des § 4 Nr. 1 Var. 3 UWG gesehen werden.

Empfiehlt also ein Angestellter eines Apothekers einen bestimmten Arzt auf Anfrage von Kunden bevorzugt, weil der Arzt dem Angestellten dafür einen bestimmen Vorteil in Aussicht gestellt hat, so verstößt er gegen §§ 11 Abs. 1, 25 Abs. 1 Nr. 2 ApoG. Da ein berechtigtes Vertrauen des Kunden darauf besteht, dass die für diesen Berufszweig bestehenden gesetzlichen Pflichten eingehalten werden, darf er auch darauf vertrauen, dass der Angestellte sich nicht durch

---

625 Siehe dazu bereits C. IV. 2. b) aa) (1).

626 *Lettl*, GRUR 2004, 449, 452.

rechtswidrige Vorteilsversprechen leiten lässt. Die Entscheidung des Kunden in Bezug auf den Bezug von gewerblichen Leistungen des Arztes wird somit in unsachlicher und unangemessener Weise durch die – am Vorteil orientierte - Beratung des Kunden durch den Angestellten der Apotheke beeinflusst. Die Unlauterkeit dieser Wettbewerbshandlung des Apothekers ergibt sich demnach aus § 4 Nr. 1 Var. 3 UWG ebenso wie aus dem Verstoß gegen §§ 11 Abs. 1, 25 Abs. 1 Nr. 2 ApoG selbst.

(b) Verstoß gegen § 4 Nr. 3 UWG

Neben dem Verstoß gegen § 4 Nr. 1 Var. 3 UWG sowie sondergesetzliche Berufsregeln kommt auch ein Verstoß gegen § 4 Nr. 3 UWG in Betracht. Das liegt daran, dass derjenige drittverantwortliche Marktteilnehmer, der entgegen den berufsrechtlichen Pflichten Vorteile Dritter annimmt, über den dadurch entstehenden Werbecharakter seiner Handlung nicht aufklärt. Da jedoch ein berechtigtes Vertrauen der Dritten in die Unabhängigkeit des Berufsträgers und in die Einhaltung der berufsrechtlichen Regelungen besteht, wäre er zu einer solchen Aufklärung verpflichtet. Unterlässt der Berufsträger die Aufklärung, so verschleiert er den Werbecharakter seiner Handlung und handelt somit unlauter im Sinne des § 4 Nr. 3 UWG.

cc) Anwendung der Neubestimmung auf Fälle entschleierter Schmiergelder

Nachdem die methodische Begründung für die Unlauterkeit bei entschleierten Schmiergeldern dargestellt wurde, wird im Folgenden anhand von Beispielsfällen aufgezeigt, dass dieses neue Verständnis die Problematik der entschleierten Schmiergelder widerspruchsfrei aufzulösen vermag. Dazu wird zunächst auf den Beispielsfall eingegangen, anhand dessen ursprünglich die Widersprüchlichkeit der herkömmlichen Ansicht dargelegt wurde. Anschließend werden Lösungen für weitere Beispielsfälle aufgezeigt.

(1) Anwendung auf den Beispielsfall 1
(zugleich Auflösung des Wertungswiderspruchs 1)

In Beispielsfall 1[627] wurde dem beim Restaurantinhaber B beschäftigte Kellner A mit Wissen des B von einem Sekthersteller X für jeden Korken, welchen A beim X vorlegt, ein Korkengeld versprochen. Dadurch wollte X erreichen, dass der A den Gästen des Restaurants den Sekt des X empfiehlt und nicht den Sekt der anderen, ebenfalls im Restaurant des B erhältlichen Sektsorten.

627 Zum Sachverhalt dieses Beispielsfalls siehe A. II. 1. a).

Es wurde bereits dargestellt, dass die herkömmliche Ansicht in diesem Fall eine Strafbarkeit von A und X annehmen muss.[628] Das hat das Reichsgericht in der Korkengeldentscheidung konsequenter Weise auch getan.[629]

Es stellt sich jedoch die Frage, ob auch nach der hier vorgenommenen Neubestimmung des Begriffes der Unlauterkeit eine Strafbarkeit anzunehmen wäre. Dafür müsste die Unlauterkeit der bevorzugenden Handlung des Angestellten (also des Kellners) positiv festgestellt werden.

(a) Verstoß gegen § 4 Nr. 1 Var. 3 UWG

Die bevorzugende Handlung des Kellners im vorliegenden Fall sollte in einer bevorzugten Empfehlung des X-Sektes gegenüber den Kunden des Restaurants liegen. In welcher Art und Weise die Kunden in dem Restaurant bedient werden, ist eine Entscheidung, die grundsätzlich dem Geschäftsinhaber (also B) obliegt. Dieser delegiert die Aufgabe der Bedienung und Beratung der Gäste an seinen Angestellten A. Dessen Handlungen (etwa der Abschluss eines Bewirtungsvertrages) wirken für und wider den Geschäftsinhaber B. Der Geschäftsinhaber weiß im vorliegenden Fall von dem versprochenen Korkengeld, sodass die Entscheidungsfreiheit des B nicht in unsachlicher und unangemessener Weise beeinträchtigt wird. Die Unlauterkeit ergibt sich in diesem Fall daher nicht aufgrund einer unlauteren Beeinflussung des Geschäftsinhabers nach § 4 Nr. 1 Var. 3 UWG.

Es kommt jedoch eine Begründung der Unlauterkeit aufgrund der Beeinflussung der durch den Kellner beratenen Gäste in Betracht. Deren Entscheidung wird durch eine Empfehlung des Kellers zumindest potentiell beeinflusst. Fraglich ist jedoch, ob dieses in unsachlicher und unangemessener Weise geschieht. Das wäre nur dann der Fall, wenn eine sachliche Beratung die Objektivität des Kellers voraussetzen würde. Eine solche Drittverantwortlichkeit liegt jedoch nur dann vor, wenn dem Angestellten eine Pflicht zur Objektivität aufgrund einer gesetzlichen Vorschrift zukommt.[630] Eine solche gesetzliche Vorschrift existiert jedoch für Restaurantkellner nicht. Ein verständiger Verbraucher muss damit rechnen, dass ein Keller und ein Restaurantbetrieb insgesamt die Empfehlungen, welche sie aussprechen, nicht rein objektiv vornehmen, sondern eigene Interessen verfolgen. Als solche eigenen Interessen kommen die Leerung von Lagerbeständen, eine höhere Gewinnspanne bei einzelnen Produkten oder eben auch bestimmte Vorteile beim vermehrten Vertrieb bestimmter Produkte in Betracht. Mangels Drittverantwortlichkeit steht es dem Geschäftsinhaber und (bei dessen

628 Siehe dazu bereits A. II. 1. b).

629 RGSt, 48, 291.

630 Siehe dazu bereits C. IV. 2. b) bb).

Zustimmung) auch dessen Angestellten frei, die Empfehlungen an solchen Eigeninteressen auszurichten. Es ist sodann dem Wettbewerb überlassen, ob die Kunden wiederkommen oder aufgrund der aus ihrer Sicht schlechten Beratung beim nächsten Mal ein anderes Restaurant aufsuchen. Mangels Drittverantwortlichkeit scheidet eine Unlauterkeitsbegründung über § 4 Nr. 1 Var. 3 UWG im vorliegenden Fall aus.

(b) Verstoß gegen § 4 Nr. 3 UWG

Wie bereits aufgezeigt wurde, handelt es sich bei § 4 Nr. 3 UWG ebenfalls um eine unlauterkeitsbegründende Norm. Es stellt sich daher die Frage, ob der A gegen § 4 Nr. 3 UWG verstößt, wenn er den Sekt des X empfiehlt. Da X den A als Verkaufsmittler einsetzt, könnte man der Empfehlung des A durchaus einen Werbecharakter zugestehen. Jedoch müsste der A diesen Werbecharakter verschleiert haben. Eine solche Verschleierung setzt jedoch eine Täuschung voraus. Mangels ausdrücklicher Täuschung käme nur eine konkludente Täuschung in Betracht. Auch eine konkludente Aussage über Vertragsverhältnisse zwischen dem Kellner und dem Hersteller des Sektes ist nicht anzunehmen, sodass nur eine Täuschung durch Unterlassen möglich wäre. Eine solche Täuschung durch Unterlassen würde jedoch eine Aufklärungspflicht des A hinsichtlich des Werbecharakters seiner Handlung, mithin hinsichtlich des Korkengeldes voraussetzen. Gewerbetreibende und deren Angestellten sind jedoch lauterkeitsrechtlich nicht zur Neutralität und Objektivität verpflichtet, was sich bereits aus § 675 Abs. 2 BGB ergibt und wettbewerbsrechtlich allgemein anerkannt ist.[631] Eine solche Aufklärungspflicht lässt sich nur in Fällen begründen, wo ein Schweigen so ausgelegt werden kann, dass die Beratung neutral und objektiv ist. Diese Fälle liegen jedoch nur dann vor, wenn eine Drittverantwortlichkeit besteht. In diesen Fällen nämlich darf der Beratende darauf vertrauen, dass die Beratung nicht durch eigene wirtschaftliche Interessen beeinflusst ist. Eine solche Drittverantwortlichkeit liegt jedoch im vorliegenden Fall nicht vor. Vielmehr wissen durchschnittliche Restaurantkunden, dass die Empfehlungen „des Hauses“ auch von eigenen Interessen abhängen können. Eine Verschleierung des Werbecharakters kann somit im Rahmen von normalen Austauschverhältnissen nicht angenommen werden.

(c) Verstoß gegen andere wettbewerbsrechtliche Normen

Verstöße gegen andere unlauterkeitsbegründende Normen liegen nicht vor. Insbesondere existiert seit der Abschaffung der Zugabeverordnung und des Rabatt-

631 *Köhler* in Köhler/Bornkamm, § 4 Rn. 3.48.

gesetzes keine allgemeine Norm des Wettbewerbsrechts, welche atypische Zuwendungen wie etwa Korkengelder als unlauter qualifiziert.

(d) Ergebnis der Neubestimmung für den Beispielsfall 1

Es zeigt sich also, dass unter Zugrundelegung der hier vorgeschlagenen Neubestimmung des Begriffs der Unlauterkeit unter Bewertung des heutigen Wettbewerbsrechts[632] eine Strafbarkeit nach § 299 StGB im Korkengeldfall nicht begründet werden kann. Dieses Ergebnis weist somit einen Gleichlauf von externen entschleierten Schmiergeldern und internen Schmiergeldern auf. Der unter A. II. 1. aufgezeigte Wertungswiderspruch besteht nach Neubestimmung der Unlauterkeit nicht mehr, die von *Winkelbauer* beklagte „Privilegierung von Komödien" wird beseitigt.

(2) Weitere Beispiele der Anwendung der Neubestimmung auf Fälle entschleierter Schmiergelder

(a) Beispielsfall 7: Wasserspender für Arzt

(aa) Sachverhalt[633]

A ist angestellter Arzt einer Privatklinik und für den Einkauf der im Rahmen des Krankenhausbetriebes notwendigen Arzneimittel zuständig. Der Geschäftsführer des Pharmaunternehmens X verspricht dem A die kostenlose Lieferung von Wasserspendern für seine Privatwohnung, falls der A bevorzugt die Arzneimittel des X-Konzerns bezieht. A nimmt dieses Angebot unter Billigung der Krankenhausleitung an.

(bb) Lösung

A ist Angestellter einer Privatklinik, mithin eines geschäftlichen Betriebes.[634] Als solcher nimmt er ein Vorteilsversprechen an, welches auf eine Bevorzugung im Wettbewerb beim Bezug von Waren abzielt.

Ob sich der Angestellte strafbar gemacht hat, ist somit allein eine Frage, ob diese Bevorzugung im Wettbewerb unlauter ist.

---

632 Diese Bewertung mag zum Zeitpunkt der Entscheidung des Reichsgerichts noch anders gewesen sein. Das liegt daran, dass zum damaligen Zeitpunkt Vorteilsgewährungen wettbewerbsrechtlich kritischer gesehen wurden als heute.

633 Angelehnt an eine Entscheidung des LG München vom 12.01.2008 – 1HK O 13279/07.

634 Dass es sich bei einer Privatklinik um einen geschäftlichen Betrieb handelt, ist allgemein anerkannt, siehe für viele *Fischer*, StGB, § 299 Rn. 4.

(i) Verstoß gegen § 4 Nr. 1 Var. 3 UWG

Eine Unlauterkeit aufgrund einer unsachlichen und unangemessenen Entscheidung des Krankenhauses als Marktteilnehmer scheidet aus, da die Krankenhausleitung den Vertragsschluss unter Kenntnis des versprochenen Vorteils billigte.

Es könnte jedoch eine unsachliche und unangemessene Beeinflussung der Patienten im Sinne des § 4 Nr. 1 Var. 3 UWG vorliegen. Eine solche läge nur dann vor, wenn es ein berechtigtes Vertrauen der Patienten darin gäbe, dass die Mitarbeiter der Klinik sich bei der Wahl der eingesetzten und weitergegebenen Arzneimittel nicht durch Vorteilgewährungen beeinflussen lassen. Ein solches Vertrauen ist nur dann berechtigt, wenn es gesetzlich verankert ist. Einem Angehörigen der Fachkreise der Heilberufe ist es nach § 7 Abs. 1 HWG verboten, Zuwendungen und sonstige Werbegaben (Waren oder Leistungen) anzunehmen. Diese Norm soll die Objektivität des Arztes gegenüber den Patienten wahren.[635] A, als Arzt Angehöriger der Fachkreise (vgl. § 2 HWG), verstößt durch die Annahme des Angebots des X gegen § 7 Abs. 1 HWG. Das Vertrauen der Patienten darauf, dass der Arzt sich an die für ihn geltenden Gesetze hält, ist berechtigt. Aufgrund der Orientierung an dem versprochenen Vorteil wird die Entscheidung des Patienten in unsachlicher und unangemessener Weise beeinflusst. Die Unlauterkeit der Bevorzugung ergibt sich daher aus § 4 Nr. 1 Var. 3 UWG.[636]

(ii) Verstoß gegen § 7 Abs. 1 HWG

Darüber hinaus handelt es sich bei § 7 HWG selbst um eine unlauterkeitsbegründende Norm,[637] sodass bereits der Verstoß gegen diese Norm zur Begründung der Unlauterkeit ausreicht. Daraus folgt, dass selbst dann eine Strafbarkeit des angestellten Arztes anzunehmen ist, wenn dieser weiß, dass die Arzneimittel nur Koma-Patienten verabreicht werden, die selbst keine Entscheidung treffen.

(iii) Verstoß gegen § 4 Nr. 3 UWG

---

635 Zum Sinn und Zweck dieser Norm vgl. bereits C. III. 2. c) bb) (1) (d).

636 So führt auch das LG München, 1 HK O 13279/07 in einem vergleichbaren Fall aus: *„Zuwendungen an Ärzte, die geeignet sind, das sensible, für einen Heilerfolg aber essentielle Vertrauensverhältnis zwischen diesen und ihren Patienten zu stören, stellen eine unangemessene unsachliche Beeinflussung der Entscheidung für die Waren dieser Gewerbetreibenden im Sinne von § 4 Nr. 1 UWG dar.“*.

637 Siehe dazu bereits C. III. 2. c) bb) (1) (d).

Ein Arzt, der ein Arzneimittel bevorzugt empfiehlt oder verschreibt, nimmt eine Handlung vor, welche das Ziel hat, den Absatz eines Unternehmen zu fördern. Es handelt sich somit um eine geschäftliche Handlung mit Werbecharakter.[638] Diese ist als solche für den Patienten nicht erkennbar, da dieser davon ausgehen muss (und darf), dass der Arzt seine Empfehlung/Verschreibung nicht von Vorteilgewährungen Dritter abhängig macht. Der Arzt, der dieses tut und somit gegen § 7 Abs. 1 HWG verstößt, verschleiert seine eigene Gewinnerzielungsabsicht sowie die Absicht, den Umsatz des Pharmaunternehmen zu steigern. Er verstößt somit auch gegen § 4 Nr. 3 UWG.

(cc) Ergebnis der Neubestimmung für Beispielsfall 7

In Fällen gesetzlich verankerter Drittverantwortlichkeit kommt eine Strafbarkeit nach der hier vorgenommenen Neubestimmung der Unlauterkeit auch in Fällen entschleierter Schmiergelder in Betracht. Ein Arzt, welcher entgegen berufsrechtlichen Pflichten aufgrund von Vorteilgewährungen bestimmte Arzneimittel bevorzugt einkauft, verschreibt oder empfiehlt, macht sich somit gemäß § 299 Abs. 1 StGB strafbar.

(b) Beispielsfall 8: Apothekerfall I

(aa) Sachverhalt

A ist Angestellter in der X-Apotheke des B. Y, ein niedergelassener Arzt mit einer Praxis in der Nähe der Apotheke, verspricht dem A für jeden Patienten, den dieser an seine Praxis vermittelt, einen Prämienpunkt. Im Falle des Ansammelns von 1000 Prämienpunkten soll der A diese gegen ein Wochenendkurzurlaub in einem Wellnesshotel eintauschen können. Der Inhaber der Apotheke B weiß von diesem Abkommen zwischen A und Y, gönnt seinem Mitarbeiter A jedoch diese Erholungsmöglichkeit und unternimmt daher nichts.

(bb) Lösung

Der Y verspricht dem A, einem Angestellten eines geschäftlichen Betriebes, eine materielle Besserstellung in Form eines Wellnesskurzurlaubs. Dass dieser erst durch Ansammlung von Prämienpunkten erarbeitet werden muss, ändert nichts an der Einstufung als Vorteil im Sinne des § 299 StGB. Dieses Versprechen spricht der Y aus, damit der A Patienten an seine Praxis vermittelt, mithin Z im Wettbewerb anderen Arztpraxen gegenüber bevorzugt. Fraglich ist hier nach herrschender Meinung daher einzig, ob die Bevorzugung beim Bezug einer

638 Zur Definition siehe *Köhler* in Köhler/Bornkamm, § 4 Rn. 3.10.

gewerblichen Leistung geschieht. Daran könnte deshalb gezweifelt werden, weil der „Bezug“, also die Inanspruchnahme der Leistung nicht durch den Apotheker geschieht, sondern durch den Patienten. Da dieser Patient durch den Apotheker vermittelt wird, liegt letztlich nur mittelbar ein Bezug von gewerblichen Leistungen vor. In der ähnlichen Konstellation der Korkengeldentscheidung hat das RG einen solchen mittelbaren Bezug jedoch ausreichen lassen.[639] Die Tatbestandsmerkmale des § 299 StGB liegen somit (mit Ausnahme der Unlauterkeit) vor.

Da jedoch die Unlauterkeit der Bevorzugung positiv festgestellt werden muss, stellt sich die Frage, ob die vorgesehene Bevorzugung gegen wettbewerbsrechtliche Normen verstößt. § 25 Abs. 1 Nr. 1 ApoG erklärt Bevorzugungen durch Apotheker oder dessen Angestellte für ordnungswidrig, wenn diese auf nach § 11 Abs. 1 ApoG unzulässigen Vereinbarungen beruhen. Die Vereinbarung zwischen Y und A verstößt gegen § 11 Abs. 1 ApoG, da diese den A zur bevorzugenden Empfehlung des Y motivieren soll. Eine Handlung, die gegen §§ 25 Abs. 1 Nr. 1, 11 Abs. 1 ApoG verstößt, ist unlauter.[640]

Folglich hat sich der Y gemäß § 299 Abs. 2 StGB und der A gemäß § 299 Abs. 1 StGB strafbar gemacht.

dd) Ergebnis der Anwendung der Neubestimmung für die Erfassung von entschleierten Schmiergeldern

Es wurde aufgezeigt, dass die herrschende Meinung nicht überzeugen kann, die entschleierte Schmiergelder ausnahmslos als vom Tatbestand des § 299 StGB erfasst ansehen will. Hingegen ist auch die Ansicht ebenfalls nicht überzeugend, die entschleierte Schmiergelder stets aus dem Tatbestand mittels teleologischer Reduktion herausnehmen will. Vielmehr bedarf es einer differenzierenden Betrachtung. Entscheidend für die Frage, ob entschleierte Schmiergelder von Tatbestand erfasst werden, ist, ob die durch diese hervorgerufene Entscheidung den Wettbewerb zu verzerren vermag.[641] Das ist nur dann der Fall, wenn die durch die Gewährung von entschleierten Schmiergeldern angestrebte Bevorzugung unlauter ist, also gegen Normen des Wettbewerbsrechts verstößt. Es konnte aufgezeigt werden, dass im heutigen Recht keine Norm existiert, welche im Rahmen von normalen Austauschverhältnissen eine solche Unlauterkeit zu begründen vermag. Anders stellt sich die Situation jedoch in Fällen dar, in denen ge-

639 Da diese Frage für die hier zu diskutierende Frage der Unlauterkeitsermittlung in Fällen der Drittverantwortlichkeit nicht relevant ist, wird von einer vertieften Auseinandersetzung mit dieser Frage abgesehen.

640 Siehe dazu bereits C. III. 2. c) bb) (1) (e).

641 So auch *Sahan* in G/J/W, § 299 Rn. 48 f.

setzlich geschütztes Vertrauen Dritter dahingehend besteht, dass keine Beeinflussung durch Vorteilgewährungen zu der bevorzugenden Handlung geführt hat. In solchen Fällen der Drittverantwortlichkeit kommt eine Strafbarkeit aufgrund der Annahme und der Gewährung von entschleierten Schmiergeldern in Betracht. Voraussetzung für diese Strafbarkeit ist, dass es eine Norm gibt, welche ein berechtigtes Vertrauen dahingehend schafft, dass die Entscheidung nicht durch Vorteilgewährungen Dritter beeinflusst wurde.

Durch die (Neu-) Bestimmung der Unlauterkeit kann somit die Grenze zwischen strafbaren und nicht strafbaren Handlungen eindeutig und widerspruchsfrei gezogen werden. Immer dann, wenn kein gesetzliches Verbot der Gewährung und der Annahme von Vorteilen besteht, führt eine Entschleierung der Vorteilgewährung zur Straflosigkeit. Diese Straflosigkeit ergibt sich nicht aus einer rechtfertigenden Wirkung der Zustimmung des Geschäftsinhabers, sondern aus der Tatsache, dass bevorzugende Wettbewerbsentscheidungen, die durch entschleierte Vorteilgewährungen beeinflusst werden, nicht unlauter sind. Es fehlt somit bei entschleierten Schmiergeldern in normalen Austauschverhältnissen bereits an der Tatbestandsmäßigkeit. Existiert jedoch ein gesetzliches Verbot der Vorteilannahme zum Schutze Dritter, so besteht ein berechtigtes Vertrauen sowohl des Marktes (bzw. der Marktteilnehmer) als auch der Verbraucher dahingehend, dass die Wettbewerbsentscheidung nicht durch eine Vorteilgewährung von dritter Seite beeinflusst wurde. In diesen Fällen ändert die Entschleierung des Vorteils an der Strafbarkeit nach § 299 StGB nichts.

c) Unlauterkeitsbegründung in Fällen der Vorteilgewährung an Geschäftsinhaber als Dritte (gleichzeitig Auflösung des Wertungswiderspruchs 2)

Im Rahmen der Problemdarstellung wurde ein weiterer Wertungswiderspruch der herkömmlichen Interpretation des § 299 StGB festgestellt. Dabei handelte es sich um die von der herrschenden Ansicht angenommene Pönalisierung von Vorteilgewährungen an den Geschäftsinhaber. Die herkömmliche Ansicht geht davon aus, dass der Geschäftsinhaber Dritter im Sinne des § 299 StGB ist, sodass Vorteilgewährungen an den geschäftlichen Betrieb den Tatbestand erfüllen.[642] Dieses führt zur Pönalisierung wettbewerbsrechtlich zulässiger Handlungen.[643]

Im Folgenden soll nun untersucht werden, ob dieser Wertungswiderspruch durch die Neubestimmung der Unlauterkeit beseitigt werden kann. Dazu muss

642 Zu dieser herrschenden Meinung vgl. bereits A. I. 2. e) cc).

643 Dieser Wertungswiderspruch wurde bereits ausführlich dargelegt, siehe A. II. 2.

untersucht werden, wann Wettbewerbshandlungen, die aufgrund von Vorteilgewährungen an den geschäftlichen Betrieb des Angestellten oder Beauftragten vorgenommen werden, unlauter im Sinne des § 299 StGB sind.

aa) Verstoß gegen § 4 Nr. 1 Var. 3 UWG?

(1) Beeinflussung der Entscheidung des Geschäftsinhabers

Eine unsachliche und unangemessene Beeinflussung der eigentlichen Wettbewerbsentscheidung, die für und wider den Geschäftsbetrieb als solchem wirkt, scheidet aus. Das liegt daran, dass es im geschäftlichen Bereich eine sachliche Beeinflussung darstellt, wenn ein Angestellter den Gewinn des Unternehmens maximiert, für welches er tätig wird. Verhandelt ein Angestellter geschickt und treibt das Angebot des Geschäftspartners in die Höhe, so liegt darin eine dem Leistungsprinzip entsprechende, rational begründete, mithin sachliche Wettbewerbshandlung.[644]

(2) Beeinflussung der Entscheidungen Dritter

Eine andere Frage ist jedoch, ob gegebenenfalls Dritte berechtigter Weise darauf vertrauen, dass keine Vorteilsgewährungen die Wettbewerbshandlung des Angestellten beeinflusst haben. Ein solches Vertrauen darauf, dass keine Beeinflussung der Wettbewerbshandlung durch Vorteilgewährungen an den geschäftlichen Betrieb selbst vorgenommen wurde, ist nur dann berechtigt, wenn dieses Vertrauen auf gesetzlichen Wertungen beruht. Es kommt somit auch in diesem Fall darauf an, ob dem geschäftlichen Betrieb und dessen Angestellten eine Drittverantwortlichkeit zukommt. Verbieten Berufs- oder Wettbewerbsregeln die Gewährungen von Vorteilen auch an den geschäftlichen Betrieb, so wird durch die Verletzung des Vertrauens in die Einhaltung dieser Vorschriften die Entscheidung der Dritten unsachlich und unangemessen beeinflusst. In normalen Austauschverhältnissen hingegen, in denen keine gesetzlich verankerte Drittverantwortlichkeit besteht, scheidet eine Unlauterkeit im Sinne des § 299 StGB nach heutigem Wettbewerbsrecht aus. Das liegt daran, dass Rabatte und Zugaben, also Vorteilgewährungen, an den geschäftlichen Betrieb als Geschäftspartner des Vorteilgebers grundsätzlich zulässig sind. Solche Rabatte oder Zugaben sind – seit der Abschaffung des Rabattgesetzes und der Zugabeverordnung - Verbesserungen des Angebots des Vorteilgebers und als solche grundsätzlich zulässig.[645] Nur für bestimmte Geschäftsbereiche werden solche Vorteile an den geschäftlichen Betrieb als unzulässig angesehen. Das ist immer dann der Fall,

644 Vgl. dazu überzeugend *Erb* in FS Geppert, S. 97, 100 ff.

645 So bereits C. IV. 2. b) aa) (2).

wenn dem geschäftlichen Betrieb eine Drittverantwortlichkeit zukommt, dieser also durch Rechtsnormen zur Objektivität gegenüber Dritten (zumeist den Verbrauchern) verpflichtet ist. Bei diesen Rechtsnormen handelt es sich um dieselben, welche auch im Rahmen der entschleierten Schmiergelder eine Drittverantwortlichkeit begründen. Es entsteht somit ein Gleichlauf zwischen den entschleierten Schmiergeldern und den Fällen der Vorteilgewährungen an den Geschäftsinhaber. In beiden Fällen scheidet eine Unlauterkeit der bevorzugenden Handlung grundsätzlich aus und kann nur dann angenommen werden, wenn gesetzliche Vorschriften existieren, die solche Vorteile gerade verbieten. So wird das dem heutigen Wettbewerbsrecht zugrundliegende Regel-Ausnahme-Verhältnis in Bezug auf die Gewährung von Rabatten und Zugaben[646] in die Strafnorm übernommen und es wird ein Widerspruch zwischen dem Wettbewerbsrecht und der Strafnorm vermieden.

bb) Anwendung der Neubestimmung auf Beispielsfälle der Vorteilsgewährung an Geschäftsinhaber

Dass die hier vorgeschlagene Neubestimmung der Unlauterkeit den aufgezeigten Wertungswiderspruch zu beseitigen vermag, soll anhand von Beispielsfällen verdeutlicht werden. Dabei wird zunächst auf den Beispielsfall eingegangen, mit Hilfe welchem der Wertungswiderspruch zunächst aufgezeigt wurde. Im Anschluss werden sodann Lösungen für andere Beispielsfälle entwickelt.

(1) Beispielsfall 2: Mensafall (Auflösung des Wertungswiderspruchs 2)

In Beispielsfall 2[647] wurde dem für den Einkauf von Lebensmitteln für den Mensabetrieb X zuständigen Mitarbeiter A durch Y, den Geschäftsführer des Großhandelsunternehmens B-GmbH, ein Einkaufsgutschein für den Fall versprochen, dass er seine Einkäufe für das Unternehmen X in Zukunft ausschließlich bei der B-GmbH tätigen werde. Verabredungsgemäß verwendete der A den Gutschein für seine Einkäufe, die er bei der B-GmbH für X tätigte.

Während die herkömmliche Auffassung in diesem Fall von einer Strafbarkeit des A und des Y wegen § 299 StGB ausgehen muss[648], soll im Folgenden untersucht werden, ob eine solche Strafbarkeit auch unter Berücksichtigung der Neubestimmung der Unlauterkeit begründet werden kann. Das wäre nur dann der Fall, wenn die Bevorzugung der B-GmbH durch A in unlauterer Weise geschieht, mithin gegen wettbewerbsschützende Normen verstieße.

646 Dazu bereits Fn. 475.

647 Zum Sachverhalt siehe bereits A. II. 2. a).

648 Dazu bereits A. II. 2. b).

Eine unsachliche und unangemessene Beeinflussung (§ 4 Nr. 1 Var. 3 UWG) der Kaufentscheidung des geschäftlichen Betriebes des Angestellten (also hier des Mensabetriebes X) scheidet bereits deshalb aus, weil dieser von der Bevorzugung profitiert. Da der Gutschein letztlich dazu führt, dass der Einkaufspreis der vom X-Unternehmen benötigten Lebensmittel sinkt, führt die Annahme und Nutzung des Gutscheins zu einer wirtschaftlich sinnvollen Entscheidung des Geschäftsherrn. Davon dass die Rationalität der Entscheidung in den Hintergrund tritt, kann keine Rede sein. Es fehlt daher an einer unsachlichen und unangemessenen Beeinflussung der Entscheidung des geschäftlichen Betriebes (X) durch den Angestellten (A).

Eine unsachliche und unangemessene Beeinflussung (§ 4 Nr. 1 Var. 3 UWG) Dritter scheidet ebenfalls aus, da es sich bei dem Geschäft zwischen der B-GmbH und dem Mensabetrieb X um ein normales Austauschgeschäft handelt, welches keinen Einfluss auf Dritte hat. So besteht kein rechtlich geschütztes Vertrauen der Mensakunden darauf, dass der Mensabetreiber oder dessen Angestellte die Lebensmittel unabhängig von eigenen wirtschaftlichen Vorteilen auswählen.

Es stellt sich also die Frage, ob andere Normen des Wettbewerbsrechts die Bevorzugung eines Marktteilnehmers aufgrund des Versprechens eines Gutscheins für unlauter erklären. Eine solche Norm existiert jedoch zumindest seit der Abschaffung der Zugabeverordnung und des Rabattgesetzes nicht mehr. Vielmehr ist das Gewähren von Rabatten heute allgemein zulässig. Das gilt sowohl für Geschäfte zwischen Unternehmern und Verbrauchern (B2C-Geschäfte) als auch insbesondere für Geschäfte zwischen Unternehmern (B2B-Geschäfte). Solche Rabatte können auch von bestimmten Bedingungen abhängig gemacht werden. So kann ein Gutschein erst ab einem bestimmten Einkaufswert eingelöst werden dürfen oder von der Anzahl der gekauften Produkte abhängen.[649] In gleicher Weise ist es wettbewerbsrechtlich zulässig, die Gewährung eines Rabattes (z.B. in Form eines Gutscheins) davon abhängig zu machen, dass Waren exklusiv über den Gewährenden bezogen werden. Es kann daher festgehalten werden, dass keine wettbewerbsrechtliche Norm existiert, die das Versprechen des Gutscheins in dem hier aufgezeigten Fall für unlauter erklärt.

Mangels Unlauterkeit der Bevorzugung scheidet eine Strafbarkeit unter Zugrundelegung der Neubestimmung der Unlauterkeit somit aus. Diese strafrechtliche Lösung entspricht der wettbewerbsrechtlichen Einordnung und beseitigt damit den unter Zugrundelegung der herkömmlichen Auffassung entstehenden Wertungswiderspruch zwischen wettbewerbsrechtlicher Bewertung von Rabat-

---

649 *Heermann*, WRP 2001, 855, 864.

ten und Zugaben auf der einen und der strafrechtlichen Erfassung von Vorteilgewährungen an den Geschäftsinhaber auf der anderen Seite.

(2) Beispielsfall 9: Wasserspender für Klinik

(a) Sachverhalt

Der Sachverhalt entspricht dem Sachverhalt des Beispielsfalls 8[650], jedoch weiß die Klinikleitung nichts von dem Vorgang und die Wasserspender sind für den Gebrauch in der Klink gedacht.

(b) Lösung

Der A ist Angestellter einer Privatklinik, mithin eines geschäftlichen Betriebes,[651] welcher ein Vorteilsversprechen angenommen hat, damit er einen bestimmten Wettbewerber beim Bezug von Waren im Wettbewerb bevorzugt. Ob er sich strafbar gemacht hat, hängt wiederum allein davon ab, ob diese Bevorzugung im Wettbewerb auch unlauter war.

Die Unlauterkeit ergibt sich nicht aus einer unsachlichen und unangemessen Beeinflussung (§ 4 Nr. 1 Var. 3 UWG) des Geschäftsinhabers, da die Klinik von dem Vorteil unmittelbar profitiert. Die Entscheidung der Klinik beruht also auf sachlichen, rationalen, wirtschaftlich sinnvollen Erwägungen.

Eine Unlauterkeit kann sich also wiederum nur daraus ergeben, dass die Entscheidungsfreiheit Dritter unsachlich und unangemessen beeinflusst wird. Als Dritte kommen hier insbesondere die Patienten in Betracht. Patienten vertrauen regelmäßig auf die Empfehlungen ihrer Ärzte, zum Teil sind sie sogar auf das Verschreiben bestimmter Medikamente angewiesen, da sie unabhängig von einer solchen Verschreibung das Medikament nicht erhalten können. Dabei vertrauen Patienten insbesondere darauf, dass ihr Arzt die Entscheidung, welches Medikament er ihnen verschreibt, allein davon abhängig macht, was aus Gründen der Gesundheit am sinnvollsten ist. Dieses Vertrauen wird durch verschiedene wettbewerbsrechtliche und berufsrechtliche Vorschriften rechtlich anerkannt und geschützt. Der Arzt, der sich zu der bevorzugten Abgabe oder Verschreibung bestimmter Medikamente deshalb verpflichtet, weil ihm ein Vorteil dafür angeboten wird, verstößt unter anderem gegen § 7 Abs. 1 HWG.[652] Diese gesetzlichen Vorteilannahmeverbote schließen Vorteile an den Geschäftsinhaber (hier also die Klinik) mit ein. Daher ergibt sich auch in dieser Abwandlung des Beispielsfalls 8 die Unlauterkeit aus einem Verstoß gegen § 4 Nr. 1 Var. 3 UWG

650 Dazu siehe C. IV. 2. b) cc) (2) (b).

651 *Fischer*, StGB, § 299 Rn. 4.

652 Siehe dazu bereits oben C. III. 2. c) bb) (1) (d).

sowie aus dem Verstoß gegen die berufsrechtlichen Vorschriften (insb. § 7 Abs. 1 HWG).

Darüber hinaus liegt auch ein Verstoß gegen § 4 Nr. 3 UWG vor. Ein Arzt, der ein Arzneimittel bevorzugt empfiehlt, nimmt eine geschäftliche Handlung mit Werbecharakter vor. Aufgrund seiner Pflicht zur Objektivität kommt ihm eine Aufklärungspflicht in Bezug auf diesen Webecharakter zu. Verstößt er gegen diese Aufklärungspflicht, so verschleiert er den Werbecharakter seiner Handlung und handelt somit unlauter im Sinne des § 4 Nr. 3 UWG.

(c) Ergebnis der Neubestimmung für Beispielsfall 9

Die Unlauterkeit der bevorzugenden Handlung des Arztes ergibt sich aus § 4 Nr. 1 Var. 3, Nr. 3 UWG sowie § 7 Abs. 1 HWG. Da die übrigen Voraussetzungen des § 299 StGB vorliegen, hat sich der Arzt gemäß § 299 Abs. 1 StGB sowie der für das Pharmaunternehmen Handelnde gemäß § 299 Abs. 2 StGB strafbar gemacht.

cc) Ergebnis der Neubestimmung in Fällen der Vorteilgewährung an Geschäftsinhaber

Es wurde aufgezeigt, dass der geschäftliche Betrieb auch nach der Neubestimmung der Unlauterkeit noch Dritter im Sinne des § 299 StGB sein kann. Das ist jedoch nur dann der Fall, wenn sich die Unlauterkeit aus anderen Gründen als der Beeinflussung der Entscheidung des Geschäftsinhabers ergibt. Solche anderen Gründe existieren nur dort, wo dem Angestellten oder Beauftragten eine besondere, gesetzlich verankerte Drittverantwortlichkeit zukommt. Durch die Neubestimmung der Unlauterkeit wird somit der aufgezeigte Wertungswiderspruch aufgelöst und ein Gleichlauf zwischen der wettbewerbsrechtlichen Bewertung von Rabatten und Zugaben auf der einen und der strafrechtlichen Erfassung von Vorteilgewährungen an den Geschäftsinhaber auf der anderen Seite erreicht.

d) Folgen für die Verortung des Ausschlusses sozialtypischer und geringfügiger Vorteile

Zuletzt soll noch auf eine weitere Folge der Neubestimmung der Unlauterkeit hingewiesen werden. Allgemein anerkannt ist, dass kleine Geschenke, Trinkgelder und ähnliche geringwertige bzw. sozialtypische Zuwendungen den Tatbestand des § 299 StGB nicht erfüllen. Es besteht jedoch Uneinigkeit darüber, auf welche Weise diese geringwertigen oder sozialtypischen Zuwendungen aus dem Tatbestand herausgenommen werden können.[653]

Einige Autoren wollen in solchen Fällen bereits das Vorliegen eines Vorteils verneinen.[654] Ein Vorteil im Sinne des § 299 StGB liegt nach dieser Ansicht nur in jeder nicht unerheblichen und nicht sozialtypischen Zuwendung. Diese Ansicht findet jedoch im Wortlaut der Norm keine Stütze. Es ist nicht ersichtlich, warum ein Trinkgeld keinen Vorteil darstellen soll. Sowohl der gewöhnliche Sprachgebrauch als auch der Rechtsbegriff des Vorteils schließen grundsätzlich alle materielle Besserstellungen ein.[655]

Aus diesem Grund geht eine andere Ansicht davon aus, dass bei dem Versprechen oder Gewähren von geringwertigen oder sozialtypischen Zuwendungen keine Unrechtsvereinbarung vorliegt. Zum Teil wird diese Annahme damit begründet, dass solche Vorteile niemanden motivieren, eine Bevorzugung im Wettbewerb zu veranlassen. Daher fehle es in solchen Fällen an einem Gegenseitigkeitsverhältnis, mithin an der Unrechtsvereinbarung.[656]

Eine dritte Ansicht in der Literatur geht davon aus, dass sowohl ein Vorteil vorliegt, als auch eine Unrechtsvereinbarung aufgrund eines geringwertigen Vorteils zumindest möglich ist, es aber an der Unlauterkeit fehlt. Das Merkmal der Unlauterkeit hat nach dieser Ansicht gerade die Funktion, geringwertige Zuwendungen aus dem Tatbestand herauszunehmen.[657]

Es ist im Ergebnis, wenn auch nicht in der Begründung, der dritten Ansicht Recht zu geben. Die Neubestimmung der Unlauterkeit hat gezeigt, dass das Merkmal der Unlauterkeit eine strafbarkeitsbegründende Funktion durch Rückkopplung der Strafnorm an das Wettbewerbsrecht ausübt. Dabei verweist das Merkmal der Unlauterkeit insbesondere auf den § 4 Nr. 1 Var. 3 UWG, welcher eine unsachliche und unangemessene Beeinflussung der bevorzugenden Entscheidung durch den Angestellten oder Beauftragten voraussetzt.

Vorteilgewährungen, welche schon aufgrund ihrer Geringwertigkeit nicht in der Lage sind, Beeinflussungen hervorzurufen, müssen aus dem Tatbestand nicht herausgenommen werden, da es in diesen Fällen bereits an der Unrechtsvereinbarung fehlt. Diese setzt gerade voraus, dass der Vorteil gewährt wird, um die Bevorzugung herbeizuführen. Ist jedoch der Vorteil offensichtlich dazu nicht

---

653 Siehe dazu bereits A. I. 2. e) bb) und A. I. 4.

654 So etwa *Sahan* in G/J/W, § 299 Rn. 21, 43 m.w.N.

655 Wie hier auch *Diemer/Krick* in MüKo, § 299 Rn. 9.

656 Vgl. *Tiedemann* in LK, § 299 Rn. 28 m.w.N.

657 Zu dieser Ansicht siehe *Park*, wistra 2010, 321, 325 f. m.w.N.

geeignet, so kann auch nicht angenommen werden, dass durch diesen die Bevorzugung erreicht werden soll.[658]

Es gibt jedoch auch Vorteile, welche gewährt werden, um eine Bevorzugung zu erhalten, und dennoch sozialtypisch sind. Allein die Üblichkeit von bestimmten Vorteilgewährungen kann jedoch kein tauglicher Bewertungsmaßstab sein, da es Branchen gibt, in denen Schmiergeldzahlungen an der Tagesordnung sind. In solchen Branchen kann jedoch aus dieser Regelmäßigkeit nicht eine Rechtmäßigkeit der Vorteilgewährungen gefolgert werden.[659] Vielmehr kommt es darauf an, ob die Vorteilgewährungen ein unsachliches und unangemessenes Motiv für den Angestellten bei seiner Entscheidungsfindung für den Prinzipal darstellen. So ist es nicht unwahrscheinlich, dass sich Marktteilnehmer, welche Angestellten von Geschäftspartnern zum Geburtstag eine Flasche Wein zukommen lassen, davon versprechen, dass der Angestellte sich dadurch zumindest unterbewusst beeinflussen lässt und bei künftigen Entscheidungen dieses zu einer Bevorzugung führen wird. Bei solchen Geschenken handelt es sich jedoch um ein angemessenes Vorgehen, das kein unsachliches Motiv setzt. Die Problematik der Bestimmung der Angemessenheit und Sachlichkeit ist damit nicht gelöst. Jedoch kann diese Problematik durch die Neubestimmung der Unlauterkeit nunmehr richtig verortet werden.[660] Diese Verortung macht deutlich, warum es bisher weder in der Rechtsprechung noch in der Literatur zu eindeutigen Ergebnissen in Bezug auf eine Wertgrenze gekommen ist. Die Angemessenheit und Sachlichkeit einer Beeinflussung im Wettbewerb kann nur im Einzelfall bestimmt werden.[661] Ergibt sich für den Einzelfall, dass es sich um eine sachliche und angemessene Beeinflussung handelt, so scheidet eine Strafbarkeit mangels Unlauterkeit aus.

Der Ausschluss sozialtypischer und geringwertiger Vorteile ist daher am Merkmal der Unlauterkeit festzumachen.[662] Nur wenn die Berücksichtigung des Vorteils bei der Entscheidungsfindung zu einer unlauteren Entscheidung führt, kommt eine Strafbarkeit in Betracht. Das ist nur dann der Fall, wenn die Be-

---

658 So auch die herrschende Meinung, die daraus folgert, dass der Unlauterkeit keinerlei Funktion zukommt, vgl. *Tiedemann* in LK, § 299 Rn. 42 m.w.N.

659 Allgemeine Ansicht, vgl. nur *Tiedemann* in LK, § 299 Rn. 28; *Park*, wistra 2010, 321, 326.

660 Den Mehrwert einer solchen sicheren Verortung betont auch *Park*, der ebenfalls den Ausschluss von geringwertigen und sozialtypischen Vorteilen mittels des Merkmals der Unlauterkeit erreichen will, *Park*, wistra 2010, 321, 327; auch *Pfuhl* diskutiert die Frage der Geringwertigkeit und Sozialüblichkeit im Rahmen des § 4 Nr. 1 Var. 3 UWG, vgl. *Pfuhl*, Verkaufsförderung, S. 145 ff.

661 So im Ergebnis auch *Diemer/Krick* in MüKo, § 299 Rn. 20.

662 So auch *Park*, wistra 2010, 321, 325.

rücksichtigung des Vorteils eine unangemessene und unsachliche Beeinflussung der Entscheidung eines Marktteilnehmers darstellt.

D. Handlungsbedarf de lege ferenda

Nachdem festgestellt wurde, dass durch die vorgenommene Neubestimmung der Bedeutung des Merkmals der Unlauterkeit in § 299 StGB die unter Zugrundelegung der herkömmlichen Auffassung entstehenden Wertungswidersprüche der Strafnorm gegen Bestechung und Bestechlichkeit im geschäftlichen Verkehr aufgelöst werden können, soll im Folgenden untersucht werden, ob trotz der hier vorgeschlagenen Neubestimmung der Unlauterkeit de lege ferenda Gesetzesänderungen vorgenommen werden sollten, um eine widerspruchsfreie Kriminalisierung aller strafwürdigen Korruptionshandlungen im Wettbewerb zu erfassen.

I. Einbeziehung von Geschäftsinhabern mit Drittverantwortlichkeit

In Teilen der Literatur wird seit Jahrzehnten die Einbeziehung des Geschäftsherrn in den Täterkreis des § 299 Abs. 1 StGB gefordert.

1. Gründe für die Forderung der Einbeziehung des Geschäftsinhabers

Die Gründe, die für eine Einbeziehung des Geschäftsherrn vorgebracht werden, wurden im Rahmen dieser Arbeit bereits dargelegt.[663] Die Autoren, die eine solche Einbeziehung fordern, weisen insbesondere auf ein nach ihrer Meinung bestehendes Ungleichgewicht hin. Dieses soll darin bestehen, dass Geschäftsinhaber nicht bestochen werden können, während ihre Mitarbeiter und Beauftragten taugliche Täter des § 299 StGB sind. Diese Differenzierung sei unter Berücksichtigung des Rechtsguts Wettbewerb nicht konsequent, da die Entscheidungen des Geschäftsinhabers auf den Wettbewerb die gleichen Auswirkungen hätten wie die Entscheidungen seiner Mitarbeiter.

2. Differenzierung nach Vorliegen einer Drittverantwortlichkeit

Eine Reihe von Autoren sprechen sich jedoch gegen eine generelle Einbeziehung von Geschäftsinhabern aus. Dieses sei aufgrund der im Wirtschaftsleben geltenden Privatautonomie nicht sinnvoll. Einem Geschäftsinhaber sei es gene-

---

663 Siehe dazu B. I. 1.

rell erlaubt, sein Handeln an die Gewährung von Vorteilen zu knüpfen. Jedoch gäbe es bestimmte Berufsgruppen, welche eine besondere Verantwortung gegenüber Dritten zukäme. Diese Berufsgruppen dürften ihre Handlungen nicht von bestimmten Vorteilen abhängig machen. Für diese Berufsgruppen wird daher entweder über eine Einbeziehung in den Tatbestand des § 299 StGB oder über die Schaffung einer eigenen Korruptionsnorm nachgedacht.[664]

3. Eigene Stellungnahme: Strafrecht als ultima ratio

Eine generelle Einbeziehung von Geschäftsherrn in den Tatbestand des § 299 Abs. 1 StGB ist abzulehnen. Die Gründe dafür wurden im Rahmen dieser Arbeit bereits dargelegt.[665]

Nachdem nun aber festgestellt wurde, dass tatsächlich Berufsgruppen existieren, denen eine Drittverantwortlichkeit zukommt und denen es daher verboten ist, Vorteile für die Bevorzugung von Marktteilnehmern anzunehmen,[666] stellt sich die Frage, ob in Fällen des Vorliegens einer solchen Drittverantwortlichkeit die Strafdrohung des § 299 Abs. 1 StGB auf den drittverantwortlichen Geschäftsinhaber ausgedehnt werden sollte.

Zur Verdeutlichung dieser Frage mag folgender Beispielsfall dienen:

Beispielsfall 10: Apothekenfall II

A ist Inhaber einer Apotheke. Als solcher wird ihm von einem Arzt X aus der Umgebung ein bestimmter Geldbetrag dafür versprochen, dass dieser ratsuchenden Patienten bevorzugt die die Dienste des X empfiehlt.

Betrachtet man diesen Fall, so stellt sich die Frage, warum der Apotheker in diesem Beispielsfall keiner Strafdrohung ausgesetzt sein soll, während dem Angestellten des Apothekers für dasselbe Verhalten ein Strafverfahren droht.[667] Während der selbstständige Apotheker kein Beauftragter oder Angestellter ist und daher mangels Tätereigenschaft aus dem Tatbestand des § 299 Abs. 1 StGB herausfällt, verwirklicht sein Angestellter den Tatbestand.

Man mag versucht sein, diese Ungleichbehandlung unter Berücksichtigung des Art. 3 GG für fragwürdig zu halten, und daher eine Einbeziehung von dritt-

---

664 *Dannecker* in NK, § 299 Rn. 27a; *Tiedemann* in LK, § 299 Rn. 10; *Pragal*, Korruption, S. 210 ff.; wohl auch *Rengier* in FS Tiedemann, S. 837, 848.

665 Siehe B. I. 2.

666 Siehe dazu C. IV. 2. b) bb)

667 Zu dieser Konstellation siehe bereits C. IV. 2. b) cc) (2) (b).

verantwortlichen Geschäftsinhabern propagieren.[668] Dem Inhaber einer Apotheke kommt in gleichem Maße wie dessen Mitarbeiter eine Drittverantwortlichkeit zu, welche sich aus den berufsrechtlichen Regelungen, insbesondere §§ 11 Abs. 1, 25 Abs. 1 Nr. 2 ApoG ergibt.

Dabei wird jedoch ein wesentlicher Unterschied zwischen drittverantwortlichen Geschäftsinhabern und deren Angestellten/Beauftragten verkannt. Zu beachten ist nämlich, dass drittverantwortliche Geschäftsinhaber regelmäßig für die selbstständige Ausübung ihrer Tätigkeit einer besonderen Zulassung oder Erlaubnis bedürfen. Der selbstständige Betreiber einer Apotheke bedarf beispielswiese nach § 1 Abs. 2 ApoG einer Erlaubnis der zuständigen Behörde. Verstößt der selbstständige Inhaber einer Apotheke gegen seine Pflicht zur Objektivität gegenüber Dritten durch die Annahme von Vorteilen für die bevorzugte Lieferung bestimmter Arzneimittel aus § 11 Abs. 1 ApoG, so kann ihm nach § 4 Abs. 2 S. 2 ApoG die Erlaubnis entzogen werden. Dieses verwaltungsrechtliche Instrumentarium steht nur gegenüber dem Inhaber der Apotheke, nicht jedoch dessen Angestellten zur Verfügung. Dabei trifft eine solche Maßnahme einen Inhaber einer Apotheke essentiell, da diesem durch die Entziehung der Erlaubnis seine wirtschaftliche Grundlage entzogen wird. Wer nun zusätzlich zu dieser verwaltungsrechtlichen Sanktion eine Strafandrohung für drittverantwortliche Geschäftsinhaber fordert, verkennt die Funktion des Strafrechts als ultima ratio.[669] Das verwaltungsrechtliche Instrumentarium reicht für die Stabilisierung der berufsrechtlichen Normen für drittverantwortliche Geschäftsinhaber vollständig aus. Es bedarf keiner darüber hinausgehenden strafrechtlichen Sanktionsmöglichkeit. Eine ähnliche Argumentation wird von einem Teil der Literatur vorgebracht, wenn darauf verwiesen wird, dass der Geschäftsinhaber ohnehin weniger geneigt sei, sein Verhalten gegenüber den Kunden an Vorteilgewährungen von dritter Seite zu orientieren, da er selbst ein wirtschaftliches Interesse an dem Erhalt und Zufriedenstellung des Kundenstammes habe. Dieser Reputationsdruck mache eine Einbeziehung des Geschäftsinhabers in den Täterkreis des § 299 Abs. 1 StGB überflüssig.[670] Das gilt umso mehr, wenn dem Geschäftsinhaber bei Annahme von Vorteilen von dritter Seite der Verlust seiner wirtschaftlichen Grundlage durch Entziehung der Erlaubnis droht.

Nach hier vertretener Auffassung bedarf es daher keiner Erweiterung des Täterkreises des § 299 Abs. 1 StGB auf Geschäftsinhaber. Auch die Erfassung

---

668 So sieht *Rengier* darin beispielsweise einen Widerspruch, vgl. *Rengier* in FS Tiedemann, S. 837, 848 f.

669 Zur ultima ratio-Funktion des Strafrechts allgemein siehe jüngst *Lathi* in FS Hassemer, S. 439 ff.

670 So etwa *Matern*, WRP 2008, 575, 583; *Steinbeck*, GRUR 2005, 15, 19; *Heermann*, WRP 2006, 8, 11.

von drittverantwortlichen Geschäftsinhabern ist strafrechtlich weder geboten noch sinnvoll.

II. Schaffung weiterer Normen, die eine Drittverantwortlichkeit begründen

Bei der Frage, ob die Entschleierung von Vorteilgewährungen zur Straflosigkeit führt, kommt es – wie dargelegt wurde –[671] darauf an, ob eine (gesetzlich verankerte) Drittverantwortlichkeit besteht. Nur in Fällen gesetzlich verankerter Drittverantwortlichkeit kommt eine Strafbarkeit aufgrund der Zahlung von entschleierten Schmiergeldern in Betracht. Eine solche gesetzlich verankerte Drittverantwortlichkeit besteht derzeit nur für wenige Berufe. Es stellt sich die Frage, ob die Erkenntnis, dass eine gesetzliche Verankerung der Drittverantwortlichkeit notwendig ist, um eine Strafbarkeit in Fällen der entschleierten Schmiergelder zu begründen, dazu führt, dass der Gesetzgeber weitere Normen schaffen sollte, welche eine Drittverantwortlichkeit begründen.

1. Generelle Einschätzung über die Notwendigkeit weiterer Normen, die eine Drittverantwortlichkeit begründen

Das Wettbewerbsrecht unterliegt seit mehr als einem Jahrzehnt einer starken Tendenz der Liberalisierung. Dieser Tendenz würde die Schaffung weitreichender Normenkomplexe, welche eine Drittverantwortlichkeit von Berufsträgern begründeten, entgegenlaufen. Eine allgemeine Norm, die eine Drittverantwortlichkeit für alle Angestellten und Beauftragten begründete, wäre gar ein Rückschritt in die Zeit der Geltung der Zugabeverordnung und des Rabattgesetzes. Der sparsame Umgang des Gesetzgebers mit drittverantwortlichkeitsvermittelnden Normen ist daher gerechtfertigt und entspricht sowohl nationalen als auch internationalen (insbesondere europarechtlichen) Entwicklungen.

Diese Tendenz hat den Gesetzgeber auch dazu veranlasst, im Rahmen der Abschaffung des Rabattgesetzes und der Zugabeverordnung keine weitreichenden berufsspezifischen Normen zu schaffen, welche eine Drittverantwortlichkeit begründen. Allein im Gesundheitswesen hielt der Gesetzgeber einen Regelungs-

671 Siehe dazu bereits C. IV. 2. b).

bedarf für gegeben und passte den § 7 HWG in dem Prozess der Abschaffung des Rabattgesetzes und der Zugabeverordnung entsprechend an.[672]

Dieser generellen Zurückhaltung des Gesetzgebers, mittels gesetzlich verordneter Drittverantwortlichkeit private Vertragsbeziehungen zu reglementieren, ist beizupflichten. Es ist nicht ersichtlich, warum Wirtschaftssubjekte (auch aufgeklärte, mündige Verbraucher) ihre Vertragsbeziehungen nicht selbstständig regeln sollen. Allein in Bereichen, in denen Vertrauensverletzungen zu irreversiblen Folgen führen können, muss der Gesetzgeber eine Drittverantwortlichkeit gesetzlich vorschreiben. Dieses ist durch die zahlreichen gesetzlichen und berufsrechtlichen Vorgaben für Mediziner, Apotheker und Angehörige der Fachkreise der Heilberufe für den Gesundheitssektor geschehen.

2. Spezielle Einschätzung der Notwendigkeit von Normen, die eine Drittverantwortlichkeit begründen, für in der Literatur diskutierte Berufsgruppen

In der Literatur und Rechtsprechung wird eine Drittverantwortlichkeit für verschiedene Berufsgruppen diskutiert. Wie aufgezeigt wurde, kann eine solche jedoch nur dann angenommen werden, wenn diese gesetzlich verankert ist. Es stellt sich also für diese Berufsgruppen die Frage, ob eine gesetzliche Verankerung de lege ferenda sinnvoll ist.

Eine Berufsgruppe, für die insbesondere in neuerer Zeit eine Drittverantwortlichkeit erwogen wurde, ist die Berufsgruppe der **Vermögens- bzw. Anlageberater** im weitesten Sinne.[673] So hat der BGH entschieden, dass Bankmitarbeiter, welche für die Vermittlung von Fondanteilen an Bankkunden eine Rückvergütung erhalten, die Kunden über diese Rückvergütung aufklären müssen.[674] Teilweise wurde eine solche Aufklärungspflicht bereits in § 31d WpHG gesetzlich festgeschrieben.

Indes kann die Pflicht zur Aufklärung über eigene finanzielle Vorteile nicht gleichgesetzt werden mit dem Verbot der Entgegennahme solcher Vorteile. Insofern existiert zum jetzigen Zeitpunkt für Banker keine gesetzlich verankerte Drittverantwortlichkeit. Auch de lege ferenda erscheint eine solche Drittverant-

672 Ausführlich dazu *Möller*, WRP 2006, 428, 429 ff.

673 So geht beispielsweise *Rönnau* davon aus, dass diesen aufgrund ihrer Beratungsfunktion eine besondere Bedeutung zukommt, *Rönnau* in A/R, Kap. III 2 Rn. 70 f.

674 Vgl. BGHZ 170, 226; konkretisiert in BGH, WM 2009, 2306 ff.; auch *Dannecker* sieht gesetzgeberischen Handlungsbedarf in Bezug auf die Schaffung einer gesetzlich verankerten Drittverantwortlichkeit von Anlageberatern, siehe *Dannecker* in NK, § 299 Rn. 27a.

wortlichkeit von Vermögens- bzw. Anlageberatern nicht wünschenswert. Ein generelles Verbot von Rückvergütungen oder Vorteilgewährungen für den Berater würde zu einem Preisanstieg bei den Beratungen führen, welcher für Verbraucher von Nachteil wäre. Es erscheint ausreichend, dass eine der BGH-Rechtsprechung entsprechenden Aufklärungspflicht diesbezüglich angenommen und ggf. über den Regelungsbereich des § 31d WpHG hinaus gesetzlich geregelt wird. Nach einer solchen Aufklärung ist es dem mündigen Durchschnittsverbraucher durchaus möglich, die Beeinflussung des Vorteilversprechens auf den Berater zu bewerten und in seine Entscheidung einzubeziehen. Zudem sind die Vermögensverluste, die durch eine „gekaufte" Beratung durch den Berater entstehen, mittels Schadensersatzansprüchen zu beseitigen, sodass mangels irreversibler Folgen – anders als etwa in der Gesundheitswirtschaft – keine Prävention mittels Strafrecht betrieben werden muss.

Eine weitere Brache, für welche eine Drittverantwortlichkeit in der Literatur diskutiert wird, ist die Reisebürobranche. So hat *Matern* untersucht, ob gegenüber Reisebüros ein besonderes Vertrauen der beratenen Kunden bestehe, welches eine Drittverantwortlichkeit begründen könnte. Dieses besondere Vertrauensverhältnis versucht *Matern* zum Einen aus dem Konflikt zwischen den Provisionsinteressen der **Reisebüromitarbeiter** und der Kundenerwartung nach einer objektiven Beratung und zum Anderen aus den aus dem Geschäftsbesorgungsvertrag entspringenden Beratungs- und Aufklärungspflichten des Reisebüros herzuleiten.[675] Allerdings gesteht auch *Matern* ein, dass eine Begründung der Drittverantwortlichkeit von Reisebüroangestellten nur im Einzelfall festgestellt werden kann. Unter Zugrundelegung des modernen Verbraucherleitbildes und der allgemeinen Liberalisierungstendenzen des Lauterkeitsrechts seien allgemeingültige Aussagen über das Bestehen von berechtigtem besonderem Vertrauen zwischen Reisebüro und Verbraucher nicht möglich.[676] Dieser Einschätzung ist beizupflichten. Aufgrund mangelnder gesetzlicher Verankerung der Drittverantwortlichkeit kann eine solche nicht generell angenommen werden. Auch ist nicht ersichtlich, warum eine gesetzliche Verankerung der Drittverantwortlichkeit von Reisebüromittarbeitern de lege ferenda eingeführt werden sollte. Die Verbraucher werden vor unsachlicher, unangemessener und fachlich falscher Beratung bereits durch zivilrechtliche Mechanismen ausreichend geschützt.[677] Eines gesetzgeberischen Handelns bedarf es in diesem Bereich nicht.

---

675 *Matern*, WRP 2008, 575, 582.

676 *Matern*, WRP 2008, 575, 589.

677 So auch *Matern*, WRP 2008, 575, 594; *Heermann*, WRP 2006, 8, 20.

3. Ergebnis

Es kann festgehalten werden, dass die Schaffung weiterer Normen, die eine Drittverantwortlichkeit begründen, nicht zwingend notwendig ist. In welchen Branchen solche Drittverantwortlichkeit gesetzlich normiert wird, ist letztlich eine gesetzgeberische Entscheidung. Unter Berücksichtigung des veränderten Verbraucherleitbildes, der Liberalisierung des Wettbewerbsrechts sowie der europarechtlichen Vorgaben kann es jedoch nicht überraschen, dass der Gesetzgeber sich in diesem Feld in den letzten Jahren zurückgehalten hat. Diese Zurückhaltung ist logische Konsequenz des Bestrebens des Gesetzgebers, die Marktteilnehmer und Verbraucher ihre Vertragsverhältnisse selbst regeln zu lassen und weitestgehende Vertragsfreiheit zu ermöglichen. Eine Schaffung weiterer drittverantwortlichkeitsbegründender Normen würde dieser Entwicklung entgegenlaufen.

III. Ergebnis der notwendigen Veränderungen de lege ferenda

Es kann festgehalten werden, dass es nach der hier vorgeschlagenen Neubestimmung der Unlauterkeit keiner gesetzgeberischen Handlungen bedarf. Die Norm des § 299 StGB kann bereits in der heutigen Fassung widerspruchsfrei ausgelegt werden, wenn dem Merkmal der Unlauterkeit die aufgezeigte strafbarkeitsbegrenzende Funktion mittels Rückbezugs auf das Lauterkeitsrecht zugesprochen wird. Insbesondere der oft geäußerte Vorschlag der Einbeziehung von Geschäftsinhabern in den Täterkreis ist de lege ferenda nicht sinnvoll. Das gilt auch für die Einbeziehung drittverantwortlicher Geschäftsinhaber, da deren Verstöße bereits auf verwaltungsrechtlicher und berufsrechtlicher Ebene ausreichend sanktioniert werden können. Eine Schaffung weiterer Normen, die eine Drittverantwortlichkeit bestimmter Berufsgruppen etablieren würden, ist nach hier vertretener Auffassung ebenfalls nicht notwendig.

E. Zusammenfassung der wesentlichen Ergebnisse

Die Analyse der herkömmlichen Interpretation des Tatbestandes des § 299 StGB hat verdeutlicht, dass eine erhebliche Divergenz zwischen dem so verstandenen Straftatbestand und der wettbewerbsrechtlichen Entwicklung entstanden ist. Bestimmte atypische Fallkonstellationen, deren wettbewerbsrechtliche Zulässigkeit außer Frage steht, werden nach dem herkömmlichen Normverständnis vom Straftatbestand erfasst. Eine solche Erfassung grundsätzlich zulässiger geschäftlicher Handlungen durch eine Strafnorm verstößt nicht nur gegen den Grundsatz, dass Strafrecht nur ultima ratio sein soll, sondern ist auch unter Rechtsgutsgesichtspunkten nicht haltbar. Eine Strafnorm, welche den Wettbewerb als Institution schützen soll, muss sich auf die Sanktionierung wettbewerbswidrigen Verhaltens beschränken.

Die durch die herrschende Interpretation des Tatbestandes entstehenden und in dieser Arbeit ausführlich dargestellten Wertungswidersprüche sind keinesfalls neu, ihre Bedeutung nimmt jedoch aufgrund der stetig voranschreitenden Liberalisierung des Wettbewerbsrechts gerade in jüngerer Zeit deutlich zu. Waren zu Zeiten der Geltung der Zugabeverordnung und des Rabattgesetz kaum atypische Fälle denkbar, in welchen Vorteilsgewährungen auch wettbewerbsrechtlich bedenklich waren, so ergibt sich aus wettbewerbsrechtlicher Sicht seit der Abschaffung dieser Normenkomplexe eine vollständig andere Bewertung entsprechender Vorgänge. Kombinationsangebote, Marketingmaßnahmen und andere Verkaufsfördermaßnahmen unterliegen heute einer weniger strengen Überprüfung durch das Wettbewerbsrecht. Dieses kennt keine pauschalen Unzulässigkeitsnormen, sondern lässt kreative Verkaufsfördermaßnahmen im Wirtschaftsverkehr generell zu und erklärt diese nur in Einzelfällen für unzulässig. Dieser Paradigmenwechsel, welcher insbesondere auch durch die Novellierung des UWG in den Jahren 2004 und 2008 vollzogen wurde, führt dazu, dass die Wertungswidersprüche des herkömmlichen Verständnisses des § 299 StGB deutlicher hervortreten.

Diese Erkenntnis hat zu einer breiten Diskussion darüber geführt, wie eine Norm gegen Angestelltenbestechung und –bestechlichkeit auszusehen habe, um eine widerspruchsfreie Pönalisierung zu ermöglichen. Die in der Literatur dazu entwickelten Vorschläge wurden einer kritischen Prüfung unterzogen. Dabei hat sich herausgestellt, dass diese keineswegs einen Königsweg aufzuzeigen vermögen. Vielmehr ergab die kritische Prüfung, dass die Neuformulierungsvorschläge entweder die bestehenden Wertungswidersprüche nicht tatsächlich aufzulösen vermochten oder neue Wertungswidersprüche schaffen würden. Hinzu kommt, dass auf Seiten des Gesetzgebers die Bereitschaft einer generellen Novellierung des Tatbestandes des § 299 StGB nicht gegeben zu sein scheint. Dieser wurde zwar mehrmals punktuell erweitert, besteht jedoch in seiner Grundstruktur seit mehr als 100 Jahren unverändert fort.

Die Auflösung der Wertungswidersprüche ist aufgrund dieser Situation vorrangig mittels einer neuen Normauslegung zu erreichen. Bei dieser Auslegung ist von dem Wesen der Korruption auszugehen. Es wurde aufgezeigt, dass der Kern des Korruptionsvorwurfs im regelwidrigen Tausch zu sehen ist. Während die Komponente des Tausches unter Zugrundelegung des herkömmlichen Verständnisses der Norm in ausreichend klarer Weise durch den § 299 StGB bestimmt ist, kann die herkömmliche Auffassung die Grenze zwischen regelwidrigem und zulässigem Tausch nicht überzeugend ziehen. Das liegt daran, dass nach diesem Normverständnis die Regelwidrigkeit des beschriebenen Tausches stets vorliegen soll. Ein solcher Automatismus der Annahme der Regelwidrigkeit führt jedoch in atypischen Fällen zu der beschriebenen Erfassung von wettbewerbsrechtlich zulässigen Handlungen.

Nachdem festgestellt wurde, dass der Schlüssel zur Auflösung der Wertungswidersprüche in der Verankerung der Regelwidrigkeit des Tausches liegen muss, wurde als einziges Merkmal, dem diese Funktion zukommen kann, die Unlauterkeit der Bevorzugung ausgemacht. Sowohl die systematische als auch die teleologische Auslegung haben ergeben, dass diesem Merkmal eine strafbarkeitsbegrenzende Funktion durch Rückverweisung auf das Wettbewerbsrecht zukommt. Die Voraussetzung der Unlauterkeit der angestrebten Bevorzugung dient dazu sicherzustellen, dass das durch die Vorteilgewährung „erkaufte“ Verhalten auch tatsächlich das Rechtsgut des Wettbewerbs zu beeinträchtigen vermag. Durch diese Rückbezüglichkeit der Unlauterkeit der (angestrebten) Bevorzugung wird sichergestellt, dass eine Gefahr für das Rechtsgut überhaupt besteht. Handelt es sich bei der „erkauften“ geschäftlichen Handlung um eine lautere Wettbewerbshandlung, die den Regeln des Wettbewerbsrechts entspricht, so besteht nicht einmal eine abstrakte Gefahr einer Verzerrung des Wettbewerbs. Daher darf eine Strafnorm, die den Wettbewerb schützen will, solche Verhaltensweisen nicht erfassen. Nur wenn die Gefahr der Verzerrung des Wettbewerbs besteht, kann von einem regelwidrigen Tausch ausgegangen werden. Daher muss zur Bejahung des Tatbestandes des § 299 StGB stets die Unlauterkeit der (angestrebten) Bevorzugung positiv festgestellt werden. Diese positive Feststellung der Unlauterkeit setzt eine Bestimmung derjenigen Normen voraus, welche die Bevorzugung für unlauter erklären. Als unlauterkeitsbegründende Normenkomplexe wurden das UWG sowie die ergänzenden allgemeinen und berufsspezifischen Regelungen des Wettbewerbsrechts ausgemacht. Auf diese Normen verweist das Merkmal der Unlauterkeit, wobei durch diese Verweisung kein Blanketttatbestand entsteht, sondern ein Tatbestand mit einem ausfüllungsbedürftigen, unbestimmten Tatbestandsmerkmal. Das Merkmal der Unlauterkeit beschränkt die Strafbarkeit nach § 299 StGB auf Verhaltensweisen, die auf wettbewerbsrechtlich als unlauter zu klassifizierende geschäftliche Handlungen abzielen.

Diese Neubestimmung der Bedeutung und Funktion des Merkmals der Unlauterkeit führt in dem Standardfall der Bestechung und Bestechlichkeit zu keiner von der herkömmlichen Auffassung abweichenden Bewertung. Die Norm, welche die Unlauterkeit in Fällen des Standardfalls, mithin der Gewährung von verschleierten Schmiergeldern an den Angestellten oder Beauftragten selbst begründet, ist insbesondere § 4 Nr. 1 Var. 3 UWG. Diese Norm bestimmt, dass eine unsachliche und unangemessene Beeinflussung der Entscheidungsfreiheit eines Marktteilnehmers unlauter ist. Der Angestellte, welcher die Entscheidung, die er (faktisch oder tatsächlich) für seinen Geschäftsherrn trifft, an seinem eigenen Vorteil und nicht seiner Funktion entsprechend an dem Interesse des Geschäftsherrn ausrichtet, beeinflusst die für und wider den Geschäftsherrn wirkende geschäftliche Handlung in unsachlicher und unangemessener Weise. Auch nach der Neubestimmung der Unlauterkeit wird somit der unstreitig strafwürdige Standardfall der Bestechung und Bestechlichkeit im geschäftlichen Verkehr von dem Tatbestand des § 299 StGB erfasst.

Eine von der herkömmlichen Auffassung abweichende Bewertung ergibt sich jedoch in atypischen Konstellationen. So erfüllen nach der hier vertretenen Auffassung entschleierte Schmiergelder den Tatbestand des § 299 StGB nicht stets, sondern nur dann, wenn es dem Angestellten oder Beauftragten aus Gründen des Schutzes Dritter versagt ist, seine Entscheidung an Vorteilgewährungen zu orientieren. Eine solche Drittverantwortlichkeit von Angestellten oder Beauftragten besteht jedoch nicht generell, sondern nur für bestimmte Berufsgruppen, denen aufgrund gesetzlicher Normen eine Pflicht zur Objektivität gegenüber Dritten im Rahmen ihrer wirtschaftlichen Betätigung zukommt. Werden Vorteile an solche drittverantwortlichen Angestellte oder Beauftragte gewährt, so führt die Entschleierung der Schmiergelder (mithin die Zustimmung des Geschäftsherrn) nicht zur Straflosigkeit. In allen anderen Fällen existiert keine Norm, welche Bevorzugungen für unlauter erklärt, die aufgrund von entschleierten Vorteilgewährungen an Angestellte oder Beauftragte vorgenommen werden. In diesen Fällen kommt somit mangels Unlauterkeit der (angestrebten) Bevorzugung keine Strafbarkeit nach § 299 StGB in Betracht. Durch diese Differenzierung wird ein Gleichlauf zwischen den Regeln des Wettbewerbsrechts und der Reichweite der Strafnorm der Angestelltenbestechung erreicht.

Eine weitere Abweichung zur herkömmlichen Interpretation des § 299 StGB ergibt sich in Fällen der Vorteilgewährungen an den geschäftlichen Betrieb, für den der Angestellte oder Beauftragte tätig ist. Während die herkömmliche Auffassung aufgrund der Tatsache, dass der geschäftliche Betrieb selbst „Dritter" im Sinne des § 299 StGB ist, davon ausgeht, dass alle Vorteilgewährungen an den geschäftlichen Betrieb einen nach § 299 StGB relevanten Vorteil darstellen, hat die hier vorgenommene Neubestimmung des Merkmals der Unlauterkeit gezeigt, dass auch diesbezüglich eine differenzierende Betrachtung notwendig ist. Nur in Fällen, in denen es dem geschäftlichen Betrieb gesetzlich untersagt ist, Vorteile für die Bevorzugung von Marktteilnehmern anzunehmen, in denen dem geschäftlichen Betrieb also eine Drittverantwortlichkeit zukommt, existieren Normen, die eine Unlauterkeit der (angestrebten) Bevorzugung begründen. Bei normalen geschäftlichen Betrieben, welchen keine Drittverantwortlichkeit zukommt, scheidet eine Strafbarkeit der Angestellten oder Beauftragten aufgrund von Vorteilgewährungen an den geschäftlichen Betrieb aus. Das liegt daran, dass es keine wettbewerbsrechtlichen Normen gibt, welche es generell untersagen, Vorteile an geschäftliche Betriebe zu gewähren, um von diesen im Wettbewerb bevorzugt zu werden. Vielmehr ist in dem Versprechen eines Vorteils für den geschäftlichen Betrieb, welches gegenüber dem Angestellten des Betriebs geäußert wird, im Regelfall eine – wettbewerbsrechtlich völlig unkritische – Erhöhung des Angebots zu sehen. Ist dem geschäftlichen Betrieb die Entgegennahme des Vorteils nicht rechtlich untersagt, weil ihn eine Objektivitätspflicht gegenüber Dritten trifft, so kann die Gewährung und Annahme des Vorteils auch dann nicht strafbewehrt sein, wenn dadurch eine Bevorzugung im Wettbewerb geschieht. Eine solche Strafbarkeit würde gerade dem Grundprinzip des Wettbewerbs zuwiderlaufen, nach welchem die Bevorzugung im Wettbewerb von der Höhe des Angebots abhängig gemacht werden soll (sog. Leistungsprinzip). Durch die Neubestimmung der Unlauterkeit wird somit auch in Fällen der Vorteilgewährungen an den geschäftlichen Betrieb ein Gleichlauf zwischen Wettbewerbsrecht und strafrechtlicher Sanktionierung durch § 299 StGB geschaffen.

Es konnte aufgezeigt werden, dass die Neubestimmung der Unlauterkeit als strafbarkeitseinschränkendes, rückverweisendes Tatbestandsmerkmal die Wertungswidersprüche, die unter Zugrundelegung des herkömmlichen Normverständnisses aufgezeigt wurden, zu beseitigen vermag. Darüber hinaus wurde erörtert, dass die Norm des § 299 StGB richterweise auf Angestellte und Beauftragte geschäftlicher Betriebe begrenzt ist und nicht de lege ferenda auf Geschäftsinhaber erweitert werden sollte. Auch anderweitige Gesetzesanpassungen sind - nach hier vertretener Auffassung - de lege ferenda nicht vorzunehmen. Die Schaffung von Normen, die für besondere Berufsgruppen eine Drittverantwortlichkeit herbeiführen, stellt grundsätzlich eine rechtspolitische Entscheidung dar. Unter Berücksichtigung der generellen, begrüßenswerten Tendenz der

Liberalisierung des Wettbewerbsrechts ist mit der Schaffung solcher Normen jedoch nach hier vertretener Auffassung sparsam umzugehen.

Es kann somit abschließend festgehalten werden, dass die Norm des § 299 StGB nicht etwa ein Beispiel gesetzgeberischer Unfähigkeit darstellt, sondern eine Norm ist, welche – bei richtiger Auslegung – den Unrechtskern der Wirtschaftskorruption in sinnvoller Weise zu begründen vermag. Eine Strafnorm, welche den Wettbewerb vor Wettbewerbsverzerrungen schützen soll, muss notwendig einer Anpassung an sich stetig wandelnde wirtschaftliche und wirtschaftsrechtliche Rahmenbedingungen zugänglich sein. Eine solche Anpassungsnotwendigkeit führt automatisch zu einer gewissen Unbestimmtheit des Tatbestandes. Diese Unbestimmtheit darf jedoch schon aufgrund des strafrechtlichen Bestimmtheitsgrundsatzes (Art. 103 Abs. 2 GG) nicht dazu führen, dass der Tatbestand Handlungen erfasst, deren Strafwürdigkeit erwiesenermaßen nicht existiert. Führt die Unbestimmtheit einer Norm dazu, dass rechtlich zulässige Verhaltensweisen den Tatbestand erfüllen und nur mittels teleologischer Reduktion wieder aus dem Tatbestand herausgenommen werden können, so ist diese Tatbestandsgestaltung verfassungsrechtlich bedenklich. Zur Erhaltung der Anpassungsfähigkeit bei gleichzeitigem Bestreben der Erhaltung der Normbestimmtheit greift der Gesetzgeber deshalb regelmäßig auf unbestimmte, aber durch außerstrafrechtliche Normen konkretisierte Rechtsbegriffe zurück. Um eben ein solches normatives Tatbestandsmerkmal handelt es sich bei dem Tatbestandsmerkmal der Unlauterkeit. Dieses Merkmal dient der Rückkopplung der Norm an das Wettbewerbsrecht, welchem die Norm selbst entspringt, zur Sicherstellung der Erfassung von ausschließlich wettbewerbsrechtlich unzulässigem Verhalten durch § 299 StGB.

Literaturverzeichnis

Achenbach, Hans / **Ransiek**, Andreas [Hrsg.]: Handbuch Wirtschaftsstrafrecht; 3. Auflage, Heidelberg 2011.
[zitiert: *Bearbeiter* in A/R]

Achenbach, Matthias: Strafrechtlicher Schutz des Wettbewerbs: Ein Nachweis normativer Fehlregulierung des Marktes; KritV 2009, 296-302.

Altenburg, Johannes: Whistleblowing – Korruptionsbekämpfung durch Business Keeper Monitoring Systems; BLJ 2008, 3-8.

Arentzen, Ute u.a. [Red.]: Gabler Volkswirtschaftslexikon; Band 1, Wiesbaden 1996.
[zitiert: *Gabler*, VWL-Lexikon]

Arzt, Gunter / **Weber**, Ulrich u.a.: Strafrecht Besonderer Teil; 2. Auflage, Bielefeld 2009.
[zitiert: *Arzt/Weber*, Strafrecht BT]

Bach, Florian: Kundenbindungsprogramme und Bestechung im geschäftlichen Verkehr nach § 299 II StGB; wistra 2008, 47-50.

Backhaus, Ralph: Schranken des UWG für eine Zusammenarbeit von Ärzteschaft und pharmazeutischer Industrie; PharmR 2000, 362-371.

Bamberger, Heinz Georg / **Roth**, Herbert [Hrsg.]: Kommentar zum Bürgerlichen Gesetzbuch; Band 1, 2. Auflage, München 2007.
[zitiert: *Bearbeiter* in Bamberger/Roth]

Bamberger, Heinz Georg [Hrsg.]: Beck`scher Online-Kommentar BGB; Stand 01.08.2010, München 2010.
[zitiert: *Bearbeiter* in BeckOK-BGB]

Bannenberg, Britta / **Rössner**, Dieter: Kriminalität in Deutschland; München 2005.
[zitiert: *Bannenberg/Rössner*, Kriminalität]

Beater, Axel,: Schutzzweckgedanken im Recht gegen den unlauteren Wettbewerb; JZ 1997, 916-922.

Bechtold, Rainer / **Otting**, Olaf [Hrsg.]: Kartellgesetz: Gesetz gegen Wettbewerbsbeschränkungen –Kommentar; 5. Auflage, München 2008.
[zitiert: *Bearbeiter* in Bechtold/Otting]

Berger, Christian: Der Ausschluß gesetzlicher Rückgewähransprüche bei der Erbringung unbestellter Leistungen nach § 241a BGB; JuS 2001, 649-654.

Berlit, Wolfgang: Auswirkungen der Aufhebung des Rabattgesetzes und der Zugabeverordnung auf die Auslegung von § 1 UWG und § 3 UWG; WRP 2001, 349-354.

Berneke, Wilhelm: Zum Lauterkeitsrecht nach einer Aufhebung von Zugabeverordnung und Rabattgesetz; WRP 2001, 615-622.

Beukelmann, Stephan: Niedergelassene Kassenärzte als Beauftragte der Krankenkassen?; NJW-Spezial 2010, 312.

Bieber, Marc: Die Kontrolle des Berufsrechts der Freiberufler – insbesondere der Rechtsanwälte – mit Hilfe von § 4 Nr. 11 UWG; WRP 2008, 723-730.

Bülow, Peter / **Artz**, Markus: Fernabsatzverträge und Strukturen eines Verbraucherprivatrechts im BGB; NJW 2000, 2049-2056.

Bundeskriminalamt [Hrsg.]: Korruption Bundeslagebericht 2007; abrufbar unter www.bka.de.
[zitiert: *BKA*, BLK 2007]

Bunte, Herman Josef [Hrsg.]: Lexikon des Rechts der Wirtschaft; lose Blattsammlung, Neuwied 1991-2000.
[zitiert: *Bunte*, Lexikon des Rechts]

Bürger, Sebastian: § 299 StGB – eine Straftat gegen den Wettbewerb?; wistra 2003, 130-136.

Caspar, Matthias: Die Zusendung unbestellter Waren nach § 241a BGB; ZIP 2000, 1602-1609.

Cordes, Christoph: Die Gewährung von Zugaben und Rabatten und deren wettbewerbsrechtliche Grenzen nach Aufhebung von Zugabeverordnung und Rabattgesetz; WRP 2001, 867-877.

Doepner, Ulf: Unlauterer Wettbewerb durch Verletzung von der Verbraucherinformation dienenden Gesetzesvorschriften; WRP 1980, 473-477.

Dölling, Dieter: Empfehlen sich Änderungen des Straf- und Strafprozeßrechts, um der Gefahr von Korruption in Staat, Wirtschaft und Gesellschaft wirksam zu begegnen?; erschienen in: Ständige Deputation des Deutschen Juristentages [Hrsg.]; Verhandlungen des einundsechzigsten Deutschen Juristentages; Band I, Gutachten C für den 61. Deutschen Juristentag, München 1996.
[zitiert: *Dölling*, 61. DJT]

Dölling, Dieter: Die Neuregelung der Strafvorschriften gegen Korruption; ZStW 112 (2000), 334-355.

Dölling, Dieter [Hrsg.]: Handbuch der Korruptionsprävention: für Wirtschaftsunternehmen und öffentliche Verwaltung; München 2007.
[zitiert: *Bearbeiter* in Korruptionsprävention]

Eichmann, Helmut: Der Vorsprung durch eigenen Rechtsbruch; GRUR 1967, 564-572.

Eisenberg, Ulrich: Kriminologie; 6. Auflage, München 2005.
[zitiert: *Eisenberg*, Kriminologie]

Emmerich, Volker: Unlauterer Wettbewerb: ein Studienbuch; 8. Auflage, München 2009.
[zitiert: *Emmerich*, Unlauterer Wettbewerb]

Enderle, Bettina: Blankettstrafgesetze: verfassungs- und strafrechtliche Probleme von Wirtschaftsstraftatbeständen; Frankfurt am Main 2000.
[zitiert: *Enderle*, Blankettstrafgesetze]

Engel, Siegfried: Verkaufsförderung durch „Incentive-Veranstaltungen" Wettbewerbsrechtliche und zugaberechtliche Fragen; WRP 1986, 639-705.

Eppe, Mark: Verbraucherschutz im UWG und BGB; WRP 2005, 808-812.

Erb, Volker: Ungereimtheiten bei der Anwendung von § 299 StGB; erschienen in: Geisler, Claudius / Kretschmer, Joachim / Schneider, Hartmut; Festschrift für Klaus Geppert zum 70. Geburtstag; Berlin 2011, S. 97-112.
[zitiert: *Erb* in FS Geppert]

Fezer, Karl-Heinz [Hrsg.]: Lauterkeitsrecht: Kommentar zum Gesetz gegen den unlauteren Wettbewerb (UWG); Band 1, 2. Auflage, München 2010.
[zitiert: *Bearbeiter* in Fezer]

Fikentscher, Wolfgang: Das Verhältnis von Kartellrecht und Recht des unlauteren Wettbewerbs; GRUR Ausl 1966, 181-187.

Finn, Markus: Unentgeltliche Abgabe von Fortbildungsliteratur an Ärzte – Welche Vorgaben haben pharmazeutische Unternehmer zu beachten?; PharmR 2009, 481-490.

Fischer, Sonja: Schutz der Entscheidungsfreiheit im Rahmen der Verkaufsförderung; Hamburg 2008.
[zitiert als: *Fischer*, Entscheidungsfreiheit]

Fischer, Thomas: Strafgesetzbuch und Nebengesetze; 59. Auflage, München 2012.
[zitiert: *Fischer*, StGB]

Flume, Werner: Vom Beruf unserer Zeit für Gesetzgebung; ZIP 2000, 1427-1430.

Francuski, Ramona: Der Geschäftsherr als Drittvorteilsempfänger im Rahmen des § 299 StGB; BLJ 2009, 3-8.

Gercke, Björn / **Wollschläger**, Sebastian: Das Wettbewerbserfordernis i.S.d. § 299 StGB; wistra 2008, 5-10.

Graf, Jürgen Peter / **Jäger**, Markus / **Wittig**, Petra [Hrsg.]: Wirtschafts- und Steuerstrafrecht, München 2011.
[zitiert: *Autor* in G/J/W]

Hanft, Christian: Strafrechtliche Probleme im Zusammenhang mit der Einmann-GmbH; Baden-Baden 2006.
[zitiert: *Hanft*, Einmann-GmbH]

Harte-Bavendamm, Henning / **Henning-Bodewig**, Frauke [Hrsg.]: Gesetz gegen den unlauteren Wettbewerb (UWG): mit Preisangabenverordnung – Kommentar; 2. Auflage, München 2009.
[zitiert: *Bearbeiter* in Harte-Bavendamm/Henning Bodewig]

Heermann, Peter: Prämien, Preise, Provisionen; WRP 2006, 8-20.

Heermann, Peter / **Ruess**, Peter: Verbraucherschutz nach RabattG und ZugabeVO – Schutzlücken oder Freiheitsgewinn?; WRP 2001, 883-887.

Heermann, Peter [Hrsg.]: Grundlagen des Wettbewerbsrechts, internationales Wettbewerbs- und Wettbewerbsverfahrensrecht, europäisches Gemeinschaftsrecht - Grundlagen und sekundärrechtliche Maßnahmen - §§ 1-4 UWG; Band 1, München 2006.
[zitiert: *Bearbeiter* in MüKo-UWG]

Hefendehl, Roland: Kollektive Rechtsgüter im Strafrecht; Köln 2002.
[zitiert: *Hefendehl*, Kollektive Rechtsgüter]

Heil, Ulf / **Dübbers**, Robert: Abschaffung von Rabattgesetz und Zugabeverordnung- Ein erster Schritt zur Begrenzung der Inländerdiskriminierung auf Grund der E-Commerce-Richtlinie im Wettbewerbsrecht; ZRP 2001, 207-212.

Heiseke, Jürgen: „Schmiergelder“ als Verkaufshilfen; WRP 1969, 362-365.

Hiersemann, Walter: Verkäuferprämien; WRP 1964, 222-224.

Hirschenkrämer, Klaus: Fallen „entschleierte Schmiergelder“ unter § 12 UWG?; WRP 1965, 130-133.

Hirschenkrämer, Klaus: Bestechung und Bestechlichkeit von Angestellten (§ 12 UWG); Köln 1964.
[zitiert: *Hirschenkrämer*, Bestechung]

Hoth, Jürgen: Der Zweck des Rabattgesetzes und die Grenzen seiner Anwendung; GRUR 1977, 233-241.

Huber, Viola: Die Fallfigur des übertriebenen Anlockens – Angestaubtes Relikt oder unentbehrlicher Auffangtatbestand; Hamburg 2007.
[zitiert als: *Huber*, Anlocken]

Jaques, Henning: Die Bestechungstatbestände unter besonderer Berücksichtigung des Verhältnisses der §§ 331 ff. StGB zu § 12 UWG; Frankfurt am Main 1996.
[zitiert: *Jaques*, Bestechungstatbestände]

Joecks, Wolfgang / **Hefendehl**, Roland [Hrsg.]: Münchener Kommentar zum Strafgesetzbuch; Band 4, München 2006.

[zitiert: *Bearbeiter* in MüKo]

Kempf, Eberhard: Die Funktion von Strafrecht und Strafverteidigung in einer modernen Gesellschaft; NJW 1997, 1729-1736.

Kieser, Timo: Unzulässigkeit der Gewährung eines Barzahlungsrabatts auch bei Abgabe nicht apothekenpflichtiger Arzneimittel an Endverbraucher nach § 7 HWG n.F.?; PharmR 2001, 350-355.

Kieser, Timo: Rabatte beim Kauf apothekenpflichtiger nicht preisgebundener Arzneimittel und Heilmittelwerbegesetz; PharmR 2004, 129-133.

Kinting, Karl Friedrich: Der Begriff der Unlauterkeit im Wettbewerbsrecht; Gummersbach 1934.
[zitiert: *Kinting*, Unlauterkeit]

Klötzer, Antje: Ist der niedergelassene Vertragsarzt tatsächlich tauglicher Täter der §§ 299, 331 StGB?; NStZ 2008, 12-16.

Klug, Ulrich: Zu Strafbarkeit irreführender Werbeangaben - Schluß; GRUR, 1975, 289-297.

Koepsel, Anne K.: Bestechlichkeit und Bestechung im geschäftlichen Verkehr (§ 299 StGB); Göttingen 2006.
[zitiert: *Koepsel*, Bestechlichkeit]

Köhler, Helmut: Kopplungsangebote (einschließlich Zugaben) in geltenden und künftigen Wettbewerbsrecht; GRUR 2003, 729-739.

Köhler, Helmut: Zum Anwendungsbereich der §§ 1 und 3 UWG nach Aufhebung von RabattG und ZugabeVO; GRUR 2001, 1067-1079.

Köhler, Helmut / **Bornkamm**, Joachim [Hrsg.]: Gesetz gegen den unlauteren Wettbewerb: Preisangabenverordnung, Unterlassungsklagengesetz (UWG mit PAngV und UKlaG); 28. Auflage, München 2010.
[zitiert: *Bearbeiter* in Köhler/Bornkamm]

Koos, Stefan / **Menke**, Burkhart / **Ring**, Gerhard [Hrsg.]: Praxis des Wettbewerbsrechts; Münster 2009.
[zitiert: *Koos/Menke/Ring,* Praxis des Wettbewerbsrechts]

Kindhäuser, Urs / **Neumann**, Ulfrid / **Paeffgen**, Hans-Ulrich [Hrsg.]: Nomos Kommentar zum Strafgesetzbuch; 3. Auflage, Band 2, Baden-Baden 2010.
[zitiert: *Bearbeiter* in NK]

Kort, Michael: Wettbewerbsrechtliche Fragen der Werbung freier Berufe; GRUR 1997, 701-710.

Kühl, Kristian / **Lackner**, Karl u.a. [Hrsg.]: Strafgesetzbuch: Kommentar; 27. Auflage, München 2011.
[zitiert: *Bearbeiter* in Lackner/Kühl]

Lampe, Ernst-Joachim: Empfiehlt es sich im gesamtwirtschaftlichen Interesse den Tatbestand des § 12 UWG zu ändern, insbesondere hinsichtlich des Kreises der Vorteilsnehmer zu erweitern und als Offizialdelikt auszugestalten?; erschienen in: Bundesministerium der Justiz [Hrsg.]; Tagungsberichte der Sachverständigenkommission zur Bekämpfung der Wirtschaftskriminalität – Reform des Wirtschaftsstrafrechts -; Band 11, Bonn 1976. [zitiert: *Lampe*, Tagungsberichte]

Lathi, Raimo: Das moderne Strafrecht und das ultima-ratio-Prinzip; erschienen in: Herzog, Felix / Neumann, Ulfrid [Hrsg.], Festschrift für Winfried Hassemer; Heidelberg 2010, S. 439-448. [zitiert: *Lathi* in FS Hassemer]

Laufhütte, Heinrich Wilhelm / **Krehl**, Christoph [Hrsg.]: Strafgesetzbuch: Leipziger Kommentar – Großkommentar; Band 10, 12. Auflage, Berlin 2008. [zitiert: *Bearbeiter* in LK]

Leo, Hans-Christoph: Die Gewährung von sogenannten Verkäuferprämien – eine Methode der Absatzförderung; WRP 1966, 153-157.

Lesch, Heiko: Anwaltliche Akquisition zwischen Sozialadäquanz, Vorteilsgewährung und Bestechung im geschäftlichen Verkehr; AnwBl 2003, 261-265.

Lettl, Tobias: Der unlauterer Wettbewerb durch Rechtsbruch in der instanzgerichtlichen Rechtsprechung; GRUR-RR 2004, 225-228.

Lettl, Tobias: Der Schutz der Verbraucher nach der UWG-Reform; GRUR 2004, 449-461.

Lettl, Tobias: Rechtsprechungsübersicht zum Wettbewerbsrecht 2003/2004 – Relevanz im neuen UWG; BB 2004, 1913-1925.

Löffler, Martin [Hrsg.]: Handbuch des Presserechts; 5. Auflage, München 2005. [zitiert: *Bearbeiter* in Löffler]

Looschelders, Dirk / **Roth**, Wolfgang: Juristische Methodik im Prozeß der Rechtsanwendung: zugleich ein Beitrag zu den verfassungsrechtlichen Grundlagen von Gesetzesauslegung und Rechtsfortbildung; Berlin 1996. [zitiert: *Looschelders/Roth*, Juristische Methodik]

Loschelder, Michael / **Erdmann**, Willi [Hrsg.]: Handbuch des Wettbewerbsrechts; 4 Auflage, München 2010. [zitiert: *Bearbeiter* in Loschelder/Erdmann]

Matern, Patrick: Absatzförderung auf nachgeordneten Vertriebsstufen – lauterkeitsrechtliche Bewertung von Verkaufswettbewerben in der Reisebranche; WRP 2008; 575-595.

Maurach, Reinhart / **Schröder**, Friedrich-Christian / **Maiwald**, Manfred: Strafrecht, Besonderer Teil, Teilband 2; 9. Auflage, Heidelberg 2005.
[zitiert: Maurach/Schröder/Maiwald, BT]

Meller-Hannich, Caroline: Bestandsaufnahme und Bewertung der Ansprüche aus Gewinnzusagen; NJW 2006, 2516-2520.

Mitsch, Wolfgang: Strafrecht Besonderer Teil; Band 2, Teilband 2, Berlin 2001.
[zitiert: *Mitsch*, BT II, Tb.2]

Möller, Mirko: Die vorgesehenen Änderungen des Heilmittelwerberechts durch das Gesetz zur Verbesserung der Wirtschaftlichkeit in der Arzneimittelversorgung – Verschärfung oder Abschaffung eines Verbots?; WRP 2006, 428-434.

Möller, Mirko: Neue Erscheinungsformen von Rabattwerbung und „Rabatte" zu Lasten Dritter; GRUR 2006, 292-299.

Nestoruk, Igor B.: Strafrechtliche Aspekte des unlauteren Wettbewerbs: Strafrecht und Schutz der Wirtschaftsordnung; Heidelberg 2003.
[zitiert: *Nestoruk*, Strafrechtliche Aspekte]

Odenthal, Hans-Jörg: Der „geschäftliche Betrieb" als Leistungsempfänger nach § 299 StGB; wistra 2005, 170-172.

Ottofülling, Andreas: Die Neugewinnung und Bindung von „Auftraggebern" mit unlauteren Mitteln; DS 2009, 103-106.

Palandt, Otto [Begr.]: Bürgerliches Gesetzbuch: mit Nebengesetzen; 70. Auflage, München 2011.
[zitiert: *Bearbeiter* in Palandt]

Park, Tido: § 299 StGB – Auslegungshilfe durch steuerrechtliche Fremdvergleichskriterien; wistra 2010, 321-327.

Peinemann, Christopher: Zur Frage der Strafbarkeit des geschäftsführenden Alleingesellschafters einer GmbH wegen Bestechlichkeit im geschäftlichen Verkehr; Hamburg 2009.
[zitiert: *Peinemann*, Alleingesellschafter]

Pfeiffer, Tim: Markteinführung neuer Produkte – was ist wettbewerbsrechtlich zulässig?; WRP 2000, 371-377.

Pfuhl, Fabian: Von erlaubter Verkaufsförderung und strafbarer Korruption; Tübingen 2010.
[zitiert: *Pfuhl*, Verkaufsförderung]

Piper, Henning / **Ohly**, Ansgar / **Sosnitza**, Olaf [Hrsg.]: Gesetz gegen den unlauteren Wettbewerb: mit Preisangabenverordnung – Kommentar; 5. Auflage, München 2010.
[zitiert: *Bearbeiter* in Piper/Ohly/Sosnitza]

Pragal, Oliver: Die Korruption im privaten Sektor und ihre strafrechtliche Kontrolle durch § 299 StGB: Erscheinungsformen, Rechtsgut, Tatbestandsauslegung und ein Reformvorschlag; Köln 2006.
[zitiert: *Pragal*, Korruption]

Pragal, Oliver: Das Pharma-Marketing um die niedergelassener Kassenärzte: Beauftragtenbestechung gemäß § 299 StGB!; NStZ 2005, 133-136.

Puppe, Ingeborg: Zur rechtlichen Bewertung des Irrtums über die Eigenschaft eines Einfuhrgutes als Kriegswaffe im Sinne des KrWaffKontrG; NStZ 1993, 595-597.

Ratzel, Rudolf / **Lippert**, Hans Dieter [Hrsg.]: Kommentar zur Musterberufsordnung der deutschen Ärzte (MBO); 5. Auflage, Berlin 2010.
[zitiert: *Bearbeiter* in Ratzel/Lippert]

Ratzel, Rudolf / **Luxenburger**, Bernd [Hrsg.]: Handbuch Medizinrecht; Bonn 2008.
[zitiert: *Bearbeiter* in Ratzel/Luxenburger]

Rengier, Rudolf: Korkengelder und andere Maßnahmen zur Verkaufsförderung im Lichte des Wettbewerbs(straf)rechts; erschienen in: Sieber, Ulrich u.a. [Hrsg.]; Strafrecht und Wirtschaftsstrafrecht: Dogmatik, Rechtsvergleich, Rechtstatsachen – Festschrift für Klaus Tiedemann zum 70 . Geburtstag; Köln 2008, S. 837-849.
[zitiert: *Rengier* in FS Tiedemann]

Röhl, Klaus F./ **Röhl**, Hans Christian: Allgemeine Rechtslehre: ein Lehrbuch; 3. Auflage, Köln 2008.
[zitiert: *Röhl/Röhl*, Rechtslehre]

Rönnau, Thomas: Alte und neue Probleme bei § 299 StGB; StV 302-308.

Rönnau, Thomas / **Golombek**, Tine: Die Aufnahme des „Geschäftsherrenmodells" in den Tatbestand des § 299 – ein Systembruch im deutschen StGB; ZRP 2007, 193-195.

Rönnau, Thomas / **Hohn**, Kristian: Die Festsetzung (zu) hoher Vorstandsvergütungen durch den Aufsichtsrat - ein Fall für den Staatsanwalt?; NStZ 2004, 113-123.

Roxin, Claus: Strafrecht: Allgemeiner Teil; Band 1, 4. Auflage, München 2006.
[zitiert: *Roxin*, Strafrecht AT I]

Rudophi, Hans-Joachim / **Horn**, Eckhard [Hrsg.]: Systematischer Kommentar zum Strafgesetzbuch, lose Blattsammlung, Frankfurt am Main. Band 4, 8. Auflage, Lfg. 66; Band 5, 8. Auflage, Lfg. 66.
[zitiert: *Bearbeiter* in SK]

Sack, Rolf: Individualschutz gegen unlauteren Wettbewerb; WRP 2009, 1330-1335.

Säcker, Franz Jürgen u.a. [Hrsg.]: Münchener Kommentar zum Bürgerlichen Gesetzbuch; Band 1, 5. Auflage, München 2006; Band 2, 5. Auflage, München 2007; Band 5, 5. Auflage, München 2009.
[zitiert: *Bearbeiter* in MüKo-BGB].

Sahan, Oliver: Ist der Vertragsarzt tauglicher Täter der Bestechlichkeit im geschäftlichen Verkehr gem. § 299 Abs. 1 StGB; ZIS 2007, 69-74.

Samson, Erich: Die Angestelltenbestechung. Vom Niedergang deutscher Gesetzgebungskunst; erschienen in: Parmas, Andreas / Pruks, Peep; Festschrift für Jaan Sootak zum 60 . Geburtstag; Tallin 2008, S. 225-242.
[zitiert: *Samson* in FS Sootak]

Samson, Erich: Möglichkeiten einer legislatorischen Bewältigung der Parteispendenproblematik; wistra 1983, 235-241.

Schmidl, Michael: Der Fluch der bösen Tat – Finder's Fees und Bestechlichkeit von Beratern; wistra 2006, 286-292.

Schmidt, Marlene: Zur Annäherung von Lauterkeitsrecht und Verbraucherprivatrecht; JZ 2007, 78-84.

Schönke, Adolf / **Schröder**, Horst [Hrsg.]: Strafgesetzbuch: Kommentar; 28. Auflage, München 2010.
[zitiert: *Bearbeiter* in Schönke/Schröder]

Schöttle, Hendrik: Aus eins mach zwei – die neue Generalklausel im Lauterkeitsrecht; GRUR 2009, 546-551.

Sievers, Reimer: Bestechung und Bestechlichkeit von Angestellten: eine strafrechtlich-kriminologische Untersuchung zu § 12 UWG; Kiel 1963.
[zitiert: *Sievers*, Bestechung]

Soergel, Hans Theodor [Begr.]: Bürgerliches Gesetzbuch: mit Einführungsgesetz und Nebengesetzen; Band 1, 13. Auflage, Stuttgart 1999.
[*Bearbeiter* in Soergel]

Sosnitza, Olaf: Wettbewerbsrechtliche Sanktionen im BGB: Die Reichweite des neuen § 241 a BGB; BB 2000, 2317-2323.

Stächelin, Gregor: Strafgesetzgebung im Verfassungsstaat: normative und empirische materielle und prozedurale Aspekte der Legitimation unter Berücksichtigung neuerer Strafgesetzgebungspraxis; Berlin 1998.
[zitiert: *Stächelin*, Strafgesetzgebung]

Steinbeck, Anja: Die Dreieckskopplung – ein Fall des übertriebenen Anlockens?; GRUR 2005, 15-20.

Steinbeck, Anja: Der Beispielskatalog des § 4 UWG – Bewährungsprobe bestanden; GRUR 2008, 848-854.

Szebrowski, Nickel: Kick-Back; Köln 2005.
[zitiert: *Szebrowski*, Kick-Back]

Tiedemann, Klaus: Generalklauseln im Wirtschaftsstrafrecht – am Beispiel der Unlauterkeit im Wettbewerbsstrafrecht; erschienen in: Bernsmann, Klaus / Fischer, Thomas: Festschrift für Ruth Rissing-van Saan zum 65. Geburtstag; Göttingen 2011, S. 685-700.
[zitiert: *Tiedemann* in FS Rissing-van Saan]

Tiedemann, Klaus: Wettbewerb als Rechtsgut des Strafrechts; erschienen in: Britz, Guido u.a. [Hrsg.]; Grundfragen staatlichen Strafens – Festschrift für Heinz Müller-Dietz zum 70 . Geburtstag; München 2001, S. 905-918.
[zitiert: *Tiedemann* in FS Müller-Dietz]

Tiedemann, Klaus: Schmiergeldzahlungen in der Wirtschaft – Alte und neue Reformprobleme; erschienen in: Dölling, Dieter [Hrsg.]; Jus humanum – Festschrift für Ernst-Joachim Lampe zum 70 . Geburtstag; Berlin 2003, S. 759-769.
[zitiert: *Tiedemann* in FS Lampe]

Tiedemann, Klaus: Strafbare Erschleichung von Investitionszulagen durch Aufhebung und Neuabschluß von Lieferverträgen?; NJW 1980, 1557-1560.

Ulbricht, Julia: Bestechung und Bestechlichkeit im geschäftlichen Verkehr: § 299 StGB; Hamburg 2007.
[zitiert: *Ulbricht*, Bestechung]

Vogel, Joachim: Wirtschaftskorruption und Strafrecht – Ein Beitrag zu Regelungsmodellen im Wirtschaftstrafrecht –; erschienen in FS: Heinrich, Bernd [Hrsg.]; Festschrift für Ulrich Weber zum 70 . Geburtstag; Bielefeld 2004, S. 395-411.
[zitiert als: *Vogel* in FS Weber]

Volk, Klaus: Die Merkmale der Korruption und die Fehler bei ihrer Bekämpfung; erschienen in: Gössel, Karl Heinz / Triffterer, Otto [Hrsg.]; Gedächtnisschrift für Heinz Zipf; Heidelberg 1999, S. 419-431.
[zitiert: *Volk* in GS Zipf]

Von Harder, Hermann L.: Verkäuferprämien; GRUR 1967, 182-185.

Von Heintschel-Heinegg, Bernd [Hrsg.]: Beckscher Onlinekommentar zum StGB; Stand: 15.06.2009, München 2009.
[zitiert: *Bearbeiter* in Beck-OK]

Wank, Rolf: Die Auslegung von Gesetzen; 4. Auflage, Köln 2008.
[zitiert: *Wank*, Auslegung]

Warntjen, Maximilian / **Schelling**, Philip: Der Vertragsarzt als „Beauftragter“ der Krankenkassen. Mitarbeiter von pharmazeutischen Unternehmen im Visier der Staatsanwaltschaft?; PharmR 2010, 509-513.

Wassermann, Rudolf: Verschleierte Schmiergelder und ähnliches!; GRUR 1931, 549-561.
Weidenbach, Peter: Die verfassungsrechtliche Problematik der Blankettstrafgesetze; Tübingen 1965.
[zitiert: *Weidenbach*, Blankettstrafgesetze]
Welzel, Hans: Das deutsche Strafrecht: eine systematische Darstellung; 11. Auflage, Berlin 1969.
[zitiert: *Welzel*, Strafrecht].
Winkelbauer, Wolfgang: Ketzerische Gedanken zum Tatbestand der Angestelltenbestechlichkeit (§ 299 Abs. 1 StGB); erschienen in: Heinrich, Bernd [Hrsg.]; Festschrift für Ulrich Weber zum 70 . Geburtstag; Bielefeld 2004, S. 385-393.
[zitiert als: *Winkelbauer* in FS Weber]
Wirtz, Karl-Ernst: Werbung mit fachlicher Autorität – Wettbewerbsrechtliche Grenzen für Testimonials mit Angehörigen der Heilberufe –; GRUR 1985, 485-493.
Wittig, Petra: 299 StGB durch Einschaltung von Vermittlerfirmen und Schmiergeldzahlungen; wistra 1998, 7-10.
Wolf, Sebastian: Internationalisierung des Antikorruptionsstrafrechts: Kritische Analyse zum Zweiten Korruptionsbekämpfungsgesetz; ZRP 2007, 44-46.
Wolf, Sebastian: Die Modernisierung des deutschen Antikorruptionsstrafrechts durch internationale Vorgaben; NJW 2006, 2735-2738.
Wollschläger, Sebastian: Der Täterkreis des § 299 Abs. 1 StGB und Umsatzprämien im Stufenwettbewerb; Heidelberg 2009.
[zitiert: *Wollschläger*, Täterkreis]
Wolters, Gereon: Die Änderungen des StGB durch das Gesetz zur Bekämpfung der Korruption; JuS 1998, 1100-1106.

Zöllner, Mark A.: Abschied vom Wettbewerbsmodell bei der Verfolgung der Wirtschaftskorruption? Überlegungen zur Reform des § 299 StGB; GA 2009, 137-149.

SCHRIFTEN ZUM STRAFRECHT UND STRAFPROZESSRECHT

Herausgegeben von Manfred Maiwald und Carsten Momsen

Band 1 Christian-Peter Frees: Die steuerrechtliche Selbstanzeige. Zur kriminalpolitischen Zweckmäßigkeit des § 371 AO. 1991.

Band 2 Norbert Joachim: Der Hörensagenbeweis im Strafverfahren. 1991.

Band 3 Alfred A. Göbel: Die Einwilligung im Strafrecht als Ausprägung des Selbstbestimmungsrechts. 1991.

Band 4 Karl-Heinz Vehling: Die Abgrenzung von Vorbereitung und Versuch. 1991.

Band 5 Heiko Hartmut Lesch: Das Problem der sukzessiven Beihilfe. 1992.

Band 6 Dirk Schwerdtfeger: Besondere persönliche Unrechtsmerkmale. 1992.

Band 7 Stefan Göhring: Polizeiliche Kontrollstellen und Datenverarbeitung. § 163 d StPO und novellierte Polizeigesetze der Länder zwischen Strafverfolgung, Gefahrenabwehr und vorbeugender Straftatenbekämpfung. 1992.

Band 8 Werner Kemper: Horizontale Teilrechtskraft des Schuldspruchs und Bindungswirkung im tatrichterlichen Verfahren nach der Zurückverweisung. §§ 353, 354 Abs. 2 StPO. 1993.

Band 9 Ovvadias Namias: Die Zurechnung von Folgeschäden im Strafrecht. 1993.

Band 10 Jan Zopfs: Unfallflucht bei eindeutiger Haftungslage? Unverzüglichkeitsgebot und Wahlmöglichkeit in § 142 Abs. 2 und 3 StGB. 1993.

Band 11 Stefan Hiebl: Ausgewählte Probleme des Akteneinsichtsrechts nach § 147 StPO. 1994.

Band 12 Ralf Krack: List als Straftatbestandsmerkmal. Zugleich ein Beitrag zu Täuschung und Irrtum beim Betrug. 1994.

Band 13 Henning Radtke: Zur Systematik des Strafklageverbrauchs verfahrenserledigender Entscheidungen im Strafprozeß. 1994.

Band 14 Bernd J. A. Müssig: Schutz abstrakter Rechtsgüter und abstrakter Rechtsgüterschutz. Zu den materiellen Konstitutionskriterien sog. Universalrechtsgüter und deren normentheoretischem Fundament – am Beispiel der Rechtsgutsbestimmung für die §§ 129, 129a und 324 StGB. 1994.

Band 15 Heinz Koriath: Über Beweisverbote im Strafprozeß. 1994.

Band 16 Burkhard Niepoth: Der untaugliche Versuch beim unechten Unterlassungsdelikt. 1994.

Band 17 Karsten Altenhain: Die Strafbarkeit des Teilnehmers beim Exzeß. 1994.

Band 18 Ina Walbaum: Schuldspruch in der Revisionsinstanz nach freisprechendem Urteil des Tatgerichts. 1996.

Band 19 Birgit Dalbkermeyer: Der Schutz des Beschuldigten vor identifizierenden und tendenziösen Pressemitteilungen der Ermittlungsbehörden. 1994.

Band 20 Thomas Hackner: Der befangene Staatsanwalt im deutschen Strafverfahrensrecht. 1995.

Band 21 Hartmut Loritz: Kritische Betrachtungen zum Wert des strafprozessualen Zwischenverfahrens. 1996.

Band 22 Heinz-Hermann Berghof: Therapie und Strafe im Betäubungsmittelrecht. Recht und Wirklichkeit der Behandlung Drogenabhängiger unter besonderer Berücksichtigung der §§ 35 ff BtMG. 1995.

Band 23 Oliver Mertens: Strafprozessuale Grundrechtseingriffe und Bindung an den Wortsinn der ermächtigenden Norm. 1996.

Band 24 Sönke Bahnsen: Das Akteneinsichtsrecht der Verteidigung im Strafverfahren. Dogmatische Grundlagen und Einzelprobleme im Lichte einer rechtsstaatlichen Verfahrensgestaltung. 1996.

Band 25 Dirk Schwieger: Der Vorteilsbegriff in den Bestechungsdelikten des StGB. 1996.

Band 26 Stephanie Meinecke: Die Auswirkungen von Verfahrensfehlern auf die Strafbarkeit nach den Aussagedelikten. 1996.

Band 27 Ute Lambrecht: Strafrecht und Disziplinarrecht. Abhängigkeiten und Überschneidungen. 1997.

Band 28 Carsten Momsen: Verfahrensfehler und Rügeberechtigung im Strafprozeß. Die Strukturen der Revisionsberechtigung unter besonderer Berücksichtigung des Begriffs "Rechtsnormen, die lediglich zugunsten des Angeklagten gegeben sind" in § 339 StPO. 1997.

Band 29 Ursula Epp: Die Abgeordnetenbestechung – § 108 e StGB. 1997.

Band 30 Bernd Scheiff: Wann beginnt der Strafrechtsschutz gegen kriminelle Vereinigungen (§ 129 StGB)? 1997.

Band 31 Ulrike Fontaine: Max Grünhut (1893-1964). Leben und wissenschaftliches Wirken eines deutschen Strafrechtlers jüdischer Herkunft. 1998.

Band 32 Claudia Keiser: Das Kindeswohl im Strafverfahren. Zur Notwendigkeit eines am Kindeswohl orientierten Umgangs mit minderjährigen Opfern und Zeugen, den Möglichkeiten de lege lata und den Erfordernissen de lege ferenda. 1998.

Band 33 Wiebke Schürer-Mohr: Erlaubte Risiken. Grundfragen des "erlaubten Risikos" im Bereich der Fahrlässigkeitsdogmatik. 1998.

Band 34 Stephan Voigtel: Zum Freibeweis bei Entscheidungen der Strafvollstreckungskammer. Eine Untersuchung zu ausgewählten Fragen des Beweisrechts im gerichtlichen Verfahren in Strafvollstreckungs- und Strafvollzugssachen. 1998.

Band 35 Volkmar Wißgott: Das Beweisantragsrecht im Strafverfahren als Kompensation der richterlichen Inquisitionsmaxime. Die Judikatur des Reichsgerichts zum strafprozessualen Beweisrecht. 1998.

Band 36 Susanne Merz: Strafrechtlicher Ehrenschutz und Meinungsfreiheit. 1998.

Band 37 Uwe Schlömer: Der elektronisch überwachte Hausarrest. Eine Untersuchung der ausländischen Erfahrungen und der Anwendbarkeit in der Bundesrepublik Deutschland. 1998.

Band 38 Michael Liedke: Die Vermögensstrafe gemäß § 43a StGB in ihrer kriminalpolitischen Bedeutung. 1999.

Band 39 Danja Domeier: Gesundheitsschutz und Lebensmittelstrafrecht. Zur Konkretisierung der Verkehrspflichten und ihrer Strafbewehrung, insbesondere mit Blick auf §§ 8 ff. LMBG. 1999.

Band 40 Ritva Westendorf: Die Pflicht zur Verhinderung geplanter Straftaten durch Anzeige. Eine kritische Betrachtung der §§ 138, 139 StGB im Kontext der Unterlassungsdelikte. 1999.

Band 41 Hans Theile: Tatkonkretisierung und Gehilfenvorsatz. 1999.

Band 42 Nicole Lange: Vorermittlungen. Die Behandlung des staatsanwaltschaftlichen Vorermittlungsverfahrens unter besonderer Berücksichtigung von Abgeordneten, Politikern und Prominenten. 1999.

Band 43 Tanja Gunder: Der Umgang mit Kindern im Strafverfahren. Eine empirische Untersuchung zur Strafverfolgung bei Sexualdelinquenz. 1999.

Band 44 Sven-Markus Thiel: Die Konkurrenz von Rechtfertigungsgründen. 2000.

Band 45 Jan Schlüter: Die Strafbarkeit von Unternehmen in einer prozessualen Betrachtung nach dem geltenden Strafprozeßrecht. 2000.

Band 46 Detlef Heise: Der Insiderhandel an der Börse und dessen strafrechtliche Bedeutung. Eine Untersuchung des neuen deutschen Insiderrechts speziell unter Bezugnahme auf die strafrechtstheoretischen und strafrechtsdogmatischen Grundlagen. 2000.

Band 47 Hermann Wichmann: Das Berufsgeheimnis als Grenze des Zeugenbeweises. Ein Beitrag zur Lehre von den Beweisverboten. 2000.

Band 48 Rainer T. Cherkeh: Betrug (§ 263 StGB), verübt durch Doping im Sport. 2000.

Band 49 Kristian Hohn: Die Zulässigkeit materieller Beweiserleichterungen im Strafrecht. Eine Untersuchung über Erscheinungsformen und Grenzen der Lösung beweisrechtlicher Probleme im materiellen Strafrecht. 2000.

Band 50 Malte Rabe von Kühlewein: Der Richtervorbehalt im Polizei- und Strafprozeßrecht. 2001.

Band 51 Donata Meinecke: Die Gesetzgebungssystematik der Versuchsstrafbarkeit von Verbrechen und Vergehen im StGB. 2001.

Band 52 Joachim Bock: Begriff, Inhalt und Zulässigkeit der Beweislastumkehr im materiellen Strafrecht. 2001.

Band 53 Gabriele Rose: Grenzen der journalistischen Recherche im Strafrecht und Strafverfahrensrecht. 2001.

Band 54 Wiebke Reitemeier: Täuschungen vor Abschluß von Arbeitsverträgen. Zum Verhältnis zwischen dem Straftatbestand des Betrugs und dem Anfechtungsrecht wegen arglistiger Täuschung (§§ 263 Abs. 1 StGB, 123 Abs. 1 Alt. 1 BGB). 2001.

Band 55 Peter Rackow: Das DNA-Identitätsfeststellungsgesetz und seine Probleme. 2001.

Band 56 Frank Zschieschack: Geiselnahme und erpresserischer Menschenraub (§§ 239a, 239b StGB) im Zwei-Personen-Verhältnis. 2001.

Band 57 Natascha Sëyfi: Das Sicherungsverfahren (§§ 413 - 416 StPO). 2002.

Band 58 Dirk Seiler: Die *Sperrwirkung* im Strafrecht. 2002.

Band 59 Dorothee Sydow: Die actio libera in causa nach dem Rechtsprechungswandel des Bundesgerichtshofs. 2002.

Band 60 Inga Metrikat: Die Unterbringung in einer Entziehungsanstalt nach § 64 StGB – Eine Maßregel im Wandel? Eine vergleichende, empirische Untersuchung zur Entscheidung des Bundesverfassungsgerichts vom 16.03.1994, BVerfGE 91, 1 ff. 2002.

Band 61 Sabine Caroline Bechtoldt: Die Erledigungserklärung im Maßregelvollzug des § 63 StGB. Eine empirische Untersuchung der Erledigungserklärung und zugleich rechtsdogmatische Erörterung ihrer Rechtskraftproblematik. 2002.

Band 62 Sandra Schulte-Nover: Strafrichter in Deutschland und England. Ein systematischer Rechtsvergleich im Hinblick auf die richterlichen Kompetenzen im Strafverfahren. 2003.

Band 63 Tim Schurig: Belehrung und Beratung des Beschuldigten über sein Aussageverhalten. Eine gemeinsame Aufgabe von Gericht und Verteidigung? 2003.

Band 64 Markus Laski: Die strafrechtlichen Bezüge des Bundes-Bodenschutzgesetzes. 2003.

Band 65 Gunnar Lüer: Die Versäumung im Berufungsverfahren. Das strafprozessuale Anwesenheitsprinzip im Spannungsfeld von autonomer Subjektstellung und öffentlichen Interessen am Beispiel des § 329 Abs. 1,2 StPO. 2003.

Band 66 Thomas Grützner: Die Sanktionierung von Submissionsabsprachen. Eine Untersuchung der bestehenden Möglichkeiten einer Bekämpfung von Submissionsabsprachen unter besonderer Berücksichtigung des § 298 StGB. 2003.

Band 67 Bettina Noltenius: Kriterion der Abgrenzung von Anstiftung und mittelbarer Täterschaft. Ein Beitrag auf der Grundlage einer personalen Handlungslehre. 2003.

Band 68 Bettina Kraft: Tendenzen in der Entwicklung des Jugendstrafrechts seit der Jugendgerichtsbewegung. 2004.

Band 69 Jessica Däbritz: Die Bestimmung strafbaren fahrlässigen Verhaltens in der Forschung am Beispiel ärztlicher Humanerprobungen. Ein Beitrag zur methodischen Ermittlung und inhaltlichen Bestimmung von Sorgfaltspflichten in der Humanforschung. 2004.

Band 70 Maike Steenbock: Über die Unfallflucht als Straftat. Eine kritische Untersuchung zum Zusammenhang der Strafbarkeit der Unfallflucht mit den Besonderheiten des Straßenverkehrs. 2004.

Band 71 Holger Mann: Beschleunigungspotential im Jugendstrafverfahren. 2004.

Band 72 Dorothee Krutisch: Strafbarkeit des unberechtigten Zugangs zu Computerdaten und -systemen. 2004.

Band 73 Heinz-Helmut Fuhrmann: Das Begehen der Straftat gem. § 25 Abs. 1 StGB. Unter besonderer Berücksichtigung der sogenannten "eigenhändigen" Delikte. 2004.

Band 74 Gerwin M. Moldenhauer: Eine Verfahrensordnung für Absprachen im Strafverfahren durch den Bundesgerichtshof? 2004.

Band 75 Dirk Busch: Konzernuntreue. Eine Untersuchung spezifischer Untreuestrafbarkeit innerhalb von Konzernverbindungen mit Aktiengesellschaften und Gesellschaften mit beschränkter Haftung. 2004.

Band 76 Mitsuru Iijima: Die Entwicklung des strafrechtlichen Unrechtsbegriffs in Japan. Eine kritische Betrachtung aus strafrechtsdogmatischer und rechtsphilosophischer Perspektive. 2004.

Band 77 Lena Barbara Kötter: Private Elemente in der Strafvollstreckung. Zur Privatisierung von Bewährungshilfe, Gerichtshilfe und gemeinnütziger Arbeit. 2004.

Band 78 Martin Maria Laufen: Der Wucher (§ 291 Abs. 1 Satz 1 StGB). Systematische Einordnung und dogmatische Struktur. 2004.

Band 79 Maike Aselmann: Die Selbstbelastungs- und Verteidigungsfreiheit. Ein Beitrag zu den Garantiewirkungen von Verfahrensrechten im Hinblick auf die Beweiswürdigung, Strafzumessung und Strafbarkeit des Beschuldigten im Strafprozess. 2004.

Band 80 Ingmar Wolf: Graffiti als kriminologisches und strafrechtsdogmatisches Problem. 2004.

Band 81 Misuk Son: Straftatfolgen im deutschen und koreanischen Strafrecht. Ein prinzipieller Vergleich. 2004.

Band 82 Matthias Saal: Die Beteiligung an einer Schlägerei (§ 231 StGB). Ein Plädoyer für die Streichung der schweren Folge. 2004.

Band 83 Michael Stüber: Die Entwicklung des Prinzips der Unmittelbarkeit im deutschen Strafverfahren. 2005.

Band 84 Patrick Gerberding: Das Rechtsmittelsystem im US-amerikanischen Strafverfahren. Eine rechtsvergleichende Betrachtung. 2005.

Band 85 Rouven Seeberg: Aufgedrängte Nothilfe, Notwehr und Notwehrexzess. 2005.

Band 86 Andre Knoerchen: Schadenswiedergutmachung über anwaltliche Schlichtungsstellen. Rechtsökonomische Analyse eines Modellprojekts. 2005.

Band 87 Andreas Quante: Sanktionsmöglichkeiten gegen juristische Personen und Personenvereinigungen. 2005.

Band 110 Johannes Altenburg: Die Unlauterkeit in § 299 StGB. Ein Beitrag zur Harmonisierung von Strafrecht und Wettbewerbsrecht. 2012.

www.peterlang.de

Anton Plager

Schutzzwecke des Lauterkeitsrechts

Entfaltung und Entwicklung zwischen 1909 und 2004

Frankfurt am Main, Berlin, Bern, Bruxelles, New York, Oxford, Wien, 2010.
388 S., zahlr. Graf.
Europäische Hochschulschriften. Reihe 2: Rechtswissenschaft. Bd. 5058
ISBN 978-3-631-60108-2 · br. € 69,80*

Das Lauterkeitsrecht dient gemäß § 1 UWG dem Schutz der Mitbewerber, der Marktgegenseite und der Allgemeinheit. Diese Schutzzwecktrias ergibt sich keineswegs aus der Natur der Sache. Vielmehr ist sie historisch kontingent. Als in den Jahren 1896 und 1909 die ersten deutschen Gesetze gegen den unlauteren Wettbewerb erlassen wurden, galt als Schutzzweck dieses Rechtsgebiets allein der Mitbewerberschutz. Der Schutz der Allgemeinheit, später auch der Verbraucherschutz wurden erst allmählich als eigenständige Schutzzwecke des Lauterkeitsrechts anerkannt. Gerade angesichts der aktuellen kontroversen Schutzzweckdiskussion auf europäischer Ebene erscheint es als Desiderat der Forschung, die Entwicklung und Entfaltung der wettbewerbsrechtlichen Schutzzwecktrias zu analysieren.

Aus dem Inhalt: Die Bedeutung der Schutzzwecke im Wettbewerbsrecht · Der Schutz der Interessen der Mitbewerber · Die Entfaltung der Allgemeininteressen als Schutzzweck im Wettbewerbsrecht · Schutz der Interessen der Marktgegenseite · Die Entfaltung des Verbraucherschutzgedankens im Wettbewerbsrecht

*inklusive der in Deutschland gültigen Mehrwertsteuer. Preisänderungen vorbehalten